존 맥아더의 설교와 목양

© 2011 by Iain H. Murray
Originally published in English under the title

John MacArthur: Servant of the Word and Flock
by Iain H. Murray

by THE BANNER OF TRUTH TRUST, 3 Murrayfield Road, Edinburgh EH12 6EL, UK
P.O. Box 621, Carlisle, PA 17013, USA
All rights reserved.

Translated and used by permission of The Banner of Truth Trust
through arrangement of rMaeng2, Seoul, Republic of Korea.

This Korean Edition © 2024 by Agape Publishing Co., Ltd, Seoul, Republic of Korea

이 한국어판의 저작권은 알맹2를 통하여
BANNER OF TRUTH TRUST사와 독점 계약한 (주)아가페출판사에 있습니다.
신저작권법에 의하여 한국 내에서 보호받는 저작물이므로 무단 전재와 무단 복제를 금합니다.

＊ 별도의 표기가 없는 성경구절은 개역개정 성경을 인용한 것입니다.

존 맥아더의 설교와 목양

이안 머레이 지음 | 이서용 옮김

John MacArthur
SERVANT OF THE WORD AND FLOCK

아가페

서문

존 맥아더와 친구로 지내온 지난 수십 년은 내 생에서 가장 행복하고 경이로운 순간이었다. 우리는 지구 반대편에 살고 있고 제법 다른 복음주의 전통을 가졌기에, 우리가 자연스럽게 동역자가 되기는 어려웠을 수도 있다. 그래서 경이로운 것이다. 우리는 위대한 진리에 대한 공통된 확신이 있었기에 동역자가 될 수 있었다. 말씀에 헌신한 다른 이들도 세상 건너편에 있는 사람과 종종 동역자가 되는 것처럼 말이다.

2009년의 한 사건이 있기 전까지 존 맥아더 목사의 전기를 쓴다는 것은 전혀 생각하지 못했다. 존 맥아더가 로스앤젤레스 선 밸리에 있는 그레이스커뮤니티교회에서 목회한 지 40년이 되는 2009년 2월 1일, 주일 설교를 해달라는 연락을 그 교회 장로들에게서 받았다. 그러려면 우리가 기념하는 목회에 대해 뭔가를 언급해야 하는데, 어떤 주제를 말해야 할지 떠오르지 않았다. 주일의 강단은 하나님의 말씀을 전하는 곳이라 믿었기에 그런 생각은 하지 않았다. 그래서 작은 헌사의 의미로 존 맥아더에 대한 전기적 스케치를 쓰기로 작정했다.

공교롭게도 필 존슨과 마이크 테일러(Grace to You 편집자이면서 그레이스커뮤니티교회 성도)가 이 기념일을 위해, 성도들이 뽑은 결코 잊을 수 없는 그의 설교 12편을 묶은 설교집 *Truth Endures*(『최고의 설교』, 국제제자훈련원)를 막 인쇄소에 보낸 상태였다. 2008년 말이 다 되어가던 그때, 나는 그에 대해 쓴 간략한 전기를 그들에게 보냈다. 그때 존슨과 테일러에게서 연락이 왔다. "설교집 교정을 다 마치고 이미 인쇄소에 보낸 상태입니다." 그들은 즉시 인쇄를 중단하고 내가 보낸 60쪽의 맥아더 전기 스케치를 그 책에 추가해 넣었다. 그들의 친절함에 감사했지만, 한편으로는 다하지 못한 말이 많아 아쉬운 마음이 들었다. 그 결과 지금 독자들의 손에 이 책이 들리게 된 것이다. 이 책에는 원래 썼던 대부분의 내용이 들어 있고, 거기에 꽤 많은 내용을 추가했다. 내 소원은 존 맥아더의 기록에서 발견한 격려할 만한 것을 다른 이에게도 전해 주는 것이다.

이 책은 아직도 개요를 조금 벗어난 정도의 전기다. 제대로 된 전기는 후대에 다른 사람이 쓰기를 바란다. 어떤 사람이 살아 있고 삶이 아직 진행되고 있는데, 제대로 된 전기를 쓰는 것은 적절하지 않다. 존 맥아더의 포부는 인생이 끝날 때까지 하나님의 말씀을 섬기는 것이다. 그의 말대로 표현하면 '끝까지 싸우다 죽는 것'이다. 그의 부친은 90세의 나이로 소천할 때까지 말씀을 전했다. 존 맥아더가 그 나이까지 살지는 모르지만, 그는 삶의 종착점까지 계속 자라가는 것이 의무라고 믿는다. "사람들이 종종 이렇게 지적합니다. 어떤 녹음 테이프에서 한 말과 나중에 나온 테이프에서 한 말이 다르다고. 그러면 저는 아직 성장 중이라고 대답합니다. 그때 나는 다 알지 못했는데, 지금도 다 아는 것은 아니라고…." 그는 말한다. "모든 증거를 다 보기 전까지는 존 맥아더의 사역을 결코 평가할 수 없을 것입니다."

이 책을 쓰는 데 존의 도움을 받지 않았기에, 몇몇 성도들의 도움이 없었다면 이 책을 제대로 쓸 수 없었을 것이다. 특별히 릭 홀란드, 필 존슨, 돈 그린에게 감사를 표한다. 출판되지 않은 자료에 대한 존슨의 지식은 특별했으며, 그런 것이 없었다면 결코 이 책을 쓸 수 없었을 것이다. 그가 존과 함께한 사역이 많으므로 그 사역에 대해 스스로 책을 쓸 날이 올 것을 기대한다. 팻 로티스키와 캐서린 커리 등 직원들이 큰 도움이 되었고, 그레이스커뮤니티교회의 다른 성도들 역시 여러 모로 우리에게 격려가 되었다. 이 교회와 Grace to You에서 나와 아내가 보낸 날은 보배로운 추억이다. 하나님이 주시는 복을 알게 된 회중 안에는 그들 간에 사랑이 있을 것이고, 또 다른 이들을 맞이할 준비가 항상 되어 있다. 우리가 선 밸리에서 본 회중이 그런 회중이다.

그의 말을 마음껏 이용할 자유를 준 존 맥아더 목사님에게 감사하며, 귀중한 가족사진을 내어 주고 소중한 자료를 주신 패트리샤 사모님께도 감사한다. 이 책이 나오도록 수고해 주신 Banner of Truth 직원들에게 감사하며, 원고 초안에 조언을 준 내 친구 이안 바터, 존 위트에게도 감사한다. 언제나 그렇듯 내가 줄곧 컴퓨터 앞에만 앉아 있는 동안 우리 가정이 행복하게 돌아가도록 지켜준 아내 진(Jean)에게 감사의 마음을 전한다.

에딘버러에서
이안 머레이

CONTENTS

서문	005
머리말: 복음주의 지도자란 무엇인가	010

01	캘리포니아에서의 어린 시절	017
02	성경이 최우선 순위를 차지하다	030
03	그레이스커뮤니티교회에서의 초기 사역	046
04	위협의 반전	059
05	말씀과 설교	076
06	옛 진리의 재발견	088
07	1980년대	099
08	태평양을 건너서	115
09	신학적 논란	135
10	패트리샤 맥아더	155
11	반성 그리고 러시아에서 얻은 교훈	173
12	Grace to you	187
13	편지 바구니	207
14	존 맥아더를 이해하지 못한 사람들(반대와 질문)	220
15	미국의 변하는 영적 도덕적 지형	236
16	그레이스커뮤니티교회를 방문하다	253
17	존 맥아더는 어떤 사람인가	270

주	286

머리말

복음주의 지도자(evangelical leader)란 무엇인가

존 맥아더가 극찬한 존 폭스(John Foxe)의 책 *Acts and Monuments of these latter and perilous days* (1563)는, 최초로 성경을 영어로 번역하고 1536년에 순교당한 윌리엄 틴데일을 소개한 최초의 출판물이다. 이 책에 이런 내용이 나온다. 그의 적이었던 토머스 무어는 그에 대해 "그는 어디에도 없고, 또 어디에나 있다"고 투덜댔다. 어디에도 없다고 한 이유는 그가 실제로 어디 있는지 아는 사람이 거의 없기 때문이고, 어디에나 있다고 한 것은 영어로 말하는 모든 나라의 어느 곳에나 그의 증언이 이미 전해졌기 때문이다. 존 맥아더는 생각하지 못했겠지만, 이 말은 존에게도 해당된다. 수백 개의 방송국에서 하루에도 수천 번씩 그의 목소리를 온 세상에 내보내고 있고, 그의 책은 35개 언어로 번역되었는데, 그가 인생 대부분을 보내고 있는 곳에서는 독자들과 청취자들에게 거의 알려진 것이 없기 때문이다. 존 또한 어디에도 없고 또 어디에나 있다.

잘 알려지지 않은 사적인 것을 알리는 데 존은 아무 관심이 없다. 그는 종교적인 유명인사를 만들어내는 데는 아무 관심이 없는 순수한 복음주의 전통에 서있다. 사도 바울이 "사람이 마땅히 우리를 그리스도의 일꾼이요 하나님의 비밀을 맡은 자로 여길지어다"(고전 4:1)라고 말한 것을 존 맥아더는 이렇게 이해한다. "나는 단지 그리스도의 종이다. 나는 갑판 아래에서 노를 젓는 미천한 노예다. 노를 젓는 것이 내 일이다. 나는 특별한 관심을 받을 자격이 없다."[01]

틴데일은 복음전도자, 즉 우리가 흔히 말하는 복음주의자였다. 나는 이 용어를 전통적인 의미로 사용한다. 간단히 말해, 복음주의자는 '3R'을 믿는 사람이다. Ruin by fall(타락으로 인한 파멸), Redemption through Jesus Christ(예수 그리스도를 통한 구속), Regeneration by the Holy Spirit(성령으로 인한 중생). 말 그대로 하면 복음주의 지도자는 이런 진리를 더 전하고 지키는 위치에 서있는 사람이다. 복음주의 지도자라는 직분이 숫자나 즉각적인 결과를 반드시 수반하는 것은 아니다. 그런 것이 기준이었다면 바울이나 틴데일은 여기에 포함되지 않는다.

1. 복음주의 지도자는 하나님의 말씀으로 다른 사람의 삶을 인도하고 안내해 주는 사람이다. 복음주의 지도자는 다른 모든 형태의 영향과 압력을 물리친다. 그의 주된 관심은 말씀을 정확하게 가르치고, 사람들이 말씀의 권위에 순종하는 삶을 보는 데 있다.

2. 복음주의 지도자는 따르는 이들의 마음에 영감을 주는데, 따르는 자들이 복음주의 지도자를 통해 그리스도를 알게 되고, 그의 안에 있는 그리스도에 속한 어떤 것을 보게 되기 때문이다. 복음주의 지도자가 그리스도를 따르므로 그들도 복음주의 지도자를 따른다. 복음주의 지도자가 그리스도의 이름으로 그들을 사랑하기 때문에 그들도 그를 사랑한다. 사도 바울은 진정한 지도자의 정신을 이렇게 요약했다. "내가 그리스도를 본받는 자가 된 것 같이 너희는 나를 본받는 자가 되라."[02] 성경은 무엇을 본받아야 하는지 의심할 여지를 남겨두지 않는다. 거의 언제나 성경은 우리가 따를 본보기로 그리스도를 꼽는데, 특히 그의 겸손에 강조점을 둔다.[03]

3. 복음주의 지도자는 인기 없는 사람이 될 준비가 되어 있는 사람이다. 아합 왕이 엘리야에게 "이스라엘을 괴롭게 하는 자가 너냐?"라고 말한 때부터 말씀에 신실한 사람은 다수의 지지를 받지 못한다. 맥아더 목사는 직설적으로 말한다. "말씀에 신실하면서 동시에 대중의 지지를 받을 수 없습니다. 둘 중 하나를 선택해야 합니다." 대중의 지지를 추구하는 것은 아주 근시안적인 선택이다. 복음주의자에게 성공은 몇 시간 심지어 몇 세기로도 측정되지 않는다. 우리의 초점은 영원에 고정되어 있다. 번영, 권력, 영향력, 인기나 세상에서 소위 성공이라고 하는 어떤 것도 성공이 아니다. 진정한 성공은 결과가 어떻든 하나님의 뜻을 행하는 것이다.[04]

4. 복음주의 지도자는 시대의 위험에 깨어 있는 사람이다. 모든 크리스천이 잇사갈 지파에게 있던 비범함을 갖고 있는 것은 아니다. "잇사갈 자손 중에서 시세를 알고 이스라엘이 마땅히 행할 것을 아는 우두머리가 이백 명이니 그들은 그 모든 형제를 통솔하는 자이며"(대상 12:32). 교회 역사에는 지도자들이 그리스도의 대의를 수행하는 방식을 심각하게 착각했던 시기가 있었다. 시대의 징조를 잘못 읽었기 때문이다. 진정한 복음주의 지도자는 하나님이 주신 방향을 제시하기 위해 세움을 입은 사람이다.
5. 복음주의 지도자는 자신이 사람들의 관심을 끌지 않는다. 그는 사적으로 예수 그리스도께 모든 것을 빚진 자다. 죄인으로서 회개의 영으로 살아야 함을 평생 인식하며 산다. 자신이 어떤 사람인지와 자기가 전하는 메시지의 차이를 잘 아는 사람이다. "우리가 이 보배를 질그릇에 가졌으니 이는 심히 큰 능력은 하나님께 있고 우리에게 있지 아니함을 알게 하려 함이라"(고후 4:7). 하나님은 영광을 받기 위해 자기가 택한 자를 택하신다. 하나님은 약한 도구를 선택하여 아무도 그 도구를 휘두르는 하나님보다 사람이라는 도구에게 그 능력을 돌리지 못하게 하신다.[05]

진정한 영적 지도력은 다른 사람들로 하여금 이런 고백을 하게 한다. "여호와여 영광을 우리에게 돌리지 마옵소서 우리에게 돌리지 마옵소서 오직 주는 인자하시고 진실하시므로 주의 이름에만 영광을 돌리소서"(시 115:1).

John MacArthur
Servant of the Word and Flock

SERVANT OF THE WORD
AND FLOCK

캘리포니아에서의 어린 시절

존 풀러턴 맥아더 주니어(John Fullerton MacArthur Jr.)는 1939년 6월 19일에 캘리포니아 로스앤젤레스에서 태어났다. 정확하지는 않지만 그의 이름에 '주니어'가 붙은 이유는, 조상 중에 '존 맥아더'라는 이름을 가진 분이 여럿 있었기 때문이다. 맥아더 가문 중 한 분이 1815년에 스코틀랜드 글래스고에서 캐나다로 이민 왔다. 이 이민자의 아들과 손자의 이름도 '존'이었다. 1885년경 네 번째 세대가 되어서야 '존'이라는 기독교 이름이 아닌 '해리'라는 이름이 등장한다.

우리 주인공의 할아버지인 해리 맥아더는 크리스천이 되었을 때, 앨버타 주 캘거리에 있는 캐나다 철도국의 전신수장으로 일하고 있었다. 그의 아내 올리비아 메리 풀러턴은 프린스 에드워드 섬의 샬롯타운장로교회의 목사였던 토머스 풀러턴의 딸이다.[01] 풀러턴은 스코틀랜드에서 왔고, 그의 아버지도 장로교 목사였다. 해리와 올리비아의 결혼으로 양가 모두 스코틀랜드 조상을 가진 가정이 되었다.

해리와 올리비아 맥아더는 남쪽 로스앤젤레스로 이동하게 되는데, 1914년에 태어난 외아들 존은 아직 어린 소년이었다. 그들이 로스앤젤레스로 이주한 것은 복음을 전하기 위한 열망 때문인 것으로 보인다. 해리가 로스앤젤레스 성경연구소(Los Angeles Bible Institute)에서 복음전파 사역을 준비하고 있었기 때문이다. 그 후 그의 사역은 도시 목회뿐 아니라 목사들을 위한 설교에 더 비중을 두었고, 1942년에는 "갈보리의 소리"(Voice of Calvary)라는 라디오 방송을 개설했다.

해리의 아들 존(잭) 맥아더는 로스앤젤레스에 있는 학교를 다녔고, 필라델피아에 있던 이스턴침례신학교(Eastern Baptist Seminary)에서 수학했다. 아버지의 삶과 모범에 영향을 받은 그는 일생을 하나님 말씀을 전하는 데 바치겠다는 포부를 일찍이 품었고, 실제로 19세 때부터 거의 매주 그 일을 했다. 그의 첫 목회는 로스앤젤레스에 있는 맨체스터침례교회에서였다. 그는 1937년 6월 25일, 로스앤젤레스에서 이렌 아델린 도켄도르프와 결혼했다. 그들은 이렌이 14세였을 때 만난 적이 있는데, 그 해에 이렌이 회심을 경험했다. 그들의 아들 존 풀러턴 맥아더는 앞에서 밝힌 것처럼 1939년에 태어났다. 우리의 주인공은 그 후로 집에서 '조니'라고 불렸다. 존이 태어난 후 세 딸 자넷, 줄리, 제인이 태어났다. 그러나 조니가 가장 먼저 떠올린 고향은 그가 평생 보내게 될 로스앤젤레스가 아니었다. 그가 태어난 후 아버지는 무디 바이블 연구소의 지부 전도자로, 시카고와 필라델피아를 포함한 여러 도시를 순회하는 사역을 했기 때문에, 그의 유아기는 아버지를 따라 계속 옮겨 다닌 시기였다. 이런 도시들과 짧게 다닌 학교생활에 대해서는 희미한 기억만 남아 있다.

1940년대에 잭과 이렌 맥아더는 로스앤젤레스로 돌아와 이글락침례교회(Eagle Rock Baptist Church)에서 짧은 기간 동안 목회했다. 잭 맥아더는 1943년에 헐리우드에 있는 파운틴애비뉴침례교회에서 청빙받았다. 이곳에서 잭 맥아더의 사역으로 주목할 만한 회심자들이 생겨났다. 그중에는 가까운 친구가 된 로이 로저스와 데일 에반스

1950년대, 부모인 잭 맥아더와 이렌 맥아더.

가 있다.

존 맥아더는 어린 시절을 '사랑받고, 지지받고, 격려받고, 신뢰받던' 시절로 회상한다. 그의 어린 시절 동안 부모에게 항상 신뢰받는 것은 쉽지 않았다. 그는 치유 불가능할 정도로 질문이 많았다. 한번은 호기심이 발동하여 탐험하고 싶었던 빗물 배수구로 미끄러져 내려가기도 했다. 급기야 그의 어머니가 빨래줄 기둥에 긴 줄로 그를 묶어둔 것은 놀랄 일도 아니다. 더는 그런 조치를 할 수 없게 되었을 때, 그의 모험심 넘치는 성격은 부모를 더 놀라게 했다. 7-8세쯤 된 어느 날에는 친구에게 충동질을 받아 집 근처 도로 교차로에 서서 마치 교통경찰인 양 차량을 안내했다. 그러다 그가 멈추게 하려던 차에 아버지가 타고 있는 것을 발견하고 나서야 중단되었다.

그가 신체적 훈육을 받은 것은 이번만이 아니었다. 동네 형들에게 들은 욕설을 따라하다가 또 한번 엄한 훈계를 받았다. 자기 입을 비누로 씻는 일을 겪은 후 다시는 그런 말을 하지 않았다. 노년이 되어 그가 이런 말을 했을 정도다. "지금도 어떤 사람이 악한 말 하는 것을 들으면 내 입에서 비누냄새가 난다!"

그러나 존 맥아더의 삶 가운데 가장 중요한 영역에서, 많은 그리스도인 부모가 걱정하는 것을 그의 부모는 하지 않아도 되었다. 존은 그의 삶에서 자신의 믿음이 실재가 아니었던 적을 기억하지 못한다고 한다. "나는 언제나 구세주 예수가 필요하다는 것을 알았습니다." 그리스도인으로서 그의 체험은 수년에 걸쳐 서서히 진행되었다. 어떤 갑작스러운 변화나 영적 반란이 일어난 적은 없었다. 그가 어릴 때도 그의 아버지는 종종 그를 모임에 데리고 갔다. 그 모임 중 하나가 어떤 목사님의 교회에서 일주일간 진행되었다. 잭 맥아더가 모임을 갖는 동안 존(약 10세쯤 되었을 때)은 그 목사님의 아들과 다른 소년들과 함께 있었다. 그 아이들은 이 어린 방문자를 생소한 장난에 끌어들였다. 일종의 기물파괴 행위였다. 존은 양심의 가책이 너무 심해, 아버지와 함께 교회 계단에 앉아 하나님의 용서가 필요하다고 고백할 때까지 평강을 얻지 못했다.

잭 맥아더는 아들과 많은 시간을 같이 했으며, 존에게 가장 중요한 멘토였다. 세월이 흐른 후 존은 이렇게 회상했다.

내게 가장 큰 영향을 미친 것은 아버지의 설교였다. 목사의 아들은 자라면서 수천 번의 설교를 듣는데, 그중 어떤 것은 여러 번 듣는다. 설교를 듣다가 조는 때도 있었지만, 내가 들은 많은 설교가 나를 꼼짝 못하게 했다. 사실 아버지의 설교 중 몇 가지는 아직도 내게 생생하다.

내가 관찰하면서 발견한 것 그리고 내게 가장 깊은 영향을 미친 것은 아버지의 삶에 진실한 울림이 있다는 것이다. 아버지의 행동과 태도는 어디에 있든 누구와 함께 있든 변하지 않았다. 아버지는 가족과 회중에게 권한 것과 똑같은 기준으로 사셨다. 그렇게 사셨기에 어떤 타협에 대한 핑계를 댈 필요가 없었다. 한마디로 말하면, 아버지가 내게 가르치신 것은 '온전함'의 가치다.

열 살이 될 때까지 존은 할아버지 해리 맥아더 목사의 영향력을 알고 있었고 그의 설교도 들었다. 해리 맥아더 목사는 암으로 투병하다 1950년 2월 18일에 하나님의 품에 안겼다. 할아버지가 돌아가시기 전 존은 아버지와 함께 할아버지를 마지막으로 방문했는데, 할아버지에 대해 감탄할 만한 기억을 갖게 되었다. 1949년 12월, 할아버지의 마지막 설교 제목은 "하늘의 기록"이었고, 본문은 욥기 16장 19절이었다. "지금 나의 증인이 하늘에 계시고 나의 중보자가 높은 데 계시니라." 할아버지의 장례식에 참석한 모든 사람에게 이 설교가 소개되었고, 이 설교가 출판되었을 때 아버지 잭 맥아더는 머리말에 이렇게 썼다. "죽어가는 사람이 전하고 있다. 그는 자기 삶이 기록되어 있고 곧 구세주 앞에 서게 될 것을 아는 사람이었다." 이 설교에 설교자의 마지막 증언이 있다.

무엇보다 먼저 죄인인 저 해리 맥아더는 구세주 예수 그리스도를 영접하였고 거듭났으며, 그리스도 예수 안에서 새로운 피조물이 되었다고 기록되기를 원합니다. 어떤 이들은 자신이 교회에 속하게 되어 구원받을 수 있다고 믿지만, 우리는 하나님의 말씀을 통해 그렇지 않다는 것을 압니다. 저는 구원받기 전 아니 구원에 관심을 갖기 최소 2년 전에 이미 교회 성도였습니다. … 두 번째로 기록되기 원하는 것은, 저는 이제까지 사람들 앞에서 예수 그리스도를 고백해 왔고 지금도 그렇다는 사실입니다.

이어지는 말에서 할아버지 맥아더는 마지막까지 구령자(soul-winner)였음을 밝혔다. 출판된 그의 설교집 머리말에서 특별히 그의 겸손에 주목했다. "그는 스스로 그렇게 생각한 적이 없겠지만 숭고한 십자가 군병이었다. 그는 무엇보다 먼저 예수 그리스도의 영광스러운 복음을 전하는 사람이었다. 그는 종종 이렇게 말했다. '나보다 설교를 잘하는 사람은 있지만 복음을 더 잘 전할 수 있는 사람은 없다.'"

할아버지가 돌아가신 1950년에 존의 아버지는 다우니 교외의 제일침례교회로 사역지를 옮겼다. 그 교회는 같은 교단 안에서 가장 빠르게 성장하는 교회라는 명성을 얻었다. 이 사역에 더해서, 존은 아버지가 매주 전하던 "갈보리의 소리" 라디오 방송을 이어받았고, 1956년에는 텔레비전 방송까지 하게 되었다.

1950년에 열 살 된 조니에게 더 기억에 남는 것은, 홀로 된 풀러턴 맥아더 할머니와 함께 살게 된 일이다. 할머니는 그 후로 26년을 더 사셨다. 작은 다우니 사택은 일곱 식구가 살기에는 많이 좁았지만, 조니는 자기 방에 있는 싱글침대를 흔쾌히 할머니와 함께 사용했다. 어머니, 할머니, 세 여동생과 함께한 곳에서 여성적 영향이 그의 훈육에 중요한 역할을 했다. 어머니와 가정의 양육에 대해 그는 이렇게 말한다.

엄마는 하루도 집 밖에서 일하신 적이 없다. 우리가 엄마의 삶이었다. 집은 언제나 깨끗했고 편안했으며, 엄마는 언제나 쿠키나 빵을 굽거나 우리를 위해 특별한 먹을거리를 만드셨다. 내가 집 근처 대학에 갔을 때, 집에 올 때마다 어머니가 집에서 요리하거나 독서하거나 뜨개질(항상 어머니 곁에는 털실과 뜨개질바늘이 가까이 있었다)을 하고 계실 거라는 것을 뻔히 알 정도였다. 어머니는 우리 가족에게 엄청난 영향을 미쳤다. 아버지와 함께 어머니는 우리 사남매를 양육과 훈계로 키우셨다. 우리는 모두 하나님을 알고 사랑하며 자라났다.

아마도 우리 남매를 키우면서 부모님이 내린 가장 중요한 선택은 우리와 직접적인 관련이 거의 없었을 것이다. 우리가 어느 학교에 가고 얼마나 자주 징계를 받았는지는 부모님에게 중요하지 않았다. 우리가 언제 잠자리에 들었는지 저녁으로 무엇을 먹었는지는 중요하지 않았다. 그들이 부모로서 가장 중요하게 선택한 것은 경건한 결혼생활을 추구하는 것이었다.

친밀한 관계가 가정생활의 특징이었다. 존은 부모님의 말년의 삶을 이렇게 말한다. "믿기 어렵겠지만, 저는 부모님이 서로 불친절한 말을 하거나 화난 모습으로 다투는 것을 본 적이 없습니다. 부모님은 서로 허물을 덮어주었습니다."[02]

존은 그렌데일 지구에 있는 더 큰 집으로 이사할 때까지 2년간 할머니와 침실을 같이 사용했다. (존은 17세가 될 때까지 17회 이사한 것으로 기억한다.) 이사하게 된 이유는 아버지 잭 맥아더 목사가 버뱅크 지역에 새 교회를 설립하고자 했기 때문이다. 아버지는 할아버지 해리 맥아더를 기념하여 교회 이름을 '맥아더기념교회'라고 지었다. 이 교회 이름은 곧 '갈보리성경교회'로 변경되었다. 기존 이름이 잭 맥아더의 이름을 따서 지었다고 생각하는 사람들이 있음을 알고 나서 그렇게 한 것이다.

그렌데일과 버뱅크는 그 당시에 로스앤젤레스 카운티 안에서 600km² 정도 되는 산 페르난도 밸리의 동쪽 끝에 있는 지역에서 급성장하는 공동체였으나, 언덕과 산을 둘러싸고 있는 남쪽의 인구밀도가 더 높은 지역과는 분리되어 있었다. 20세기 초에는 이 온화한 목초지와 관목이 있는 분지에 수천 명이 살았고, 주민 대부분이 목축을 하거나 밀농사를 지었다. 로스앤젤레스 수로로 물이 공급되면서 (1913년) 감귤재배가 시작되었고, 이어서 제2차 세계대전 중 제조산업 붐이 일면서 불규칙하게 분포되어 있던 농장들이 도시화에 자리를 내주게 되었다. 그러나 1960대에 이 분지 전체 인구가 백만 명이 조금 넘을 정도가 되면서, 그렌데일을 비롯한 커뮤니티의 주택은 다우니 같은 남쪽 지역만큼 밀도가 높지는 않았다.

소년 시절 존은 항상 건강한 편은 아니었다. 다른 아이들보다 앓는 기간이 많았고, 종종 류마티스열, 폐렴 등으로 입원하기도 했다. 십대 중반에 콜터아카데미에 있는 고등학교에 들어갔을 때는 이런 건강문제가 다 극복되었고, 야구, 풋볼, 농구, 단거리 달리기 등에서 뛰어난 기량을 보였다. 이런 활동에 관심이 있었고, 전문적인 운동선수로 진출하는 것에 마음을 두게 되었다. 그러나 그의 어머니는 아들이 설교자가 되도록 기도하고 있었고, 존 자신도 어린 시절부터 이 길로 부름받은 것을 알고 있었다. 이런 기대 속에서 그의 부모는 1957년에 그를 사우스캐롤라이나 그린빌에 있는 밥존스대학교에 보냈다.

존은 대학 시절 동안 부모님의 선택에 그다지 열정적이지 못했다. 한 가지 이유는 밥존스대학이 대학 간 운동경기를 하지 않았기 때문이고, 또 다른 이유는 다른 분파와 교류를 극단적으로 피하는 근본주의 분위기 때문이었다. 그는 밥존스에서 보낸 그 시절이, 근본주의의 영향으로 말씀을 면밀히 연구하도록 영향을 미쳤다고 평가했다.

미식축구. 1962년 가을 캘리포니아 주 롱비치에서 캘리포니아주립대학교를 상대로 로스앤젤레스 퍼시픽컬리지에서 경기하는 존.

밥존스에서 1학년을 마치고 집에 가는 길에, 다른 학생 다섯 명과 함께 차를 타고 알라바마로 향하고 있었다. 그런데 운전자가 과속하는 바람에 차가 흔들리면서 차 문이 열려버렸다. 차는 전복되었고, 존은 밖으로 튕겨져 나갔다. 존은 앉은 자세로 착지하여 약 100미터 넘게 아스팔트 위로 미끄러졌다. 골절된 데는 없었지만 등 쪽에 마찰에 의한 3도 화상을 입었고, 화상 자리에 아스팔트 잔유물이 박혔다. 한쪽 손에는 평생에 남는 흉터가 생겼다. "고속도로에서 일어났을 때 의식을 전혀 잃지 않았습니다." 나중에 그가 말했다. "그때 그리스도를 섬기는 데 내 삶을 드렸습니다. 나는 하나님이 내게 원하시는 것, 즉 하나님의 말씀을 전하라는 부르심에 다시는 저항하지 않겠다고 하나님께 고백했습니다." 병원에서 처음 치료받은 후 엎드려 지내야 하는 고통스러운 3개월이 이어졌고, 이 기간 중 피부이식을 비롯한 치료를 받았다. 삶이 갑자기 심각해졌다. "내 미래를 내가 통제하는 것이 아님을 깨달았습니다. 죽을 뻔한 사고에서 건짐받았음을 깨닫고, 내 관심은 온통 하나님을 향하게 되었습니다."

이 사건은 존에게 큰 전환점이 되었다. 이때부터 기독교 사역이 그의 삶에 북극성이 되었다. 1958년부터 1959년까지 1년 더 사우스캐롤라이나에 있는 밥존스에서의 삶이 이어졌고, 이 기간 중 존은 첫 설교를 하게 된다. 그 장소는 사우스캐롤라이나 스파턴버그에 있는 버스정류장이었다. 존은 배운 대로 말씀을 전하고 사람들을 모았다. 그는 곧 깨달았다. 이런 일은 초보자가 할 일은 아니라는 것을.

그 설교는 형편없었다. 나는 어떻게 해야 할지 몰랐다. 나는 성경을 손에 들고 거의 비어 있는 버스정류장에 걸어 들어갔다. 주위를 둘러보고 가장 사람이 많은 쪽으로 가서 복음을 전하기 시작했다. '가련한 젊은이! 똑똑해 보이는데 안됐네. 무슨 장애가 있나 봐.' 나는 사람들의 이런 표정을 볼 수 있었다.

나는 이런 식은 아니라고 생각했다. 그렇게 10분 정도 전하고 거리를 내려와 고등학생들이 춤추는 곳으로 갔다. 밖에 앉아서 그 곳을 드나드는 아이들에게 복음을 전했다. 내가 말씀 전하는 일은 이렇게 시작되었다. 그것은 기억할 만한 것은 아니었으나, 나는 말씀을 전하는 것을 배우는 데 열심이었다. 복음을 전하라고 부르심을 받을 때마다, 언제든지 전할 준비가 되어 있기로 결심했기 때문이다. 나는 할 수 있는 대로 구제 사역이나 부대를 방문해 말씀을 전하려고 했다. 시간이 지나면서 청중과 어떻게 소통하는지 배우게 되었다.

1959년에 존은 로스앤젤레스에 있는 퍼시픽컬리지에서 학사학위 과정을 이어서 할 수 있다는 것을 알게 되어, 남은 2년을 이 학교에서 공부하기로 결정했다. 고향으로 돌아와 스포츠 활동을 다시 하게 되었는데, 특히 풋볼에서 뛰어난 기량을 보였다. 존은 올아메리카 팀에 하프백으로 지명되었으며, 이후 여러 프로 팀에서 풋볼로 경력을 쌓아보라는 요청이 끈질기게 왔다. 그러나 그에게는 더 높은 목표가 있었고, 이 목표는 기대치 않은 어떤 기회로 확정되었다.

어느 날 한 풋볼 오찬 모임에서 상을 받게 되었는데, 그는 이 기회를 이용해 그리스도 안에 있는 믿음에 대해 말했다. 그 간증을 들은 사람 중에 한 사람이 찾아와, 폴리라는 이름의 17세 소녀가 최근 척수신경이 끊어지는 사고를 당했는데 방문해 줄 수 있는지 물었다.

존은 병원을 방문해 앞으로 평생 사지마비 상태로 남게 될 소녀를 만났다. "할 수만 있다면 나는 자살할 거예요. 나는 살 이유가 없어요." 소녀의 첫 마디였다. 존은 달리 도움이 될 어떤 것도 알지 못했기에 복음을 제시하기 시작했다. "중요한 것은 네 몸에 일어난 일이 아니야 폴리. 네 영원한 영혼에 일어난 일이 중요하단다. 너는 어디선가 영원히 살게 될 거야. 네 영혼의 문제만 해결된다면 지금이라도 하나님은 네 마음에 기쁨을 주실 수 있어. 어떻게 이런 일이 일어날 수 있는지 들어보겠니?"

소녀는 마음이 열려 존의 이야기를 들었다. 기도하고 잠시 대화를 나눈 후 소녀는 말했다. "있잖아요, 존. 어떤 면에서는 내게 이런 사고가 일어난 것이 기뻐요. 그렇지 않았다면 내가 예수 그리스도를 만날 수 없었을 거잖아요." 이런 초기 목회사역의 경험은 존 맥아더 자신에게 깊은 영향을 미쳤다. "복음의 능력에 노출된 그 일 후로, 내가 삶에서 원하는 것이 이것이라고 생각했다. 다른 어떤 것도 전혀 중요지 않았다."03

SERVANT OF THE WORD
AND FLOCK

성경이 최우선 순위를 차지하다

한 젊은 청년이 저명한 성경교사에게 자신을 소개했다. "선생님, 제가 선생님처럼 성경을 알 수만 있다면 제 모든 것을, 세상이라도 드리고 싶습니다." 이 노교수는 그의 눈을 똑바로 보고 대답했다. "좋아. 그렇게 되려면 자네 자신을 다 바쳐야지." 1961년 22세가 된 존 맥아더는 자신을 다 바칠 각오로 탈봇신학교에 진학했다.

탈봇신학교는 로스앤젤레스 남쪽에 있는 라미라다에 있었고, 학생은 약 125명 정도 되었다. 존의 아버지가 그 학교를 고집한 이유는, 그 당시 학장이던 찰스 파인버그(Charles L. Feinberg) 박사의 명성 때문이었다. 그는 회심 전에 유대교 랍비가 되기 위해 수학했고, 화란어를 비롯해 30개 이상의 언어를 구사할 수 있었다. 화란의 개혁신학을 읽기 위해 독학으로 화란어를 배웠다고 한다.

이날 전까지만 해도 부모님이 보인 모범에도 불구하고, 존 맥아더의 독서에 대한 의지는 비교적 약했다. 이런 사실은 아버지와 아들이 함께 파인버그 박사를 만나러 갔을 때 드러났다. 잭 맥아더가 말을 꺼냈다. "얘가 제 아들 조니입니다. 이 아이를 성경주해가로 만들고 싶습니다." 학장님이 말했다. "좋습니다. 이제까지 어떤 일을 해왔나요?" 존의 아버지는 대답했다. "조니는 풋볼선수입니다." 이 말에 파인버그 학장은 안경 너머로 '농담이지요?' 하는 듯 의아한 표정으로 쳐다보았다.

존의 아버지는 농담한 것이 아니었다. 존은 이 점에 대해 이렇게 기록한다.

> 대학생활 중 나는 독서를 좋아하지 않았다. 나는 전형적인 운동선수로서 밖에서 활동하는 것을 좋아했고, 실내에서 독서하는 것을 좋아하지 않았다. 신학교에 들어간 후 다른 선택은 없었다. 그렇게 독서를 시작하게 되었는데, 그 내용은 내가 정말 알고 싶은 것이었다. 나는 정말로 신학서적을 읽는 것과 사랑에 빠졌다.[04]

탈봇에서 존이 받은 가장 큰 혜택은 파인버그 박사에 대한 존경심이었다. 그는 파인버그에 대해 이렇게 말한다.

> 그는 매년 성경을 4독한다. 말할 것도 없이 그는 특별하고 강렬했다. 우리는 모두 그를 경외했고, 동시에 나는 그를 사랑했다.

그는 내게 진정한 본보기였다.

그는 존에게 멘토가 되었고, 존은 그를 기쁘게 하는 것이 삶의 한 부분이 되었다. 그래서 파인버그 박사에게 평생 잊지 못할 꾸중을 들었을 때는 더욱 고통스러웠다. 모든 학생이 신학교 채플에서 최소 두 번은 설교해야 했는데, 설교할 때마다 교수들이 뒤에 앉아 평가지에 채점했다. 맥아더 차례가 왔을 때 그가 받은 본문은 사무엘하 7장, 즉 선지자 나단은 다윗의 성전을 세우고자 하는 소원을 격려했지만, 하나님이 무효화하신 사건이 본문이었다. 맥아더는 주제를 "하나님의 뜻을 추정하지 말라"로 정하고 설교를 잘했다 생각하고는, 예배가 끝날 때 파인버그 박사에게 좋은 평가를 받을 것이라 기대했다. 나중에 받은 평가지에는 "당신은 본문의 모든 요점을 놓쳤습니다"라는 평 외에 모두 공란이었다. 존이 교수연구실에 들어갔을 때, 파인버그 박사는 실망한 듯 고개를 흔들며 소리쳤다.

어떻게 그럴 수 있지? 어떻게 그럴 수 있어? 그 본문은 다윗언약이 메시아와 그의 영광스러운 왕국에서 완결될 것을 말하는데, 자네는 매일 매일의 삶에서 하나님을 추정하지 말라고 했으니 말이야.

이 신학교에서 이 평가만큼 존에게 깊은 인상을 남긴 사건은 없었다. "지금도 파인버그의 마음에서 나오는 꾸지람이 내 귀에 울린다.

본문의 의미를 파악하지 못했다면, 하나님의 말씀을 소유하고 있지 않은 것이다."05

필라델피아에서 온 탈봇의 방문교수 랄프 카이퍼(Ralph Keiper)는 도널드 반하우스(Donald G. Barnhouse)의 비서이며 《이터니티》(*Eternity*)의 편집장이었다. 존은 반하우스를 만난 적은 없으나 그의 저서를 읽은 적이 있었다. 나중에 존이 말해 준 반하우스에 대한 일화 중에 이런 이야기가 있다. 이 유명한 설교자가 비행기 안에서 성경을 읽고 있는데 어떤 사람이 끼어들었다. "저도 목사님처럼 성경을 알 수 있으면 좋을 텐데요." 이 말을 듣고 반하우스가 이렇게 대답했다. "좋아요. 당장 손에 들고 있는 《타임》지를 내려놓고 성경을 읽으세요." 존이 카이퍼에게 배운 교훈 중 하나는 성경본문을 가르치기 위한 예화를 다른 데서 찾지 말고 성경 안에 있는 사건 중에서 찾으라는 것이다. 카이퍼의 또 한 가지 매력은 유머였고, 존에게도 도움이 되었다. 존의 아버지는 존이 설교 중에 유머를 섞으려는 것을 듣고 인상적인 충고를 했다. "강대상은 유머를 말하는 곳이 아니다. 그런 것 시도도 하지 마라." 카이퍼도 설교를 엔터테인먼트로 만드는 것에 반대하지만, 존은 자신이 삶에서 약간의 유머를 사용하게 되는 데 도움이 되었다고 말한다.

존은 탈봇에서 수학하는 동안에도 여전히 스포츠에 어느 정도 참가했고, 파인버그의 아들 폴과도 좋은 친구로 지냈다. 존에게 프로선수가 되라는 제안은 계속 들어왔지만, 이전만큼 그의 마음을 끌지 못했다.

탈봇에서 마지막 학년이 시작되기 전, 또 하나의 삶을 바꾸어 놓을 사건이 있었다. 패트리샤 수 스미스가 존의 아버지 교회에 왔는데, 그의 아버지 데일 스미스는 주일학교 교장이었고, 존은 패트리샤

1963년 8월, 존과 패트리샤 수 스미스의 결혼.

가 속해 있는 반에서 성경을 가르쳤다. 데일과 그의 아내 로레인(니 로버슨)은 1940년경에 네브래스카에서 농사를 짓다가 로스앤젤레스로 이사 왔다. 패트리샤는 이 가정의 4녀1남 중 넷째였다. 패트리샤가 존의 첫째 여동생 친구여서 존은 패트리샤를 알게 되었고, 패트리샤는 맥아더 집에 종종 왔다. 패트리샤는 존의 눈에 가장 귀여운 아가씨였으며, 그녀가 주님을 사랑한다는 사실이 존에게 중요했다. 패트리샤의 존에 대한 평가는 좀더 시간이 걸렸지만, 1963년 8월 둘이 결혼하면서 기쁘게 해결되었다. 훗날 맥아더는 "데일과 로레인 부부의 결혼 50주년을 맞아 두 분의 삶을 구주께 드린 것과 제게 딸을 주신 일에 감사하며"[06]라는 제목의 글을 올렸다.

탈봇에서의 신학생 시절은 존 맥아더가 'magna cum laude'(라틴어로 '큰 칭찬과 함께'라는 뜻이며, 주로 미국 대학에서 학업 성적이 우수한 학생에게 부여하는 학사 명예다. 가장 높은 수준인 'Summa cum laude' 다음이다-역자 주)와 찰스 파인버그 상을 받으며 1964년에 졸업함으로써 끝이 났다. 존은 감격스럽게도 자기가 가장 좋아하는 스승에게서 책 두 상자를 받았다. 그 상자 안에는 파인버그 박사가 소장하던 케일과 델리치가 쓴 "구약성경주석"(*Biblical Commentary on the Old Testament*)이 들어 있었다. 졸업하던 해에 존은, 일리노이 주 웨스트체스터에 본부를 둔 미국 근본주의 독립교단에 의해 아버지의 교회에서 안수 받았다.

맥아더의 미래는 아직 정해진 것이 없었다. 클레어몬트신학교에서 박사과정을 할 생각이었다. 이 시점이 그의 여생을 결정하는 중요한 갈림길이었다. 그의 말을 들어보자.

신학박사 학위 취득을 고려하고 있을 때, 클레어몬트대학원 프로그램 대표가 내 성적증명서를 훑어보더니, 학사 및 신학대학원 과정으로는 과할 정도로 성경과 신학 학점이 많다고 말하면서, 입학을 대비해 읽어야 할 책 200권의 목록을 주었다. 다양한 책을 잘 아는 분과 이 목록을 훑어보고는 자유주의 신학과 인문주의 철학 외에 아무것도 없다는 것을 발견했다. 학문을 빙자한 불경스러운 늙은 여인들의 우화로 가득했다. 이 학교는 또 "예수와 영화"라는 과목이 필수라고 했다. 이 과목은 현대 영화를 보고 그 영화가 예수님의 윤리에 반대되는지 아니면 지지하는지를 평가하는 것이었다. 신성한 예수님이 윤리라는 수준으로 전락하다니! 나는 그 대표를 다시 만나서 말했다. "저는 제 인생 전부를 진리를 배우는 데 바쳐왔는데, 앞으로 몇 년간 잘못된 지식을 배우는 데 낭비할 수 없다는 것을 알려드리고 싶습니다." 나는 그 자료를 그의 책상에 내려놓고 나왔다.[07]

이 결정은 결코 가볍게 내린 게 아니다. 이 과정에 들어갈 자격을 얻기 위해 그가 독일어를 두 학기 동안 배운 것을 보면 알 수 있다. 그때는 몰랐지만, 이런 결정을 한 데는 다른 것도 연관되었다. 20세기 중반의 영어권 세계에서 역사적 기독교는 쇠퇴하고 있었다. 그렇게 된 이유는 종교개혁 직전과 같다. 기독교 사역을 준비하는 과정이 부패했기 때문이다. 윌리엄 틴데일은 1530년에 "대학에서 일어나고 있는 일"이라는 제목으로 다음과 같이 썼다.

> 그들은 8년 또는 10년 동안 이교도의 학문에 코를 박고 거짓된 원리로 무장하기 전에는 누구도 성경을 볼 수 없도록 규정했으며, 이로 인해 성경을 이해하는 데서 완전히 차단되었다.[08]

맥아더도 틴데일과 같은 위험을 감지했다. 훗날 맥아더가 말했다.

> 일부 학계에서 신학 학문의 표식은 성경을 얼마나 잘 아는지가 아니라 세속 학계의 추정적 지식을 얼마나 잘 이해하느냐에 달려 있다.

그는 유명한 신학교에 다니는 친구의 증언을 인용했다. 그 친구는 한 교수에게 개인적 성결에 관한 수업이 목회자 후보생에게 적합하지 않은지 물어보았다고 한다. 대답은 "거기에는 학문적 신뢰성이 없습니다"였다. 맥아더는 그의 초기를 회상하며 말했다.

> 사역자로 훈련받기 시작한 후 내 생각은 하나님의 진리로 가득 차 있던 것을 감사하게 여긴다. 내 마음은 무엇이 진리이고 무엇이 거짓인지 결정하지 못하는 전쟁터가 아니다. 목사가 성도를 경건하게 세워주지 못하고 이런 질문에 매여 있다면 얼마나 불행한

일인가(딤전 1:4).⁰⁹

이렇게 결정하지 않았으면 그의 목회는 지금같이 될 수 없었을 것이다. 젊은 사역자로서 맥아더는 사무엘 러더포드(Samuel Rutherford)가 "나는 책의 사람이면서 그리스도의 도에는 백치이고 어리석은 자일 수 있다"고 한 말의 의미를 알아차렸다.

탈봇을 떠난 1964-1969년에 맥아더는 어떤 길을 가야 할지 잘 알지 못했다. 맥아더의 아버지는 그가 버뱅크교회에서 아버지 사역을 돕기 원했고, 맥아더는 2년간 그렇게 했다. 그러나 잭 맥아더 목사가 교회 말씀 사역을 계속하면서 존에게는 설교할 기회가 좀처럼 오지 않았다. 1965년에 존은 로스앤젤레스 뱁티스트컬리지의 조교수로도 사역했다. 이듬해 탈봇신학교는 그를 대외협력 대변인 및 대표로 초청했는데, 신학교가 청년들을 위해 무엇을 할 수 있는지 보여 주고자 한 것이 분명했다. 그는 이 제안을 받아들이고 3년간 Youth for Christ, CCC 모임, 젊은이들을 위한 콘퍼런스와 캠프 특히 여름 캠프를 잘 활용해 온갖 장소를 말씀 전하는 기회로 삼았다. 어떤 때는 한 달 동안 30군데에서 말씀을 전하기도 했다.

그중 집에서 가장 멀리 간 것은 흑인 그리스도인인 존 퍼킨스를 방문 차 미시시피까지 갔을 때다. 존 퍼킨스는 로스앤젤레스에 잠시 머물렀을 때 존 맥아더를 알게 되었다. 그는 한편으로는 잭 맥아더의 라디오와 텔레비전 방송 사역에 깊은 인상을 받았다. 퍼킨스가 남부로 돌아간 것은, 미시시피의 멘덴홀에서 흑인 교회와 Voice of

Christ Bible Institute를 시작하기 위해서였다. 수년간 퍼킨스가 도움을 호소했을 때 존은 응해 주었다. 그곳에서 1967년에 처음으로 "갈보리의 소리 운동"(Voice of Calvary Crusade)이 시작되었는데, 아직도 당시의 흥분 속에 있는 것처럼 퍼킨스는 '미시시피에서 일어난 가장 중요한 사건'이라고 묘사했다. 존은 그 첫 크루세이드에 참여했다. 초등학생부터 대학생까지 흑인학생 1만 명에게 다가간 일이었다. 그는 복음에 대한 그들의 필요가 얼마나 큰지를 깨닫고 돌아왔다. "우리가 방문한 학생의 적어도 95퍼센트가 하나님과 개인적인 관계에 대해 아는 것이 전혀 없었습니다."

1967년 미시시피 멘덴홀에서 존 맥아더와 존 퍼킨스.

1960년대 미시시피의 사회 상황은 흑인에 대한 도움을 복음 메시지로만 제한할 수 없음을 존에게 보여주었다. 인종 갈등이 높아지고 있었다. 존 퍼킨스는 자기 형제가 눈앞에서 백인우월주의자 KKK 멤버들에게 살해되는 것을 목격했다. 멘덴홀에 있을 때 존은 항상 퍼킨스의 집에 머물렀는데, 그 이유로 존은 백인 식당 출입을 거부당했다. 흑인 청년들이 처한 절망에 가까운 상황, 즉 의미도 목적도 방향도 없는 삶 속에서 삶을 가치 있게 만들기 위해 비전이 필요하다는 것을 존은 깨달았다. 존은 아버지가 발행하는 "갈보리의 소리" 게시물에 칼럼을 썼다(1968년 3월).

이 젊은이들에게는 목표가 필요하다. 젊은이들은 어딘가에 도달하고 있고 자신의 노력이 가치가 있다고 느껴야 한다. 우리는 그들이 학업을 계속하도록 격려했고, 오늘날의 문제와 복음의 관련성을 지적했다. 또 그들이 더 나은 학생, 더 나은 이웃, 더 나은 풋볼선수 그리고 일반적으로 더 나은 사람이 될 수 있도록 그리스도께서 어떻게 도와주시는지 보여주었다.

퍼킨스 같은 흑인 기독교인들은 민권운동에 동조하고 연관이 있을 수밖에 없지만, 민권운동의 모든 지지자가 기독교인은 아니었다. 일부 백인 운동가들은 그들의 삶의 방식 때문에 그 대의를 폄하하기도 했다. 한번은 존 맥아더가 그러한 세력에 속해 문제 조성에 가담한 것으로 오해받아 경찰서에 연행되었다. 벌금을 내야 했지만 혐의는 유지되지 않았다.

두 번째 크루세이드는 1968년 3월 31일부터 4월 6일까지 진행되었다. 계획 당시 그 날짜가 민권운동의 위기와 맞물릴 거라고 예상한 사람은 아무도 없었다. 4월 4일 밤, 존은 미시시피 주 잭슨에서 존 퍼킨스와 찰스 에버를 포함한 그룹과 이야기를 나누고 있었다. 찰스 에버는 페이엣빌의 흑인 시장으로, 그의 형제가 민권운동의 첫 순교자였다. 그곳에 있던 유일한 백인인 존은, 훗날 자신을 아주 어린 나이에 이 사람들과 그들의 문화를 사랑하게 된 사람으로 묘사했다. 그들이 행사를 의논하고 있을 때, 어떤 남자가 방으로 뛰어 들어와 "마틴 루터 킹 목사님이 암살당하셨습니다!"라며 소식을 전했다.

이 그룹은 밤새 차를 몰고 사건 현장인 멤피스로 향했고, 존도 그들과 함께 갔다. 존이 잭슨에 있는 집을 떠날 때, 이미 거리에 나와 있던 흑인 군중에게 분노의 표적이 될까봐 친구들이 특별히 보살폈다. 불과 몇 시간 전에 민권운동 지도자가 피습당한 멤피스의 모텔에는 경찰이 배치되어도 있지 않아, 킹의 피로 얼룩진 계단에 바로 접근할 수 있었다. 그 결정적인 순간을 회상하며 존은 "실제로 모텔 맞은편에 있는 작은 건물 2층으로 올라가 변기에 서서 제임스 얼 레이가 총을 쏜 창밖을 바라보았다"고 말했다.

미시시피에서의 경험은 존이 이미 알고 있던 진리, 즉 복음만이 인종차별을 없앨 수 있다는 사실을 확인시켜 주었다. 회심한 젊은이의 수로 복음의 힘을 확인했으며, 그들 중 일부는 전임 기독교 봉사자로 훈련받게 되었다. 1967년 미시시피 크루세이드에 대해 존은

"나는 개인적으로 2,300명이 넘는 젊은이가 그리스도를 영접하기 위해 앞으로 나아가는 것을 목격했다. 나는 우리가 그들의 손에 쥐어 준 구원의 계획을 그들이 한 걸음 한 걸음 따라가는 것을 지켜보았다. … 한 사람 한 사람이 예수 그리스도께 헌신하는 삶을 대표한다"고 썼다.

이 순회 기간 동안 맥아더의 생각은 상당히 성숙해졌다. 1964년 신학교를 떠날 때 자신이 설교자로 부름받았음을 알았지만, 미래의 사역은 명확하지 않았다. 아마도 목사직을 할 수도 있고, 순회전도자로서 사역할 수도 있었다. 그는 선교지로 나갈 가능성도 배제하지 않았다. 특히 그는 독일에 관심이 있었다. 그는 점차 자신이 '열 벌의 양복을 입고 열 번 설교하는' 순회전도자가 되어서는 안 된다는 것을 깨닫게 되었다. 경험을 통해 교회에 가장 필요한 것은 전도가 아님을 깨달았기 때문이다.

내게 견디기 어려운 것은 영적 무지였다. 나는 가는 곳마다 성경 내용이 결여된 무미건조한 설교를 보았다. 그것은 나를 몹시 불편하게 했다. 나는 "내 백성이 지식이 없으므로 망하는도다"(호 4:6)라는 호세아서의 말씀이 끊임없이 생각났다.

이를 계기로 성경을 집중적으로 공부하고자 하는 그의 결심이 더 굳어졌다. 훗날 그는 조언을 구하는 사람들에게, 하나님은 자기 백성에게서 성취하고자 하는 것을 소망으로 심어주면서 그들을 인도하신다고 말해 주었다. "또 여호와를 기뻐하라 그가 네 마음의 소원을 네게 이루어 주시리로다"(시 37:4)라는 약속은 이루어진다. 이것은 확실히 맥아더 자신의 경험이었다.[10] 그의 가장 큰 갈망은 하나님의 말씀을 아는 것인데, 이 시간을 확보하기 위해서는 한 곳에 정착해야만 했다. 하나님의 말씀에 자신의 삶을 바치려면 목사직이 그에게 맞는 소명이었다. 그는 역사에 족적을 남긴 설교자는 "한 곳에 오래 머문 사람들이었다"는 아버지의 말씀을 기억했다.

패트리샤의 생각도 남편의 생각과 일치했다. 가족이 늘고 있었기 때문이다. 매튜가 1964년 8월에 태어났고, 마시가 2년 후에 태어났다. 마크와 메린다는 1968년과 1973년에 태어났다. 가족이 활동하는 장소는 맥아더에게 매우 중요했다. "우리 장남이 태어났을 때 갑자기 부모로서 책임이 엄청난 무게로 느껴졌습니다."

1960년대 후반, 잘 알려진 두 교회가 맥아더에게 담임목사를 제안했지만, 두 교회 모두 27-28세의 맥아더가 자신들에게 너무 어리다고 판단했다. 그런 다음 예상치 못한 방식으로 청빙이 왔다. 1968년 흄 호수에서 열린 여름캠프에서, 로스앤젤레스 선 밸리의 그레이스커뮤니티교회 고등학생들이 그의 설교를 듣고 열광하며 "목사님, 우리 교회 목사님이 되어주시겠어요?"라고 제안했다. 그들의 간절함이 교회 직분자들에게 전달되었고, 그 결과 맥아더는 1968년 가을에 설교 초청을 받았다. 존이 처음 초청받은 경위에 대해 또 다른 이야기가 있다. 이 이야기는 교회의 장로 9인으로 구성된 위원회의 회장이던 버트 마이클슨이 전한 것이므로 비중 있게 다루어져야 한다.

어느 주일에 잭 맥아더의 라디오 방송을 들었는데, 아들 존이 출연했다. 그래서 위원회가 열렸을 때 나는 그의 이름을 거론했다. 이때 위원회에서 섬기던 폴 세일해머가 존을 이미 알고 있다고 했다. 그는 존에게 전화를 걸어 초청했다. 존이 우리 교회에 왔고 한 번 그의 설교를 들을 기회가 생긴 후, 더 이상 다른 사람은 인터뷰할 필요가 없게 되었다.

이 두 가지 이야기가 모두 사실이 아닐 이유가 없다. 그레이스커뮤니티교회에서 설교해 달라는 초대를 수락한 존은 마음에 품고 있던 주제를 제목으로 삼았다. 그리스도인은 그리스도 안에서 자기의 새로운 정체성을 올바르게 이해하지 못하기 때문에 연약한 것이다. 우리가 어떤 존재인지 알지 못한 채 하나님이 우리에게 의도하시는 삶을 사는 것은 불가능하다. 그는 로마서 6장과 7장을 근거로 자유롭게 설교했고, 분명 이 회중이 자기의 영구적인 사역 현장이 될 거라는 희망을 가졌을 것이다. 그와 함께 있던 패트리샤가 그 희망을 공유했다면, 그가 설교를 마칠 무렵에는 그 희망이 부서졌을 것이다. "당신이 얼마나 오래 설교했는지 알아요?" "아니." 그는 시간 가는 줄도 모르고 설교했다. "1시간 15분 동안 설교했어요. 아, 이 교회에서는 끝났어요. 다시는 초청하지 않을 거예요." 패트리샤의 생각은 틀렸다. 그레이스커뮤니티교회는 곧 그를 초대해 계속해서 설교하도록 했다. 그 교회에 정착한 후, 가장 처음 초청받은 강사는 그의 아버지였다. 그는 아버지에게서 앞으로 실천해야 할 교훈을 얻었다.

아버지는, 설교자는 언제든지 설교하고 기도하고 죽을 준비가 되어 있어야 한다고 말씀하셨다. 아버지는 내 인생에 크게 헌신하셨고 많은 것을 물려주셨다. 할아버지는 아버지에게 물려줄 것들을 주셨다. 그리고 나는 또 지금 내게 있는 것을 물려준다. 당신은 그것을 취하고 발전시키고 익혀서 다른 사람에게 전수해야 한다. 이것은 릴레이 경주이며, 우리 모두 참여하고 있다.[11]

1960년대 중반, 존 맥아더와 아버지.

SERVANT OF THE WORD
AND FLOCK

그레이스커뮤니티교회에서의
초기 사역

선 밸리의 그레이스커뮤니티교회는 1969년 1월 존 맥아더 목사를 청빙했고, 이를 수락해 1969년 2월 9일에 교회 사역을 시작했으며, 그 후 지금까지 이 교회에 머물고 있다.

선 밸리는 글렌데일에 있는 존의 옛 집에서 서쪽으로 약 16킬로미터, 로스앤젤레스 시내에서 북서쪽으로 약 32킬로미터 떨어진 샌페르난도 밸리의 또 다른 지역이다.[12] 이 교회는 1956년 할리우드 지역의 교회에서 불만스러운 것을 보게 된 여러 교파의 기독교인들이 모여 설립했다. 선 밸리는 많은 땅이 저렴한 가격으로 나왔기 때문에, 당시에는 상상할 수 없을 만큼 큰 부지를 확보할 수 있었다. 초기부터 1968년까지 돈 하우스홀더와 리처드 엘비라는 목사님 두 분이 있었는데, 돈 하우스홀더는 감리교, 리처드 엘비는 침례교 목사였다. 이 교회는 소속된 교단은 없었다. 교회 표어는 "본질적인 것에는 일치, 비본질적인 것에는 사랑"(In essentials unity; in non-essentials charity)이라는 익숙한 문구였다. 두 분은 임직한 지 5년도 안 되어 교회에서 심장마비로 돌아가셨는데, 아마도 이런 사실이 29세 된 목사를 청빙하는 데 고려사항이 된 것 같다.

맥아더는 "그레이스교회에 왔을 때 나는 아는 것이 별로 없었다"고 말했다. 그러나 찰스 파인버그와 더 나아가 존의 아버지는 그에게 성경의 절대적 권위, 복음에 대한 참된 이해의 필요성, 구원에 대한 거짓된 확신의 위험성 등 강력한 기본 원칙을 알려주었다. 2월 9일에 있은 그 교회 목사로서 첫 설교에서 이 모든 내용이 두드러지게 드러났다. 제목은 "교회는 어떤 방향으로 나아가야 하는가"였고, 본문은 "나더러 주여 주여 하는 자마다 다 천국에 들어갈 것이 아니요 다만 하늘에 계신 내 아버지의 뜻대로 행하는 자라야 들어가리라 그 날에 많은 사람이 나더러 이르되 주여 주여 우리가 주의 이름으로 선지자 노릇 하며 주의 이름으로 귀신을 쫓아내며 주의 이름으로 많은 권능을 행하지 아니하였나이까 하리니 그 때에 내가 그들에게 밝히 말하되 내가 너희를 도무지 알지 못하니 불법을 행하는 자들아 내게서 떠나가라"(마 7:21-23)였다.

그날은 비가 쏟아 붓는 아침이었다. 선 밸리의 로스코 대로에 있는 교회 건물은 300명 이상 수용할 수 없었고 성도는 450명 정도였기에, 설교를 두 번 반복해서 했다. 그래서 주일예배는 오전 8시 30분과 11시 두 번 있었고, 저녁 7시에는 '저녁 복음의 시간'이 있었다.

버튼 마이클슨은 교회 초기의 여러 멤버 중 한 명이라 이미 언급한 바 있듯, 존 맥아더와 그의 가족에게 전혀 낯선 존재가 아니었다. 그들은 잭 맥아더의 라디오 사역을 들었고, 갈보리성경교회에서 뽑힌 청년들이 운동장에서 뛸 때 잭의 아들을 목격한 적이 있었다. 버튼의 기억에 따르면, 존이 청빙을 수락하면서 내건 한 가지 조건은 일주일에 30시간씩 공부할 시간을 확보할 수 있어야 한다는 것이었다. "우리는 그 조건을 이해하지 못했지만 그를 믿고 받아들였습니다."

그레이스커뮤니티교회의 직원은 총무, 청소년 지도자(주일학교 교장 겸임), 전임 목사의 미망인 엘비 부인이었다. 엘비 부인은 분명히 큰 도움이 되었다. 존을 어머니처럼 보살피고 보호했을 뿐 아니라, 그의 관심이 필요한 부분까지 주의를 환기시켰다.

초대 목사님들 때에 이 교회에는 축복과 성장이 있었다. 선교에 대한 관심이 수립되었고, 주일과 수요일 저녁 기도모임을 위한 지원이 있었으며, 주중 모임에는 성경공부도 있었다. 그러나 모든 교회가 그렇듯이 회중의 구성은 다양했고, 그레이스교회의 초기에도 어려움은 없지 않았다. 처음에는 "교회는 어떤 방향으로 나아가야 하는가"(How to play Church)[13]라는 첫 주일 아침 설교를 좋아하지 않는 사람들이 있었다. 그 대립적인 설교의 결과로 몇몇 부부가 교회를 떠났고, 적어도 한 명의 장로가 기독교인이 아니라는 사실이 드러났다. 이는 설교자가 원하거나 의도한 바가 아니었다. "그레이스교회에 처음 도착했을 때, 내 목표는 그곳에 있는 사람들이 떠나지 않게 하는 것이었습니다."

분명 변화가 필요한 부분도 있었다. 맥아더는 주일학교를 위한 계획부터 시작했다.

처음 그레이스교회에 왔을 때 주일학교를 어떻게 운영할지 새로운 아이디어가 떠올랐다. 나는 아이디어를 적어 교육위원회에 제출했다. 그들은 만장일치로 거절했다. 그들은 '너 누구니, 꼬마야? 우리가 너보다 여기 더 오래 있었단다'라는 반응이었다.

이 사건은 향후 그의 사역을 이끄는 교훈이 되었다. "젊었을 때는 모든 사람을 틀에 맞추기 위해 콘셉트와 프로그램을 만들려고 많은 에너지를 낭비했습니다." 그는 조직보다 삶이 더 중요하며, 삶은 내적 태도의 결과임을 배웠다.[14] 가장 먼저 필요한 것은 새로운 방법이나 프로그램이 아니라, 성경을 통해 하나님의 감동을 받는 것이었다.

목회자와 교회지도자의 목표는 성도의 마음에 올바른 영적 태도를 심어주는 것이다. 이렇게 해야 한다, 저렇게 해야 한다고만 말할 수는 없다. 사람들이 올바른 행동을 하도록 동기를 부여할 영적 태도를 만들어야 한다. … 교회에 올바른 영적 태도가 존재한다면, 성령의 지배를 받는 사람들이 성령이 이끄는 일을 할 것이므로 구조는 저절로 잘될 것이다.[15]

이 교훈은 강단의 중요성을 강조했다. 하나님이 선포된 말씀을 사용하시면 다른 일이 일어날 것이다. 맥아더가 일찍이 강해설교에 헌신한 배경에는 바로 이 점이 있었다. 그는 정착한 지 한 달 만에 로마서 서문부터 한 구절씩 강해설교를 시작했다. 그런 다음 에베소서 1장으로 넘어갔다. 그리스도 안에서 신자의 위치에 대한 가르침은 많은 사람의 생각에 새로운 토대를 제공했다.

하나님이 기름 부으신 설교의 한 가지 효과는, 회중이 단순한 청중에 머물지 않는다는 것이다. 하나님의 말씀으로 진정한 유익을 얻는 곳이라면 어디든 사람들이 감동받아 사랑하고 다른 사람에게 다가갈 것이다. 건강한 교회 공동체에서는 그리스도인의 활동이 자발적으로 이루어진다. 이것이 바로 선 밸리에서 일어난 일이다. 열심과 열정, 희생 정신이 깊어졌다. 한 부부는 더 많이 헌신하기 위해 신혼여행을 포기하기도 했다. 그리스도인이 일상에서 하나님을 기쁘시게 하는 삶을 살기로 했기 때문에, 전도를 위한 '프로그램'은 필요 없게 되었다. 1년에 한 번 일주일 간 부흥회를 하는 교회보다 1년 365일 복음을 전하는 교회가 더 낫다는 것이 증명되었다.

> 교회는 신자 개개인을 위한 사역을 강조해야 한다. 교회지도자들은 성도들이 실제로 동기가 없거나 재능이 없는 일을 율법적인 의무감 때문에 하도록 임명해서는 안 된다. 오히려 지도자는 성령이 주신 은사에 따라 성도를 계발해야 한다. 적극적이고 활동적이며 섬기는 사람들이 성공적인 교회를 만든다.[16]

공식적인 프로그램은 많지 않았지만 모두 자신의 은사를 나누고 있었다. 사람들은 항상 교회에 전화를 걸어 병원에 있는 사람을 병문안할 수 있는지, 유아실에 도우미가 더 필요한지, 화장실과 창문을 청소할 사람은 있는지, 전도하는 데 도움이 필요한지, 수업을 가르칠 사람이 있는지 물어보곤 했다. 모두 봉사하려고 난리였다.[17]

이 활동의 중심에는 기도를 위해 모임을 조직한 사람들이 있었다.

> 일부 부류에 의해 우리 교회는 전도하지 않는 교회로 분류되어 왔다. … 이 사람들 대부분을 그리스도에 대한 구원의 지식으로 인도하는 것이 무엇인지 아는가? 그것은 바로 신실한 기독교인들과의 개인적인 접촉이다. 우리 교회 사람들은 이웃, 직장 동료, 다른 부모, 의사, 변호사, 그리고 그들이 만나는 모든 사람에게 예수님을 증거한다. 그리고 수년 동안 주님은 우리가 후원한 그 어떤 봉사, 프로그램, 행사보다 더 많은 사람이 그리스도를 믿게 하는 일대일 전도를 축복해 주셨다.[18]

따라서 그레이스커뮤니티교회는 미리 짜놓은 계획에 따라 성장한 것이 아니라, 개개인이 자발적으로 기회를 인식하고 그 기회를 잡으면서 성장한 것이다. 그렇게 해서 테이프 녹음 사역이 시작되었다.

전국 기독교 잡지에 실린 교회에 관한 첫 기사 중 하나가 "900명의 사역자가 있는 교회"라는 제목으로, 이 점에 특별히 주목했다. 글쓴이는 1972년 6월 《월간 무디》(*Moody Monthly*)에 기고한 로웰 샌더스였다. 교회를 방문한 샌더스는 '회중이 일하는' 교회의 모습에 깊은 인상을 받았다. 32세 된 젊은 목사가 그에게 말했다. "사람들이 특정 영역에서 필요한 것을 발견하면 무엇을 해야 할지 제안하며 우리에게 옵니다. 그리고 나는 그들에게 '그렇게 하세요!'라고 말합니다. 그 결과 800-900명의 사람들이 매주 어떤 형태로든 그레이스교회의 사역을 강화하고 확대하는 활동에 적극적으로 참여하고 있습니다." 성도들이 성경공부를 하는 맥도날드 같은 곳에서 지역의 복음 증거를 통해 많은 회심이 일어났다. 가르침에 대한 갈망으로 월요일과 화요일 저녁 교회에서 '로고스 스터디센터'가 열렸고, 여기에 강사로 나선 봉사자들도 있었다. 그리고 같은 해에 문을 연 새 교회 강당에서 열린 수요기도회에는 500명이 참석했다.

샌더스의 기사를 보면 맥아더의 역할이 비교적 작은 것처럼 보일 수 있다. 맥아더는 샌더스에게 "연구하고 가르치는 것이 내 임무의 시작이자 중간이며 끝입니다"라고 말했다. 그러니 이 방문객은 이 모든 것이 목사 자신이 말씀에 헌신한 것에서 시작되었음을 알았다.

그는 일주일에 4-5일, 하루에 5-6시간씩 성경과 책을 읽으며 시간을 보낸다. 그의 사무실 문은 항상 성도들에게 열려 있고, 그를 보호할 비서도 가까이 있지 않다. 그러나 성도들은 끊임없이 공부해야 하는 그의 필요를 존중한다.

나중에 이런 것을 관찰한 필 존슨의 말을 빌리면, 선 밸리에 위치한 이 회중을 특징짓는 것은 '하나님의 말씀을 이해하고 순종하려는 뜨거운 열정'이었다. 맥아더의 희망은 모든 그리스도인이 다른 신자들과 배터리같이 연결되어 협력해서 교회의 출력을 증가시키는 것이었다. 이 그림은 "온 교회가 거룩한 에너지로 깨어날 때 성령에 의해 위대한 일이 일어난다. 그럴 때는 한 가지 간증이 아니라 수백 가지 간증이 생겨나고, 이런 일은 서로 강화시킨다"는 스펄전의 말을 떠오르게 한다.

이러한 맥락에서 그레이스교회는 복음주의 교회에서 흔히 볼 수 없는 특성을 개발하기 시작했다. 우선 가족 단위가 강조되고, 청소년에게는 특별한 관심을 기울이지 않았다. 청소년들이 교회의 다른 연령대와 속도를 맞추기 위해 멍에를 매어야 한다는 생각에 제재를 가하지 않았다. 맥아더는 이러한 방식이 그들의 부모를 포함한 나이든 그리스도인이 가져야 할 지도력을 젊은 세대가 대신함으로써 젊은 세대에게 상처를 준다고 생각했다.

초대교회는 성숙한 성도에게서 에너지를 얻었다. 오늘날 교회는 젊은이에게서 에너지를 얻고 있다. 젊은이들이 가진 에너지도 필요하지만, 오랜 시간 순종적인 삶을 살아온 나이든 성도들이 발전시킨 힘도 필요하다.[19]

청소년을 강조하지 않았다고 참석률이 떨어지지는 않았다. 샌더스는 교회 정규 예배에 많은 젊은이가 참석해 한 시간 동안 진행되는 설교를 필기하는 모습에 주목했다.

현대 교회와 크게 다른 것은, 그레이스커뮤니티교회는 권징에 진심이었다는 것이다. 처음에는 그렇지 않았지만 강단 사역을 통해서도 변화가 일어났다. 1970년대에 맥아더가 고린도전서를 설교할 때, 5장을 강해하면서 교회 권징의 동기와 그 중요성이 분명해졌다. 그 장에서 교회의 복음적 증거는 성도들의 경건함 없이는 증명될 수 없으며, 따라서 교인들의 죄는 매우 심각하게 받아들여야 한다는 진리가 나왔다. "교회의 권징은 교회의 순결을 위한 열쇠이며, 이를 통해 우리는 세상을 향해 나아갈 수 있습니다." 이 원칙에 일부 사람들이 도전해 왔다.

그레이스교회에서 교회 권징을 처음 적용했을 때, 몇몇 목사님이 내게 효과가 없을 거라고 말했다. "이렇게 하면 교회는 엉망이 될 것입니다, 모든 사람이 다른 사람이 죄를 살피게 만들 수는 없잖습니까?"라고 했다. 나는 대답했다. "성경은 우리가 서로 책임져야 한다고 말합니다. 그냥 성경이 가르치는 교훈대로 행하고 하나님이 어떻게 하시는지 봅시다."[20]

맥아더는 아버지의 사역에 권징이 없었음을 마음에 두고, 아버지의 사역을 관찰했을 때 "그런 것이 아버지에게 도움이 되기도 했고 사역에 해가 되기도 했다"고 평가한다. 확실히 이 시기에는 교회 권징의 부재가 매우 만연해 있었다. 필 존슨은 이렇게 썼다. "그레이스교회는 교회생활의 중요한 측면으로서 일관된 권징의 성경적 패턴을 강조한 이 나라 최초의 주목할 회중 가운데 하나가 되었다." 권징의 목적 중 하나는 죄를 범한 사람의 회복이며, 때때로 교회는 그 희망이 성취되는 것을 보았다.

또 신속한 조치로 공식적인 조치가 필요하지 않게 된 경우도 있었다. 남편이 다른 여자와 살기 위해 떠났다는 소식을, 당황하여 정신이 혼미해진 교인에게서 맥아더가 전해 들었을 때가 그런 사례 중 하나였다. 맥아더 목사는 그 다른 여성의 이름을 알아내고 전화번호를 찾아 그 집에 전화를 걸었다. 집 나간 남편이 직접 전화를 받았다. 그 후의 일은 맥아더 자신의 말로 가장 잘 표현할 수 있다.

"나는 그레이스교회의 존 목사입니다. 하나님과 당신의 아내, 그리고 교회에 죄를 짓기 전에 그 여자가 있는 곳에서 나올 것을 그리스도의 이름으로 요청합니다"라고 말했다. 그는 충격을 받고 바로 아내에게 돌아가겠다고 말했다. 다음 주일에 그는 나를 껴안으며 "고맙습니다! 저는 그곳에 가고 싶지 않았어요. 유혹을 받았고, 아무도 이 일에 신경 쓰지 않을 거라고 생각했어요." 그는 내 질책을 받고도 멀어지지 않았다. 오히려 다시 교제와 순종 안으로 돌아왔다.

결과가 개선되지 않은 경우라도 교회의 권징을 통해 하나님은 영광을 받으신다. 그레이스교회는 "범죄한 자들을 모든 사람 앞에서 꾸짖어 나머지 사람들로 두려워하게 하라"(딤전 5:20)는 신약성경의 지침에 따라 회개하지 않은 개인의 죄를 공개적으로 다루는 몇 안 되는 교회 중 하나임에 틀림없다. 아내를 버리고 모든 권면을 거부한 한 교인에 대해 맥아더가 강단에서 공지할 때, 나는 그 자리에 있었다. 존은 부드러우면서도 엄숙하게 그 사람이 교회에서 출교되었다고 공표하면서, 동시에 기도할 때마다 그 사람과 그 가족의 필요한 것을 기억하며 기도해 달라고 성도들에게 요청했다.

"하나님이 그리스도 안에서 너희를 용서하심과 같이 하라"(엡 4:32)는 의무를 간과한 채, 온갖 의견 차이를 권징의 문제로 삼는 교회들이 있다. 작은 죄를 해결하기 위해 권징을 사용하는 것은 복음과는 모순된다. 용서라는 주제에 대한 맥아더의 균형 잡힌 가르침은 그의 사역에서 결코 빼놓을 수 없는 중요한 부분이다.[21]

한 기자가 "목사님은 항상 큰 교회를 세우고 싶은 욕망에 사로잡혀 있나요?"라고 물었을 때, 그는 그런 욕망이 없다고 대답했다. "저는 예수 그리스도께서 자신의 교회를 세우겠노라 말씀하셨다고 말했습니다." 그리스도의 종들은 그리스도께서 주신 사명을 완수하는 것 외에는 아무것도 하지 않는다.

그리스도와 그분의 말씀에 충실하기 원한다면, 대형 교회를 보장하는 기술이나 시스템은 없다. 교회는 초자연적인 역사(work)가 일어나는 곳이다. 나는 우리 교회의 수적 영적 성장을 주권자이신 하나님의 뜻으로 돌린다. 우리는 적극적으로 성경적 사역에 집중하고, 주님의 교회를 더하는 일은 주님께 맡기는 것으로 만족한다(행 2:47). 우리의 임무는 충실해지는 것이다.[22]

이러한 관점에서 맥아더는 훗날 1970년대 그레이스교회의 성장을 평가할 것이다. 그러나 샌더스의 보고가 맞다면, 1972년 당시의 성장에 대한 존의 이해는 달랐을 것이다. 위에 인용한 기사에서 그는 이렇게 썼다.

> 맥아더는, 깊이 있으면서도 실제적인 말씀 설교를 강조하고, 교인들이 영적 은사를 개발하고 사용하도록 돕는 목회자라면, 누구나 같은 결과를 누릴 것이라고 믿는다.

그가 나중에 자신이 아무런 역할도 하지 않은 하나님의 섭리적 상황이 어떻게 길을 준비하셨는지 더 분명히 알게 되면, 그런 식으로 말하지 않을 것이다. 베트남 전쟁은 광범위한 환멸을 가져왔고, 새로운 성경 번역은 성경에 대한 새로운 관심을 불러일으켰다. '예수 운동'은 히피 문화에 널리 영향을 주고 있었다. 남녀노소 할 것 없이 많은 사람이 새로운 방향을 찾고 있던 시기였다. 그가 좀 더 성숙해진 시기의 평가는 이런 것이다. "우리는 적절한 때에 적절한 장소에 떨어져, 이러한 사건의 흐름을 타게 된 것이다." "나는 우리 교회의 수적 영적 성장을 주권자이신 하나님의 뜻으로 돌릴 수밖에 없다."

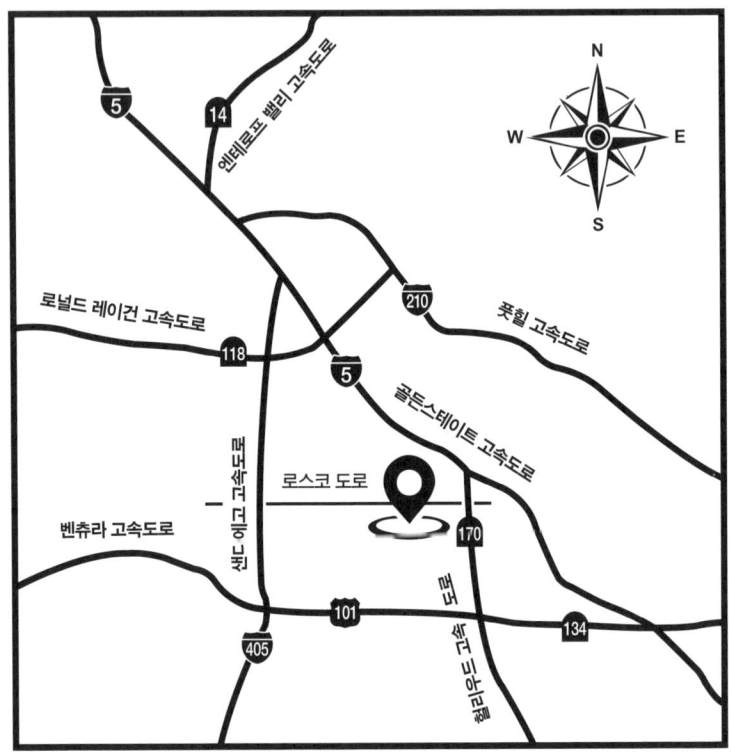

지역 고속도로와 그레이스커뮤니티교회의 위치를 보여주는 지도.

SERVANT OF THE WORD
AND FLOCK

위협의 반전

존 맥아더는 그레이스교회 초기를 '진리를 발견하고 확립하는 시기'로 표현했다. 이 시기는 한동안 교인 수가 매년 두 배씩 증가하던 눈부신 성장의 때이기도 했다. 이미 언급했듯이 1972년에, 기존 예배당은 최대 천 명을 수용할 수 있는 예배당으로 교체해야 했다. 이 건물은 1977년에 약 3천 명을 수용할 수 있는 현재의 예배당으로 대체되었다. 그 마저도 참석 인원을 감당하기에는 충분하지 않았고, 여전히 주일 오전에 예배를 두 번 드려야 했다. 저녁 예배 때도 보통 예배당이 꽉 찼다. 교회 소유의 부지가 넓어, 다른 용도로 사용하던 기존 건물에 새 건물이 추가되어 다행이었다. 이런 식으로 한 부지에 점차 여러 건물이 들어서게 되었다.

1969년 번 루무스가 여가시간에 자발적으로 시작한 설교녹음 테이프 사역도 이 같은 성장을 반영했다. 1970년에 테이프를 연간 5천 개 제작하던 것이 1973년에는 3만 7천 개로 늘어났고, 그 무렵 '은혜의 말씀'(Word of Grace)이라는 이름으로 계속 운영하기 위해 남성 자원봉사자 여섯 명이 필요했다. 1976년에는 연간 보급량이 11만 개를 넘어섰다.

'목사이며 교사'의 직분을 가진 그가 지역 교회를 우선순위에 두지 않았다면 교회 성장은 분명 일어나지 않았을 것이다. 그렇다고 해도 그의 시간에 대한 다른 요구를 피하는 것은 불가능했다. 다른 교회 뿐 아니라 주간학교, 성경대학, 경찰부인회, 소방서 행사, 목회자 수련회, 유대인 선교회, 성경과 예언 협의회 등 다양한 곳에서 강연 초청이 들어왔다. 초기에는 이러한 외부활동이 주로 그의 고향 주에서 있었지만, 1970년대 후반에는 시카고(무디성경연구소), 마이애미, 텍사스 등 멀리 떨어진 곳에서도 요청이 들어왔다. 1978년 1월 11일, 맥아더가 미국 유대인 선교위원회 총무에게 보낸 편지에서 알 수 있듯이, 이렇게 몇 배나 많아진 일에 헌신하는 데 대해 교회 장로들의 조언이 나오고 있었다.

나는 최근 장로님들과 내 주치의에게서 올해 일정을 변경하라는 권고를 받았습니다. 그래서 나는 약 5회의 강연을 포함해 몇 가지 일정을 변경해야 했습니다. 어쩔 수 없이 참석해야 하는 일정을 제외하고는 여름까지 모두 취소했습니다. 장로님들은 이곳 사역에 집중하라고 권고했고, 귀 선교회의 콘퍼런스 2주 전에 직원들과 함께 브라질로 선교여행을 가도록 지시받은 상태이므로, 가지 못하게 된 것에 양해를 부탁드립니다.

1978년 4월 17일부터 28일까지 상파울루에서 열린 브라질 집회는 '사역의 우선순위'와 '효과적인 교회의 특성'을 강조한 강연으로 진행되었다. 이 방문에 따른 결과로, 그레이스커뮤니티교회의 지도자들은 자신들 가운데 일어난 사역이 어떻게 국제적인 측면을 가질 수 있게 되는지 인식하기 시작했다.

맥아더 시대의 또 다른 요구는 1970년대에 발전하여 맥아더의 의제에서 높은 자리를 차지했다. 1972년, 회중 가운데 설교자로 하나님께 부름받음을 의식하고 있던 청년 아홉 명이 있었다. 존은 그들과 자주 만나 기도하고 교제했다. 그의 기도제목은 그런 사람의 수가 크게 늘어나는 것이었다. 이 청년들과 뒤이은 다른 청년은 탈봇신학교에서 신학을 훈련받았다. 존은 이 신학교와 계속 관계를 유지해 오고 있었다. 1977년 탈봇신학교는 존에게 신학박사 학위를 수여했다. 원래 그레이스커뮤니티교회의 신학생들은 교회 소유의 승합차를 타고 매일 130킬로미터를 왕복하여 라미라다에 있는 이 신학교로 통학했다.

그레이스교회 출신의 학생 수가 늘어남에 따라 이 방식이 어떻게 바뀌었는지는 《크리스채너티 투데이》(1978년 2월 10일자)에 "신학교, 교회로 가다"라는 제목으로 보도된 바 있다. "캘리포니아 파노라마 시티에 있는 그레이스커뮤니티교회에는 6천 명 이상이 출석하고 있으며, 비교적 젊은 이 교회에는 90-100명이 신학생입니다." 이어 이 기사에서, 점점 더 많은 학생이 탈봇신학교를 다니게 되면서, 그레이스교회에 탈봇의 확장캠퍼스(extension campus)를 설립해야 한다는 데 합의했다고 설명했다. 그레이스교회는 3-4년 동안 신학교를 다니기 위해 젊은이들을 교회 밖으로 내보내는 대신, 신학교 캠퍼스를 교회 안으로 옮겨 젊은이들이 현장에서 훈련받게 했다.

선 밸리의 탈봇 확장캠퍼스를 위해 교수진과 직원이 추가로 고용되었고, 맥아더의 정기적인 의견과 감독이 계속되었다. 1979년 11월 1일자 탈봇신학교 학생잡지 《타이거 테일》(*The Tiger Tale*)에는 "맥아더의 강단에 대한 사랑과 탈봇 학생들에 대한 사랑"이라는 제목의 기사가 실렸다. 기사의 시작이다.

> 강연자는 존 맥아더 박사, 날짜는 휴무인 월요일, 청중은 17명(매주 일요일 맥아더의 설교를 듣는 수천 명의 청중보다 훨씬 적음). 그러나 그레이스커뮤니티교회의 목사 겸 교사인 맥아더는 이 기회가 시간을 투자할 만한 가치가 있다고 믿는다. 그의 청중은 신학교의 밸리 확장캠퍼스센터에서 매주 열리는 그의 강해설교 수업에 참석하는 탈봇 학생들이다.

영적 진보는 확실히 저항 없이는 결코 일어나지 않는다. 맥아더의 첫 출판물에 실린 헌사를 보면, 그레이스교회의 초기 시절이 순탄치 않았음을 짐작할 수 있다. 그의 첫 출판물인 33페이지 분량의 소책자 *Christians and Demons*(1973)에는 "힘과 믿음으로 이미 많은 전투에서 우리를 승리로 이끈 그레이스의 사랑하는 동료 장로님들께"라는 문구가 적혀 있다. 교회에서 일어난 적어도 한 가지 사건은 영적 진보를 가로막는 진짜 적이 있음을 강하게 상기시켜 주었다. 어느 날 저녁, 귀신 들린 한 소녀 때문에 예배가 방해받았다. 소녀는 자기 목소리가 아닌 다른 목소리로 비명을 지르며 발로 찼다. 그 순간 맥아더는, 전쟁은 인간을 상대로 하는 것이 아니라는 사실을 깨달았다.

1979년에 교회 안팎에서 다양한 형태의 저항이 일어났다. 저항은 1979년 2월 3일 《로스앤젤레스 타임스》가 "여성의 자리는 가정에 있다"는 제목의 기사를 시작으로, 1월 21일 맥아더가 디도서 2장 4-5절에서 "젊은 여성들 … 자녀를 사랑하며 신중하며 순전하며 집안일을 하며"라고 격려한 설교를 비난하면서 시작되었다. 그러고는 이 설교로 인해 교회직원 중 5-6명의 비서가 해고되었다고 주장했다. 그러나 그 보도는 거짓이었다. 설교 후 많은 여성이 자신의 우선순위를 재검토했고, 교회의 전임 또는 파트타임 직원 중 일부가 가정과 자녀에게 우선순위를 두기 위해 사임한 것이었다. 장로회는 이 설교를 지지했으며, 교회의 소망은 하나님이 정하신 우선순위에 부정적인 영향을 미치지 않는 사람만 고용하는 것이라고 밝혔다.

그 후 몇 년 동안 맥아더는 기혼 여성에 대한 성경의 가르침을 다음과 같은 말로 요약하곤 했다.

여성이 집 밖에서 일하든 일하지 않든, 여성에 대한 하나님의 주된 소명은 가정을 관리하는 것이다. 가정은 아내에게 가장 고귀한 곳이며, 아내가 외부에서 하는 어떤 일보다 자녀의 미래가 훨씬 더 중요하다.[23]

교회 내부에서도 1979년 같은 해에 갑자기 문제가 불거졌다. 장로들이 존을 지지하고 교회가 번창하는 동안, 존은 자신을 돕기 위해 추가로 고용한 일부 목회자들의 태도에서 이상한 점을 발견하지 못했다. 나중에 한 부목사가 발견한 존의 특징 중 하나가 "존은 항상 사람들의 좋은 점을 가장 빨리 믿었고, 부정적인 점은 가장 늦게 믿었으며, 때로는 심지어 사실이 아닌 것까지 믿었다"는 것이다.[24] 화요일 아침 회의에서 갑자기 문제가 발생했다. 맥아더는 늘 그랬듯 참모들의 도움과 우정에 감사를 표하며 회의를 시작했다. 그런데 "우리가 당신의 친구라고 생각한다면 당신은 잘못 생각하고 있습니다!"라는 말에 그만 멈칫하고 말았다. 맥아더는 그 말을 한 사람이 반란의 일원이었음을 알게 되었다. 그 경험은 그에게 큰 충격이었고 그를 망연자실하게 만들었다. 그에게 상처를 준 것은 개인적인 비난이 아니라, 지도부 차원에서 사역에 대한 불충성임을 깨달았기 때문이다. 그가 친구로 여겼고 개인적으로 지도한 사람들이 등 뒤에서 그를 깎아내리고 있었던 것이다. 슬프게도 이러한 경험은 기독교 사역에서 흔히 일어나는 일이다.

1979년 6월 12일, 맥아더는 무디성경연구소의 조지 스위팅 박사에게 편지를 보내, 시카고에서 열리는 콘퍼런스에서 연설하기로 한 것이 긴급 상황으로 인해 못하게 되었음을 알리며 유감을 표했다. 이 편지가 '검은 화요일'(위의 사건)의 영향과 관련된 것인지 다른 문제인지는 분명하지 않다.

친애하는 조지에게

내 불참에 대해 좀 더 자세히 설명하기 위해 개인 편지로 설명하고 싶었습니다. 지난 한 달은 우리 직원들을 재평가해야 하는 어려운 시기였습니다. 음악책임자가 다른 자리로 가느라 사임했습니다. … 이 중요한 상황과 더불어, 장로들은 우리 직원들의 방향성과 업무 배정에 다소 충격적인 변화를 겪게 되었고, 시카고 콘퍼런스가 열리는 바로 그 주에 아침과 저녁으로 연이어 회의를 해야 했습니다. 장로들은 제가 그 회의에 참석하는 것이 매우 중요하다고 생각했습니다.

저는 이 콘퍼런스를 놓치게 된 것을 매우 안타깝게 생각합니다. 이것은 제 인생에서 정말 특별한 시간이기 때문입니다. 저는 이 두 곳에서 제가 맡은 책임에 대해 고민했고, 여러분에게 다소 어려움이 있더라도 지금은 이곳 그레이스교회가 당면한 일에 집중하도록 주님께서 이끄신다는 것을 느꼈습니다.

1979년 같은 여름에 또 다른 문제가 시작되었고, 이 문제는 이후 몇 년 동안 계속 위협이 되었다. 이보다 몇 년 전, 대학을 졸업하고 운동선수로 활동하던 케네스 낼리는 그리스도에 대한 신앙을 고백하고 교회의 가족이 되었다. 이 무렵 그는 선 밸리에 있는 탈봇신학교에 다니고 있었다. 여자친구와 깨지면서 오랫동안 우울증에 시달렸고, 교회 직원들의 상담에도 불구하고 자살을 시도하기도 했다. 그때서야 맥아더 목사는 병원에 입원 중인 청년을 방문하며 이 일에 개입하기 시작했다. 이러한 보살핌에 케네스의 아버지는 고마워했지만, 아들이 퇴원했을 때 심각한 문제가 남아 아버지와 아들이 직접 존과 대화를 나누었다.

가족 사이에 큰 갈등이 있음이 분명해졌고, 케네스는 그곳으로 돌아가고 싶어하지 않았다. 아버지 낼리 씨는 아일랜드계 로마 가톨릭 신자였으며, 개신교에 깊은 반감이 있었다. 존은 위험할 수 있는 위급한 상황을 완화하기 위해 최선을 다해 돕겠다는 약속과 함께, 잠깐 케네스를 자기 집으로 데려가겠다고 제안했다. 이 제안은 받아들여졌지만, 존이 스코틀랜드를 처음 방문하는 일로 2주간 떠나 있을 때인 3월 26일에 문제가 생기고 말았다. 그가 자리를 비운 사이 케네스 낼리는 친구의 아파트에서 스스로 목숨을 끊었다.

케네스를 높이 평가하고, 복음 사역에 부름받았다는 청년의 믿음을 진지하게 받아들인 맥아더에게 이는 매우 큰 충격이었다. 불행하게도 이 죽음은 언론의 관심을 끌었고, 교회는 맥아더의 사역 중에 발생한 다른 자살 사건에 대한 정보를 얻기 위해 조사에 착수했다. 한 신문은 "그 사람이 왜 자살했는지 이해할 수 있어요. 나도 그 교회에 한 번 갔다가 3일 후 자살을 시도했어요!"라는 여성의 말을 인용했다.

이러한 적대적인 여론이 수그러들 무렵인 1980년 3월 30일, 낼리 씨는 맥아더를 상대로 '성직자 과실'로 소송을 제기하고 100만 달러의 손해배상을 청구했다. 그는 세 가지 이유를 제시했다.

> 1. 존을 비롯한 교회는 케네스 낼리에게 성경을 읽고, 기도하고, 교회 테이프와 상담사의 조언을 듣도록 권유했지만, 전문적인 정신과 치료를 받는 것은 '방해'했다.
> 2. 교회 상담가들이 훈련에 태만했다.
> 3. 그레이스교회가 가톨릭 신자는 기독교인이 아니라고 가르침으로써 케네스의 기존 우울증을 악화시키고, 결국 그를 자살로 몰아간 '터무니없는 행동'을 보였다.

이 사건이 법정에서 심각하게 받아들여진 것은, 케네스가 전문가의 도움을 받지 못했다는 주장뿐이었다. 1년 반 후, 교회가 그런 진술이 사실이 아님을 보여주는 증언서 32개를 제출하자,[25] 법원은 세 가지 혐의를 모두 기각하고 원고에게 법정 비용을 지불하라고 명령했다. 그러나 이 판결은 받아들여지지 않았고, 사건은 항소법원으로 넘어가 세 명의 판사가 검토하게 되었다. 항소법원은 2대 1의 판결로 첫 번째 법원의 결정을 뒤집었는데, 이는 '터무니없는 행위'라는 새로운 혐의에 근거한 것이었다. 원고 측은 맥아더의 교회가 기독교인의 자살을 묵인했고, 이로 인해 케네스 낼리가 우울증에서 벗어날 수 있는 방법으로 자살을 생각하도록 부추겼다고 주장했다.

그레이스교회의 가르침에 대한 그 주장은 거짓이었지만,[26] 1985년에 4주 넘게 원심법원 재심이 진행되어야 했다. 결정문에서 판사는 미국 수정헌법 제1조가 성직자에게 교회 상담에 대한 의무 부과를 금하고 있다고 판단하여 이 소송을 기각했다. 또 법원은 그레이스교회의 목회자들이 케네스를 돕기 위해 적절하게 행동했다고 판단했다. 그러나 이 두 번째 무죄 판결은 1987년 항소심에서 다시 뒤집혔다. 1988년 11월 샌프란시스코에 있는 캘리포니아 대법원이 이 사건을 최종적으로 기각하면서 이 사건은 종지부를 찍었다. 이 무죄 판결은 전국 언론에 대대적으로 보도되었다.《뉴욕 타임즈》는 1988년 11월 24일자 보도에서 이 사건을 길게 요약했다.《워싱턴포스트》(11월 26일자)는 많은 교회가 이 판결로 안도하게 되었다는 기사를 쓰면서 다음과 같은 질문을 던졌다.

아무 대가도 없이 공감해 주고 조언하며 격려하는 일을 통해 다른 사람을 돕고자 하는 사람들이, 사전에 의료과실 보험에 가입해야 한다면 세상은 어떻게 될까. … 이런 종류의 소송에서 교회를 보호하는 것은 상식 이상의 의미가 있다. 수정헌법 제1조에 비추어 볼 때, 어떻게 법원이 목사가 특정 기도를 하도록 권하는 것이 잘못되었다고 결정할 수 있는가? 개인이 국가의 기준에 구애받지 않고 종교적 선택을 하고, 성직자가 법정에 끌려가는 것에 대한 두려움 없이 그러한 조언을 제공하는 것은 종교적 자유의 본질이다.

이 소송이 계속되는 8년 동안 그레이스교회는 마치 다모클레스의 검이 머리 위에 매달려 있는 것처럼 보였을지도 모른다. 분명 사활이 걸린 사안이었지만, 그 기간 동안 교회를 방문한 신문사 기자들은 소송에 대한 언급 없이 예배가 지속되는 것을 보고 놀라움을 금치 못했다. 맥아더는 이렇게 말했다.

> 우리는 다른 때와 다를 것 없이 예배드리고 성경을 가르치고 있을 뿐입니다. 우리 성도들도 널리 가족을 위해 기도하고 있습니다. 우리는 그들을 영적으로 매우 염려하고 있으며, 이미 존재하는 장벽을 더 높이는 일은 절대 하고 싶지 않습니다.

그가 가장 중요하게 생각하는 것은 교회가 이 재판에 어떻게 반응하는지였다.

> 야고보서 1장으로 돌아갑니다. 우리는 교회 성도입니다. 어떤 이유에서인지 하나님은 우리를 이런 상황에 처하게 하셨습니다. 우리는 그것을 기쁨으로 여깁니다. 악행 때문에 고난을 받는다면 그것은 우리에게 수치스러운 일이지만, 의를 위해 고난을 받는다면 우리는 그리스도와 동일시 될 자격이 있다고 생각합니다.

또 존은 이 사건에서 하나님 섭리의 몇 가지 징후를 보았다. 최종 판결은 부당한 소송에서 교회들을 보호하는 데 중요한 영향을 미쳤다. 그러나 만약 다른 교회가 최초 법적 소송의 대상이 되었다면 결과는 달라졌을 수도 있다. 1980년에 35만 교회 중 오직 한 교회만이 전문적인 의료과실방어 경험을 가진 변호사를 직원으로 두고 있었는데, 그 교회가 바로 그레이스커뮤니티교회였다. 그 변호사는 샘 에릭슨이었다. 사건이 종결되기 전 에릭슨은 워싱턴에 있는 기독교법률협회의 법률 및 종교자유센터의 책임자가 되어, 다른 법률 조력자들과 함께 최상의 법률 자문을 제공했다. 대법원에서 변호를 위한 구두 변론은 존경받는 웅변가이자 워싱턴 DC 법률회사의 선임 파트너인 렉스 리가 주도했다. 교회는 이런 유능한 사람들이 기꺼이 돕는 모습에서 하나님의 손길을 보았다.

맥아더는 "극복해야 하는 특별한 어려움이 있었습니까?"라는 질문을 받은 적이 있다. 그는 "사역에 많은 고통이 있었다"고 대답한 다음, 그들이 겪은 법적 싸움에 대해 이야기했다. 또 "교회를 떠나고 싶은 유혹을 두세 번 받은 적이 있다"며 생계를 위해 도랑 파는 일조차 매력적으로 느껴졌을 때를 언급하기도 했다. 아마도 그는 "당신이 섬기는 곳에서 반대가 없다면, 당신은 잘못된 곳에서 섬기고 있는 것"이라는 캠벨 몰간의 말을 잠시 잊고 있었던 것 같다.

내가 설명하고자 했던 시련들은 기독교 투쟁의 본질과 유일하게 효과적인 대응방법에 대한 그의 이해를 확고히 하는 데 분명 도움이 되었다. 물론 비판적인 사람들은 자신이 악의 세력에 이용낭하고 있다는 사실을 모른다. 악의 세력이 사용하는 무기는,

> 정교한 거짓말, 거대한 철학적 거짓말, 인류의 타락한 죄성에 호소하는 사악한 거짓말, 인간의 교만을 부풀리는 거짓말, 진실과 매우 흡사한 거짓말 등 모든 종류의 거짓말이다. 우리의 무기는 그분의 말씀에 나타난 그리스도의 단순한 진리다.[27]

1979년의 위협적인 시기는 맥아더를 성경에 더 가까이 다가가게 했다. 하나님의 역사는 항상 전달자의 삶뿐 아니라 아니라 메시지에서도 열매를 맺게 한다. 맥아더는 수년간의 연구를 통해 사역을 준비했지만, 그 후 하나님께서 그를 낮추시고 다듬으시고 거룩하게 하신 일은 그의 쓰임에 필수적이었다. 설교자가 설득력을 갖추는 것은 삶의 질이며, 이는 결코 스스로 만들어낼 수 있는 것이 아니다. 스펄전의 경우처럼 맥아더 사역에 대한 공적 기록은 성공담처럼 보이지만, 그 이면에는 많은 시련과 실망이 있었고, 이 모든 것이 그를 지금의 맥아더로 만드는 데 필요했다. 그 시련 속에서도 그는 패트리샤와 부모님, 그리고 신실한 장로들의 변함없는 지지를 받았다. 훗날 그는 "그 장로들은 하나님의 말씀에 대한 사랑과 헌신을 보여주었고, 이는 40년 동안 밝게 타오르는 불을 지피는 데 도움이 되었다"고 말

했다.

1970년대를 벗어나기 전, 1979년에 맥아더를 사로잡은 산상수훈에 관한 일련의 설교를 언급해야 한다. 맥아더 목사 자신의 판단에 따르면, 이 설교는 사역 첫 11년 동안 가장 많이 사용된 시리즈로 '교회생활에 중요한 전환점'이었다. 나중에 이 시리즈가 출판되었을 때 그는 서문에서, 자신이 전한 모든 시리즈 중에서 "이 시리즈가 다른 어떤 것보다 더 큰 확신과 자기 성찰, 헌신, 그리고 잃어버린 자들의 회심을 가져왔다"고 썼다.

이 시리즈에서 중요한 설교 중 하나는 "어느 길이 천국으로 가는 길인가"(Which Way to Heaven)라는 제목이었다. 최근 이 설교가 재출간되었을 때 편집자인 필 존슨은 다음과 같이 언급했다.

> 이 메시지를 설교한 지 불과 몇 주 후, 존 맥아더는 그레이스교회에 부임한 후 처음으로 가족과 함께 여름 장기휴가를 떠났다. 존이 9월 중순에 돌아왔을 때, 이 설교는 여전히 교회 사람들의 가슴에 울려 퍼지고 있었다. 이 설교는 오랫동안 교회에 단순히 출석만 하던 몇몇 사람이 자신을 돌아보고 처음으로 피상적인 신앙이 아닌 진정한 믿음으로 그리스도께 응답하도록 동기부여하는 데 중요한 역할을 했다. 또 이 설교는 수년 동안 수십 명, 수백 명의 사람을 그리스도께 인도하는 데 중요한 역할을 했다.[28]

위에서 언급한 1979년의 첫 장기휴가는 20년 후 존이 쓴 글에서도 알 수 있듯 그의 기억에 남을 만한 일이었다.

나는 남부 캘리포니아에 있는 교회에서 3개월간 안식기간을 보냈다. 네 자녀를 밴에 태우고 여름 동안 전국을 여행했다. 짐작할 수 있듯이, 다섯 명이 함께 밴에서 90일 동안 무더운 날을 보내는 것은 꽤나 모험이었다. 화장실에 들렀다가, 식사하러 들렀다가, 평화를 지키기 위해 멈췄다 하면서 어떻게 우리가 사는 동네의 경계를 넘어 여행할 수 있었는지 궁금할 정도였다.

그러나 하나님의 은혜로 우리는 멋진 시간을 보냈다. 그해 여름 우리는 많은 곳을 여행했다. 그랜드 캐니언과 제네바호수 같은 장엄한 광경을 보았고, 게티스버그, 포드극장(아브라함 링컨이 암살된 것으로 유명한 역사적 장소), 플리머스 록 같은 역사적인 랜드마크도 방문했다.

가족과 함께 떠난 3개월간의 여행을 되돌아보면, 우리가 방문한 장소와 그곳에서 본 것은 분명 즐거웠지만, 역사적인 건물과 아름다운 풍경은 하이라이트가 아니었다. 패트리샤와 나눈 대화, 아이들과 함께 놀았던 시간, 길가에서 먹은 식사 등 가족과 함께 보낸 순간이 가장 기억에 남는다. 이것이 놀라울 뿐이다.

그러나 맥아더 목사가 다른 기회에 쓴 두고두고 기억할 중요한 교훈이 또 있다.

25년 전의 그 휴가는 결국 그레이스커뮤니티교회와 Grace to You에서 내 사역을 형성하는 데 중요한 역할을 했다. 그 당시 Grace to You는 생긴 지 얼마 안 되었고 막 다리를 내리기 시작한 상태였다. 나는 작은 책 몇 권을 썼고, 라디오를 시작한 지 2년밖에 되지 않았으며, 소수의 방송국에서만 청취할 수 있었다. 사역은 성장하고 있었지만 여전히 작은 규모였다. 그러나 이미 얼마나 광범위하게 퍼졌고 수요가 얼마나 많은지 전혀 모르고 있었다. 가족과 함께 떠난 여행이 그것을 보여주었다.

여행 중에 내가 테이프와 라디오를 통해 하나님의 말씀을 한 구절 한 구절 가르친 것으로 삶이 변했다고 하는 사람들을 만났다. 사람들은 우리의 사역을 통해 어떻게 그들의 영적 행보를 지속할 수 있었는지 말해 주었다. 한 가족은 패트리샤와 나를 만나기 위해, 플로리다에서부터 내가 뉴욕에서 연자로 서는 콘퍼런스까지 차를 몰고 와서, 이 사역이 그들에게 얼마나 큰 의미가 있었는지 이야기했다.[29] 한 젊은 목사가 눈시울을 붉히며 내게 다가와 "존, 우리 중 많은 사람이 이런 가르침에 의존하고 있으니, 다른 일 하지 말고 아무것도 바꾸지 말아주세요"라고 말했다. 사람들을 우리 사역으로 끌어들이는 것은 문화에 맞춘 설교가 아니었다. 영적인 진리였다. 그리고 이 영적인 진리는 존경받고, 연구되고, 가르치고, 다시 가르치는 것이었다. 주님은 이러한 만남을 통해 새로운 것이 필요하지 않다는 것을 확증해 주셨다. 나는 성경의 모든 풍부한 본문에서 견실한 교리를 반복하며 강력한 말씀을 계속 가르쳐야 했다. 하나님의 말씀은 시대를 초월하고 역동적이며 경건한 생활에 기본이 되기 때문이다. 그 누구도 말씀을 뛰어넘거나 헤아릴 수 없는 깊이를 소진할 수 없다.

SERVANT OF THE WORD
AND FLOCK

말씀과 설교

역사에 기독교 지도자가 등장할 때, 그들의 영향을 너무 독점적으로 그들의 배경에 기반해 해석하는 경향이 있다. 물론 존 맥아더는 근본주의적 관점을 가진 교회에서 성장했고, 그의 젊은 시절에 가장 큰 영향을 준 두 사람인 찰스 파인버그와 아버지 역시 근본주의가 상징하는 많은 것에 공감했다. 그의 아버지가 그에게 세운 영적 기준은 그의 청년 시절보다 훨씬 더 긴 시간 동안 그에게 영향을 미치며, 그 다음 세기에도 계속되었다. 잭 맥아더 목사는 가끔 그레이스교회에서 설교했고, 1981년 12월 28일자 존이 아버지에게 보낸 메모를 보면 그 우정이 어떤 의미였는지 알 수 있다.

아버지

좋은 메시지 주셔서 감사합니다. 우리는 아버지의 설교에서 능력이 나타나 좋은 결실 맺기를 기대합니다. 한 남자가 친구를 데려왔는데, 그 친구는 처음으로 예수가 그리스도라는 것을 확신하게 되었다고 합니다. 이 테이프는 유대인들에게도 특별히 유용하게 사용될 것입니다.

아버지와 어머니로 인해, 그리고 하나님께서 저를 준비시키고 축복하기 위해 특별한 방법으로 사용하신 데 대해 주님을 찬양합니다.

사랑해요, 조니가.

1996년까지도 잭 맥아더는 아들의 강단에서 객원 설교자로 설교하곤 했다. 그해 5월, 존은 Grace to You 방송에 편지를 썼다.

며칠 전 저는 그 누구보다도 저를 잘 알고, 제 삶과 사역 과정에 가장 강력한 영향을 끼친 분에게 우리 교회의 강단을 양보하는 기쁨을 누렸습니다.

일요일 밤 제 강단에 서신 백발의 신사분은 바로 제 아버지이며, 우리 교인들과 마스터스컬리지 졸업생들에게 담대하고 명료한 메시지를 전하셨습니다. 아버지는 60년 넘게 성경을 가르치고 하나님의 양떼를 목양해 오셨습니다.

잭 맥아더는 다양한 방식으로 아들을 격려했다. 존은 아버지의 공부 습관을 예로 들며, 1997년에 다음과 같은 글을 썼다.

> 아버지는 만족할 줄 모르는 독서가였고, 쉬지 않고 공부했으며, 중요한 자극을 주는 책들로 자신의 생각을 넓히는 데 평생을 바친 학습자였습니다. 지금도 아버지는 여러 권의 책을 소포로 보내시면서, 책을 읽고 느낀 점을 자세히 말해 달라고 하십니다.

이와 관련하여 존이 아버지에게 진 빚은 "히브리서 주석"(1993)의 헌사에 잘 나타나 있다.

> 책을 사랑하는 유산을 물려주시고, 모범을 보이시며, 주석을 활용하도록 도전을 주신 아버지 잭 맥아더 목사님께 애정 어린 감사를 드립니다.

오늘날 복음주의자들 사이에서 근본주의에 대한 비판이 유행처럼 번지고 있다. 아마도 맥아더가 초기 근본주의와 연관되어 있었기 때문에 그의 이름이 여러 유명한 복음주의 사전에서 놀랍게도 누락된 것 같다. 그러나 미국의 근본주의는 그렇게 쉽게 무시할 수 없다. 근본주의는 20세기 초 주류 교단에 만연한 불신앙으로 인해, 성경을 믿는 기독교인들이 새로운 단체를 결성하면서 생겨난 운동이다. 대부분 성경의 무오성, 하나님으로서 그리스도의 위격, 우리의 대속자로서 그리스도의 죽음을 믿는 믿음을 통한 회심의 필요성 등 복음의 본질적인 진리를 옹호하는 입장이었다. 그레샴 메이첸이 이해한 근본주의는 '오늘날의 모더니즘에 맞서 초자연적인 기독교에 대한 믿음을 확실하고 논쟁적으로 유지하는 모든 사람'을 포함했다.[30] 근본주의는 성경적인 것을 추구했기 때문에, 많은 교회에서 사라지고 있던 복음 설교와 복음 전도의 긴박감을 유지했다.

근본주의에도 단점이 있다는 주제는 나중에 다시 다룰 예정이다. 지금은 근본주의가 다른 곳에서 흔들리거나 사라질 때도 굳건히 지켰던 신념, 즉 '성경이 말하는 것은 하나님이 말씀하신 것'이라는 믿음에 대해 이야기하려 한다. 맥아더는 이 확신 속에서 자랐고, 이 확신이 설교자로서 살아가는 데 큰 영향을 미쳤다. 에릭 알렉산더는 "교회에서 설교의 근본적인 위치는 교회에서 성경의 근본적인 위치를 당연히 따라간다"[31]고 썼다. 이것이 실제로 어떻게 작동하는지는 여러 면에서 살펴볼 수 있다.

성경은 맥아더가 시간 사용에 대한 우선순위를 정하는 데도 큰 영향을 미쳤다. 다른 사람들에게 성경적 진리를 전해야 한다는 책임감이 모든 것을 압도했다.

> 사역의 진정한 목표는 항상 내 의견을 최대한 배제하는 것이었다. 사람들이 실제로는 내 말만 들었을 뿐인데 마치 하나님의 말

씀을 들은 것처럼 착각하게 만드는 죄를 짓고 싶지 않다.

이로 인해 그의 개인생활에서도 모든 것을 성경공부 아래 두는 엄격한 규율을 유지해 왔다. 40년 동안 매주 두 편의 새로운 설교를 준비했으며, 초기에는 수요일 밤 기도회에서도 설교했기 때문에 세 편을 준비했다. 1970년대에는 기도회 설교를 다른 사람에게 위임했지만, 주일 아침과 저녁 설교에 대한 그의 헌신은 결코 변하지 않았다.

그의 주간 일정은 화요일부터 금요일까지 설교 준비에 가장 많은 시간을 할애했다. 초기에는 설교 한 편당 약 15시간이 소요되었고, 지금도 8-10시간이 소요된다. 그는 "완전히 준비되지 않으면 신성한 강단에 서지 말라"는 아버지의 훈계를 실천해 왔다. 성경에 대한 존경심은 항상 설교자를 올바른 우선순위로 인도한다. "우리는 오로지 기도하는 일과 말씀 사역에 힘쓰리라"(행 6:4)는 사도적 모범을 따르는 것은 교회가 가장 건강한 상태일 때 항상 나타난다.

19세기에 그 사실을 지지한 또 다른 사람은 "목회사가 강단에 적절한 활력을 불어넣으려면 자신의 다양한 경험을 성소(sanctuary)의 의무에 복종시켜야 한다"[32]고 말했다. 맥아더의 경우 '계획된 방임'이라고 부르는 시스템을 사용한다. 공부가 끝날 때까지 모든 것을 소홀히 하는 계획이다.[33]

그러나 신실한 목회자는 단순히 다른 사람들에게 말하기 위해 성경을 공부하지는 않는다.

설교를 한 번도 하지 않더라도, 매일 그분의 귀한 말씀을 연구하는 가운데 내게 임한 거룩한 은혜에 대해 매일 하나님께 감사할 것이다. 목회자는 설교하기 위해서가 아니라 하나님을 알기 위해 공부해야 한다. 내게 설교의 가장 큰 기쁨은 마지막 단계인 선포가 아니라 내 삶이 변화되는 데 있다.

이러한 변화에는 개인적인 공부보다 훨씬 더 많은 것이 포함되어 있다. 맥아더는 이미 언급한 고통스러운 경험을 이렇게 말했다.

나는 실패와 비판을 내 인생에서 가장 생산적인 하나님의 일로 받아들이는 법을 배웠다. 나는 성경구절을 주석할 수는 있지만, 나 자신을 다듬는 것은 할 수 없다. 나는 나 자신의 자존심을 무너뜨릴 수 없다. 그래서 내가 겪은 최고의 일들 중에는 실망과 오해도 포함되어 있다는 느낌이 든다.

설교자를 준비시키는 하나님의 역사는 그의 연구보다 훨씬 광범위하지만, 맥아더가 말했듯 연구과정에서 그는 끊임없이 하나님을 의지하게 된다. 설교자의 생각을 본문에 적용하는 것 이상을 해야 한다. 기도는 설교 준비와 밀접하게 묶여 있으며, 설교자는 성경과 하나님께 메시지를 받았다는 확신이 필요하다. "나는 그분의 인도하심을 구하고, 내가 발견한 것에 감사하며, 지혜와 통찰력을 간구하고, 내가 배운 것을 실천할 수 있게 해주시기를 소망한다."

따라서 서재는 성스러운 곳인 동시에 흥미로운 곳이다. 맥아더가 마태복음을 설교하던 중 한 친구에게 말했다.

> 내가 발견한 것을 견디기 힘든 날이 많다. 그것이 나를 압도한다. 모든 단락에 비교할 수 없는 예수 그리스도가 계시며, 그분은 너무나도 강력하고 영광스러우시다. 그분께 노출되는 것은 엄청난 경험이지만, 그분이 나를 영원토록 품어주신다는 것을 깨닫는 것은 가장 놀라운 일이다! 나는 예수 그리스도를 설교하는 것보다 더 나은 일이 없다고 생각한다. 그분은 온 우주에서 가장 강렬한 주제다.

성경의 권위는 설교자가 대중 앞에서 하나님의 말씀을 다루는 방식에서도 여실히 드러난다. 성경이 하나님의 계시라는 본질이 성경을 가르치는 방식을 통제해야 한다. 설교자가 청중이 처음에 집중하지 않는 것을 피하기 위해 성성을 메시지의 첫머리에 두지 않는다면 심각한 문제다. 청중을 사로잡는 가장 좋은 방법이, 매력적인 이야기와 유머를 설교에 첨가하는 것이라고 생각하는 것도 마찬가지로 잘못된 것이다. 맥아더는 이런 것 없이 주의를 끌 수 없는 사람은 성령의 검을 다루는 것이 무엇을 의미하는지 모르는 사람이라고 말한다.

설교에서 예화가 전혀 필요 없다는 말은 아니지만, 예화가 등장할 때는 두드러지지 않고 시간을 거의 차지하지 않아야 한다. "그는 예화로 설교를 희석하지 않는다"는 것이 평소 그의 설교를 좋아하던 한 사람의 평가다. 맥아더는 탈봇신학교 학생 시절부터 가장 좋은 예화는 성경에서 가져온 것임을 확신했다. 모든 것에서 성경에 가깝게 머무는 것이 최고의 권위에 의존하는 것이기 때문이다. 예화는 감정적인 효과를 주지만 성경에 비하면 가볍다.[34] 이야기와 예화를 위한 그의 두 번째 출처는 교회역사와 전기다.

중요한 것은 성령께서 가르치시는 말씀이 그 자체로 독보적인 범주에 속한다는 청중의 인식을 약화시킬 수 있는 어떤 것도 설교에 도입해서는 안 된다는 것이다. "만일 누가 말하려면 하나님의 말씀을 하는 것 같이 하고"(벧전 4:11). 따라서 강단에서 드라마와 시각자료를 사용하는 것에 대한 질문을 받았을 때 맥아더는 이렇게 대답했다.

> 하나님 말씀의 능력이 인간의 드라마나 의사소통 기교보다 더 효과적이라는 것을 믿어야 합니다. 강력한 설교를 통해 신자의 마음에 진리가 폭발하는 것만큼 극적인 것은 없습니다.[35]

또 맥아더는 성경을 정확하게 가르치려면 성경의 여러 부분을 통해 회중을 연속적이고 점진적으로 가르치는 것이 가장 좋다는 신념이 있었다. 이미 언급했듯이 '강해' 방식은 그가 사역 초기부터 로마서, 에베소서, 베드로전후서를 강해할 때부터 실천해 온 방식이다.

20세기에 '강해설교'의 유행이 어디서 다시 시작되었는지 질문을 받기도 한다. 어떤 이들은 그 원인을 마틴 로이드 존스에게서 찾기도

한다. 그러나 맥아더는 로이드 존스의 책을 읽기 훨씬 전부터 아버지가 강해설교하는 것을 듣고 자랐다. 아버지가 따랐던 모범은 캠벨 몰간(1863-1945)과 크리스웰(1909-2002)이었다. 그러나 이전의 몰간식 강해설교와 맥아더의 강해설교 사이에는 점점 더 큰 차이가 생겼다. 그의 경우 로이드 존스와 마찬가지로, 신앙적 사고는 명확한 교리 원칙을 이끌어내는 데 기초한다. 강해설교는 청중을 교리적 확신으로 이끌어야 한다. 맥아더가 정의한 강한 회중은 '중요한 교리 문제에 대해 한 목소리로 말하는 법'을 배운 회중이다. 교리가 없는 설교는 강한 그리스도인을 만들지 못한다.³⁶

동시에 맥아더의 사역은 본문을 순차적으로 설교하는 방법이 설교에 충실한 유일한 방법이 아님을 보여주었다. 맥아더는 때로 '강해'라고 불리는 설교가 비판받아 마땅하다고 지적한다. 때때로 강해설교에서 사람들을 지치게 하는 것은 본문을 무작위로 헤매는 것이다. 단순히 본문에 대한 주석을 나열하는 것은 설교가 아니다. 설교가 진정한 의미의 메시지가 되려면, 분명한 주제와 사고의 통일성이 있어야 한다. 맥아더의 저서에서 알 수 있듯 그의 모든 설교는 본문을 기반으로 하지만, 결코 한 권이나 한 구절에 대해 순서대로 묶여 있는 것은 아니다. 그는 현명한 변형을 사용했다.

설교자가 성경에 대한 올바른 견해를 갖게 되면, '대상 청중'에 맞게 메시지를 조정하려는 현대의 모든 생각을 무효화하는 또 다른 결과를 낳는다. 맥아더는 '적실성'(relevance)에 대한 현대 복음주의자들의 주장이 심각하게 잘못되었다고 본다. 적실성은 종종 오늘날 사람들이 자신의 필요라고 인식하는 것에 따라 기독교를 제시해야 한다는 의미로 사용되어 왔다. 그리고 현대 세계는 이전의 모든 것과 매우 다르다고 생각되기 때문에, 교회에서 '전통적인' 것이 최신 메시지를 전달하는 데 방해 요인으로 의심받기도 한다. 따라서 더 큰 효과라는 면에서 메시지 전달 방식의 변화는 정당화된다. 이렇게 되면 '세대 차이'를 인정하는 것이 매우 중요하다고 믿게 된다. 심지어 교회는 '당신 할머니의 교회가 아니다'라고 광고하기도 한다.[37] 맥아더가 인용한 교회성장 학자는 "이 세대에서 효과적으로 사역하고자 하는 사람은 '낙관적인' 어조를 유지해야 함을 잊지 말아야 한다"고 말한다. 이에 대해 맥아더가 언급한 내용이다.

오늘날 일반적인 복음 제시는 바울이 시작한 것과 정반대로 시작한다. 바울은 복음을 제시하면서 제일 먼저 '인간의 모든 경건하지 않음과 불의에 대한 하나님의 진노'에 대해 말하는 것으로 시작했다. 그러나 현대 전도는 '하나님은 당신을 사랑하시고 당신을 행복하게 하기를 원하신다'로 시작한다. … 나는 베이비붐 세대의 다소 큰 그룹을 대상으로 사역하고 있다. 그리고 그들이 부정적인 진리를 자동적으로 차단한다는 작가의 부당한 일반화에 동의하지 않는다. 진정으로 구원받는 사람은 부정적인 것을 회개

의 동기로 받아들여야 하고 받아들일 것이다.[38]

물론 적실성을 추구하는 것에 대한 이러한 비판이 모든 오래된 것을 보존해야 한다는 의미는 아니며, 성경의 테두리 안에서 항상 스타일이나 방법에 변화의 여지가 있다. 그러나 무엇이 적실성인지 결정하는 능력을 인간에게 맡기는 모든 사고는 실제로 하나님의 말씀을 대체하는 것이다. 하나님은 인간의 실제 필요를 선언하셨고 그것은 시대에 따라 변하지 않는다.

교회역사는 자신의 시대에 맞는 메시지를 만들 수 있다고 생각했지만 결국 진리를 왜곡시킨 사람들의 사례로 가득하다. … 교회역사가 우리에게 가르쳐준 것이 있다면, 시대마다 다른 메시지가 필요하지 않다는 것이다. 순수한 복음 이외의 것을 전파하는 사람들은 그들의 사역에서 하나님의 능력을 잃게 된다.[39]
메시지에는 아무 문제가 없다 … 그들이 진리를 듣지 못한다면, 멋진 음악도 도움이 되지 않는다. 그들이 빛을 보지 못한다면, 파워포인트는 도움이 되지 않는다. 그들이 메시지를 좋아하지 않는다면, 드라마와 비디오도 도움이 되지 않는다. 그들은 눈이 멀고 죽었다. 우리의 임무는 자신을 전파하는 것이 아니라 영원한 생명에 대한 초자연적인 메시지를 전하는 것이다.[40]

적실성에 대한 외침 뒤에는 일반적으로 인간 본성에 대한 잘못된 평가가 숨어 있다. 인간은 근본적으로 시대의 산물이 아니라 타락의 산물이다. 세상의 변화는 외적인 것이지만 인간의 본성은 변하지 않는다. 따라서 오늘날의 인간은 19세기나 다른 세기에 있었던 것과 동일한 죄의 지배를 받고 있다. 앗수르와 바벨론 제국의 근본이던 것이 오늘날의 국가들에서도 나타난다. 로이드 존스가 말했듯, 오늘날 사람들은 시속 1킬로미터가 아닌 시속 100킬로미터로 달릴 수 있지만, 목적지에 도착하면 똑같은 일을 한다.

현대인이 자신의 문화와 세련미에 대해 갖는 자부심과, 역사의 태동기에 바벨탑을 쌓아 하늘로 올라가려 했던 사람들의 자부심 사이에 정확히 어떤 차이가 있을까?[41]

성경이 설교를 통제하는 곳이라면, 죄에 빠진 인간의 양심을 다룰 때 하나님의 능력에 의존하게 됨을 의미한다. 이것이 진정한 접촉점이다(롬 2:14-15). 충실한 설교는 '하나님 앞에서 각 사람의 양심'을 다루는 것을 의미한다(고후 4:2).

SERVANT OF THE WORD
AND FLOCK

옛 진리의 재발견

앞서 근본주의의 단점에 대해 언급했는데, 존 맥아더의 사역이 상당히 다른 방향으로 나아간 것도 바로 이 점과 관련이 있다. 이러한 변화를 이해하기 위해서는 몇 가지 역사적 배경을 살펴보는 것이 필요하다. 20세기 초 성경적 기독교에서 광범위한 이탈이 일어났을 때, 근본주의 교회와 그들의 조직 그리고 출판사들은 일종의 요새(fortress) 심리로 뭉쳤다. 그들은 외부와 단절되어 있었다.

근본주의의 모든 부분에서 이러한 구분이 뚜렷했던 것은 아니다. 밥존스대학교의 교회사 교수인 조지 W. 달러는, 탈봇신학교와 맥아더가 안수받은 교단의 지도자들을 '온건한 근본주의자'로 묘사했다. 그는 그들에게 '전쟁 심리'가 부족하다고 생각했다. 맥아더는 사우스캐롤라이나에서 2년간 공부하면서, 달러의 입장과 아버지의 입장 사이에 어떤 차이가 있음을 알았는데, 그것은 맥아더에게 매력적이지 않았다. 그러나 그 당시 맥아더는 근본주의 교회를 전반적으로 약화시킨 실수가 무엇인지 의식하지 못했다. 역사적인 개신교 교단에서의 이탈은 한때 그 교단의 유산이었던 것에 대한 무관심을 낳았다. 근본주의는 19세기 이전의 교회사를 무시했다. 마치 오래된 복음주의의 신앙고백이나 문학적 유산에서 배울 것이 없는 것처럼 여겼다. 대다수의 근본주의자들에게 가장 잘 알려진 성경은 1909년에 나온 "스코필드 관주성경"이었으며, 그 주석의 비교적 참신함을 의심하는 사람은 거의 없었다.

C. I. 스코필드(1843-1921)의 친구인 루이스 스페리 채퍼(1871-1952)는 근본주의의 표준을 제시한 인물이다. 설교가이자 저술가로 명성을 떨친 그는 1924년 영향력 있는 달라스신학교를 설립했다. 1919년 프린스턴의 B. B. 워필드는 채퍼의 저서를 검토하면서, 거기에는 '두 가지 모순된 종교 체계'가 포함되어 있다고 판단했다. 하나는 개신교 종교개혁의 산물로 종교생활에서 하나님의 은혜 외에 결정적인 능력을 알지 못하는 것이고, 다른 하나는 존 웨슬리의 실험실에서 직접 나오는 것이다.[42]

워필드가 말한 이 말의 의미가 무엇이며, 맥아더가 자신이 평가한 것이 진실이라고 어떻게 확신하게 되었는지는, 맥아더의 후기 사역에서 중요한 발전이 일어난 것과 어떻게 관계가 있는지 이해하는 데 매우 중요하다. 쟁점은 영생에 이르는 사람의 수가 궁극적으로 하나님의 목적에 의해 결정되는지, 아니면 인간의 의지에 의해 결정되는지에 관한 문제였다. 웨슬리는 선택의 교리에 반대함으로써 많은 복음주의자들의 이해를 종교개혁과 청교도들의 신앙고백에서 멀어지게 했다. 그러나 인간이 타락한 본성을 가지고 있고 하나님과 영적인 것에 적대적이라면, 죽음에서 생명으로 돌아서기로 한 인간의 '결단'이 어떻게 회심의 원인이 될 수 있는가?

찰스 G. 피니(1792-1875)는 인간에게는 타락한 본성이 전혀 없다고 가르침으로써 웨슬리보다 훨씬 더 멀리 나아갔다. 그는 믿음은 근본적으로 인간의 결정이며, 구원은 죄인이 하나님과 복음을 향해 나아감으로써 확보된다고 가르쳤다.[43] 이러한 믿음은 근본주의에서 거의 보편적으로 받아들여졌고, 또 다른 분파에서 나온 오류로 인해 더욱 심화되었다. 근본주의 진영에서 받아들이게 된 '성취되지 않은 예언의 구조'는 세대주의였다. 이 체계는 성경을 '율법'(구약)과 '은혜'(신약)로 엄격하게 구분해야 한다고 믿었다. 예수님은 '교회 시대'라는 새 세대가 아직 시작되지 않았기 때문에 '율법'을 가르치셨지만, 이제 새 세대에 속한 우리에게는 율법이 설 사리가 없다는 것이다. 스코필드의 스승이던 J. N. 다비는 산상수훈에서처럼 유대인에게 하신 그리스도의 설교는 오늘날 설교자들에게 지침이 될 수 없다고 가르쳤는데, 다비는 유대인들이 '왕국 시대'에 살았기 때문에 다른 메시지라고 주장했다. 기독교인들은 이제 유대인들이 '왕국'을 거부한 후 시작된 '교회 시대'에 살고 있다는 것이다. 왕국 시대의 메시지는 '율법'이었지만 교회 시대에는 '은혜'이며, 이 두 가지가 서로 대립한다고 주장했다. 율법에는 행위가 필요하지만 복음은 오로지 은혜라는 것이다. 따라서 복음전도에서 하나님의 율법, 즉 십계명의 생략이 만연하게 되었고, 예상치 못한 엄청난 결과를 초래했다. 죄가 '율법을 범하는 것'이고, 죄의 본질이 '율법에 의해' 드러난다면(요일 3:4; 롬 7:7), 이것이 생략된 곳에서는 중생하지 않은 죄인에게 죄가 의미하는 바의 심각성을 잃어버리게 된다. 그럴 때 복음 설교는 죄에 대한 자각과 하나님에 대한 두려움을 촉구하는 대신, 죄인들이 '그리스도를 위한 결단'을 하도록 격려하는 데 주된 관심을 기울이게 된다. 다시 말해, 회심에 필요한 모든 것이 인간의 선택으로 축소되고, 회심의 시기도 인간이 결정하게 된다. 심지어 중생에 있어서 하나님의 역사도 인간이 결정한 결과로 간주된다.

하나님의 역사가 인간의 의지에 의존한다는 사고방식의 또 다른 결과는 '부흥'이 일어나는 것을 미리 몇 주 전에 계획하고 발표할 수 있다는 것이다. 이 용어는 단순히 '결정'이 확실하고 '제단 초청'에 대한 응답으로 계산되는 일련의 복음전도 집회로 이해된다.

복음전도에 대한 이러한 이해는 근본주의에서 매우 강력하게 자리 잡았기 때문에 누구도 쉽게 벗어날 수 없다. 존 맥아더의 경우, 그가 그레이스교회에 정착하기 전 미시시피에 있었을 때, 다른 이해를 향한 첫 걸음을 내디뎠다. 우리는 앞에서 그가 '그리스도를 영접하기 위해 앞으로 나아오는' 2,300명 이상의 회심을 기록한 것에 주목했다. 그러나 그는 미시시피 집회에 참여하는 과정에서, 실제 회심이 일어났지만 공개적으로 응답한 사람의 수를 세는 것이 실제 숫자를 추정하는 확실한 방법이 될 수 없음을 알게 되었다. 그는 경험을 통해, 효과적인 연설과 긴급한 호소 때문에 응답자의 수가 늘어날 수 있음을 분명히 깨달았다. 그때부터 그는 회심자 수를 추정하는 수단으로 사용되던 소위 '제단 초청'을 중단했다.

그러나 이런 유행이 교회에 미치는 영향을 보는 데는 더 오랜 시간이 걸렸다. 그는 "개인적인 교훈"이라는 제목 아래 기독교 신앙고백을 했던 세 사람의 사례를 자세히 설명했다. 그들은 한때 모두 절친한 친구였다.

첫 번째는 고등학교 동창이자 팀 동료였다. 나는 그의 아버지의 자동차 대리점에서 여름에 그와 함께 일했다. 우리는 일과 학교 외에도 로스앤젤레스 시내의 퍼싱광장에서 전도지를 나눠주고 간증하는 등 많은 시간을 함께 보냈다. 그에게는 온 세상이 그리스도를 위해 불타오르고 있는 것 같았다.

두 번째 친구는 대학 미식축구 팀에서 함께 공동주장이었는데, 성경공부를 가르쳤고 목회자가 될 생각도 하고 있었다. 세 번째 친구는 실제로 탈봇신학교에서 존과 함께 훈련받았다. 그러나 세 사람 모두 신앙을 버렸는데, 한 사람은 범죄자로 유죄 판결을 받았고, 다른 한 사람은 집에 불교 제단을 세우게 되었다.

한때 그는 이러한 신앙 포기를 이해하는 방법에 대해 확고하지 않았을 수도 있지만, 더 많은 성찰을 통해 강력한 결론에 도달했다. 그것은 일찍이 그의 초기 사역에서, 낯선 사람을 만난 경험이 관심을 불러일으켰다. 그는 대륙횡단 비행기에서 한 남자의 옆자리에 앉게 되었다. 맥아더가 성경 읽고 있는 것을 알아차린 그 남자는 자신을 소개하며 "실례합니다만 제가 어떻게 예수 그리스도와 인격적인 관계를 맺을 수 있는지 아십니까?"라는 놀라운 질문을 던졌다. 그 후 일어난 일은 맥아더의 말을 그대로 전하겠다.

이렇게 좋은 기회는 자주 오지 않으니 이번 기회는 놓치고 싶지 않았다! 나는 "네, 주 예수 그리스도를 믿고 그분을 구주로 영접하면 됩니다"라고 말했다. 나는 예수님이 죽으시고 다시 살아나셔서 우리가 영생을 얻게 되었다고 설명했다. 나는 그에게 그리스도를 개인의 구세주로 영접하기만 하면 된다고 말했다.

"저도 그렇게 하고 싶어요." 그가 말했다. 그래서 나는 그를 기도로 인도했고, 그는 주님을 구세주로 영접했다. 그 달 말에 나는 그에게 침례를 주었다. 나는 그 일에 매우 흥분했고, 그를 제자훈련으로 인도하고 싶었다. 그런데 얼마 지나지 않아 그는 나와 연락을 끊었다. 나는 최근에 그가 그리스도의 일에 더 이상 관심이 없다는 것을 알게 되었다.[44]

이러한 경험이 존의 마음을 바꾸는 데 기여했지만, 대중적인 전도에 근본적인 문제가 있다는 것을 납득시킨 것은 성경이었다. 나는 이미 마태복음과 산상수훈에 관한 그의 설교에 주목한 바 있다. 1978년 1월부터 7년 반 동안 마태복음을 연구하고 설교하면서, 그는 마침내 그리스도의 복음 선포와 현대의 실천 사이에 차이가 있다는 것을 인식하게 되었다. 그 실천에 따르면 그리스도인이 되는 것은 쉬운 일이다. 그러나 그가 복음서에서 발견한 것은 그런 것이 아니었다. 예수님은 제자가 되고자 하는 이들에게 '오직' 그분을 믿기만 하면 된다고 말씀하시는 대신 다른 길을 택하셨다. 그는 산상수훈을 연구하면서 특히 이 교훈을 깨달았고, 율법의 자리를 강조하는 그 교훈은 수많은 청중의 자신감을 흔들었다.

그에게 최종적으로 확신을 준 것은 마태복음 19장에서 부자 청년을 대하는 그리스도의 모습이었다. 여기 어떻게 하면 영생을 얻을 수 있는지 가장 명확하게 묻는 한 청년이 있다. 그 대답은 그가 가진 모든 것을 버려야 한다는 것이었다.

예수님은 그 자리에서 그를 데려가 '결단'을 내리게 하는 대신, 그가 복종하기 꺼려하는 조건을 제시하신다. 어떤 의미에서 예수님은 그를 쫓아내신 것이다. 이것이 어떤 종류의 복음전도인가? 내가 아는 거의 모든 성경대학이나 신학대학원에서라면 예수님은 개인 전도 수업에 낙제했을 것이다!

이제 맥아더의 마음속에 확실한 것은, 이탈현상은 전혀 회심하지 않았는데도 회심자 취급을 받은 결과라는 점이다. 그것은 그들이 들은 메시지를 '믿지' 않았기 때문이 아니라, 믿었지만 그 '믿음'이 그들의 삶을 변화시키기는커녕 망상 속에 안주하게 만들었기 때문이다.

메시지 자체가 그들을 오도한 것이다.

　불신자들에게 예수님을 마음에 모셔 들이거나, 개인의 구세주로 받아들이거나, 복음의 사실을 믿기만 하면 된다고 말한다. 그 결과는 그리스도를 믿는다고 고백한 수많은 사람의 삶에서 볼 수 있듯 끔찍한 실패로 나타난다.[45]

　이러한 가르침으로 많은 비기독교인이 교회에 들어오게 되지만, 그들은 자신이 기독교인이 아니라는 것을 알지 못한다. 그들은 예수님에 대해 '좋은 감정'을 갖는 것이 거듭났음을 증명하는 충분한 증거라는 확신을 갖게 된다. 반면, 맥아더는 확신을 주는 것이 교회의 역할이 아님을 깨달았다. 성령만이 진정한 확신을 주신다(롬 8:16). 다른 사람의 삶에서 성령님의 역할을 가로채지 말라. 성령의 확신 작업을 거짓된 확신으로 무너뜨리지 마라.[46]

　훗날 맥아더는 청교도의 오류에 빠졌다는 비난을 받는다. 청교도 작가들이 맥아더의 사상을 발전시키는 데 결정적인 영향을 미치지는 않았지만, 그중 일부는 이 시기에 분명 그에게 도움이 되었다. 특히 그의 마음을 사로잡은 것은 성경에 대한 그들의 철저한 헌신이었다.

　성경과 신학의 위대한 학자들이 목회자인 시절이 있었다. 청교도 목회자들은 단순히 말을 잘 전달하는 사람이라기보다 하나님의 말씀을 연구하는 사람이었다. 그들은 하나님의 말씀을 정확하고 지혜롭게 이해하고 해석하며 적용하기 위해 노력했다.[47]

토머스 왓슨은 그가 가장 먼저 주목한 옛 작가 중 한 명이다. 맥아더는 "맥아더 신약 주석 1권"(마태복음, 1985)에 반복적으로 왓슨을 인용했고, 그를 '위대한 청교도 성자'라 불렀다. 1983년에 출간된 또 다른 책에서는 "내 짧은 인생의 위대한 경험 중 하나는 스티븐 차녹의 『하나님의 존재와 속성』(The Existence and Attributes of God, 부흥과개혁사)을 읽은 것"이라고 썼다. 맥아더가 언급한 다른 청교도 작가로는 존 플라벨, 리처드 십스, 리처드 백스터가 있다.

위의 독서와 관련하여 마틴 로이드 존스의 책에 대한 그의 감탄이 이어졌다. 그는 1981년에 소천한 런던 웨스트민스터 채플의 목사였던 로이드 존스를 한 번도 만난 적이 없지만, 다른 어떤 20세기 작가보다 그를 더 많이 인용하게 되었다.[48] 그는 1977년에 로이드 존스의 "산상수훈 설교"(Sermon on the Mount)를 구입했고, 많은 표시를 해 놓았다. 그러나 맥아더의 확신 중 일부는 그 책을 읽기 전에 이미 깨달은 것이었다. 예를 들면, 그는 빌리 그레이엄 박사가 로스앤젤레스에서 진행한 전도집회에 참석하지 않았는데, 그 이유는 그레이엄 박사가 로마 가톨릭을 포함한 비복음주의 교회로 전도 대상자를 안내하는 데 동의했기 때문이다.[49] 또 이 시기에 맥아더가 폭넓게 읽은 책에는 윌리엄 틴데일, 조나단 에드워즈, 헨리 마틴 같은 복음주의자들의 전기도 포함되어 있었다.

맥아더는 제2차 세계대전 이후 근본주의가 두 가지 방향으로 분리되어 간다고 썼다.

> 한쪽은 학문적 존중성을 필사적으로 원했지만 현대의 다원주의에 저항할 수 없었다. … 다른 쪽은 근본주의의 정반대 방향으로 움직였다. 그들은 학문적 존중성에 대한 집착이, 그들의 형제들이 기초원칙을 버리게 했다는 것을 잘 알고 있었다. 그래서 학문을 불신하거나 아예 배척했다. 이 근본주의 운동의 우파는 전투적 분리주의에 의해 끊임없이 분열되었다. 사소한 문제들이 종종 진지한 교리보다 토론과 논쟁의 대상이 되었다.[50]

그러나 맥아더 자신이 이끌어나갈 방향에서 근본주의와 세대주의로부터 더욱 중요한 발전이 있었다. 1980년에 맥아더가 산상수훈에 관한 작은 책 "지금 여기서 사는 왕국"(*Kingdom Living, Here and Now*)을 출판했을 때, 이러한 변화가 일어나고 있다는 것은 충분히 분명해 보였다.[51]

그는 B. B. 워필드를 '위대한 개혁주의 신학자'로 여기며, 이미 인용한 프린스턴 교수의 서평에서 채퍼의 입장에 맞서 그의 편을 들었다.

만약 채퍼와 그의 영향을 받은 사람들이 이 문제에 대해 워필드와 진지하게 대화를 나누었다면, 20세기 미국 복음주의는 많은 혼란과 거짓 가르침을 피할 수 있었을지도 모른다.[52]

SERVANT OF THE WORD AND FLOCK

1980년대

존 맥아더의 사역은 1970년대 후반에 우연처럼 보이는 방식으로 새로운 국면에 접어들었다. 1970년대에 테이프 사역이 발전하는 동안, 맥아더 목사는 미디어 조직을 만들 계획이 없었다. 1977년 어느 날 그레이스교회에 도착한 한 통의 편지가 상황을 바꾸어 놓았다. 미국 반대편 메릴랜드에서 온 이 편지는 볼티모어에 있는 WRBS 라디오 방송국에서 방송한 맥아더의 에베소서 설교에 대해 감사를 표한 것이었다. 그레이스교회 직원들은 그런 방송이 있다는 사실을 전혀 몰랐기 때문에, 이 편지를 받고 무슨 영문인지 모두 궁금했다. 조사 결과 그 방송국 청취자가 맥아더의 카세트 녹음을 제공했다는 사실이 밝혀졌다.

예상치 못하게 방송에서 사역을 배가할 수 있는 방법을 발견한 그레이스교회는 떠밀리다시피 라디오 방송국 한 곳에서 매일 30분간 맥아더 설교를 방송하는 것으로 시작했다. 다시 한번 이를 가능하게 한 것은 자원봉사자들의 노력이었다. 'Grace to You'라는 제목으로 이 방송은 곧 여러 방송국으로 확대되었다. 1981년에는 미국 전역의 100개 이상 방송국에서 이 방송을 송출했고, 최소 80개 도시에서 청취할 수 있었다. 방송은 국경에 국한되지 않았다. 1983년에는 푸에르토리코에서도 청취할 수 있게 되었고, 1988년에는 영국 등 다른 해외 국가에서도 청취할 수 있게 되었다. 1978년 라디오가 자신의 사역에 가져다 준 '전환점'을 언급하며 존은 나중에 이렇게 말했다.

> 기독교 라디오의 설교는 보통 주말에 한 시간 동안 진행되는 방송으로 제한되어 있었다. 주님의 완벽한 타이밍에, 전국에 있는 성도들이 성경교육에 굶주려 있을 때 Grace to You가 전파를 탔고, 우리는 이제 일상적인 설교와 교육을 위한 매일 30분짜리 형식으로 방송을 내보냄으로써 이 방식을 개척했다. 1978년 당시에는 우리의 라디오 실험이 전 세계 하나님의 백성에게 영원한 영향을 미칠 것이라고 아무도 예상하지 못했다. … 오늘날 우리가 가진 기회는 기독교 역사상 그 어느 시대보다 크다.

라디오 설교는 예상치 못한 두 가지 반향을 일으켰다. 카세트테이프 사역에 대한 관심이 폭발적으로 증가했다. 1970년 매주 테이프

100개를 제작했던 Grace to You는 설교가 방송되고 1년 후 한 해 동안 테이프 100만 개를 제작했다. 인도, 싱가포르, 홍콩, 필리핀에 테이프 복제와 배포를 위한 해외센터가 설립되었다.

또 음성 설교가 인기를 끌면서 설교자의 인쇄된 자료에 대한 수요도 증가했다. 1979년 10월, 맥아더는 Grace to You 후원자들에게 매달 개인 편지를 쓰기 시작했고, 이듬해부터 4-6페이지 분량의 뉴스레터를 발송하기 시작했다.[53] 소책자 형태의 성경공부 가이드 시리즈가 시작된 것도 1980년이었다. 이 시리즈는 신입직원인 마이크 테일러가 그의 설교를 정리한 것으로 수요가 즉시 급증했다. 1980-1982년 첫 번째 호에는 '그리스도인의 갑옷' '성령' '교회' '천국' '성경공부 방법' 등의 주제가 포함되었다. 마침내 이 시리즈에는 187개의 항목이 포함되었다.[54]

맥아더는 항상 테일러 같은 헌신적인 사람들의 은사가 그레이스 교회의 더 큰 사역을 위한 기초라고 생각했다. 이 시점에 문학 분야에서 더 큰 영향력을 행사할 또 다른 인물이 그들에게 찾아왔다. 필 존슨의 이름은 이 글에서 이미 여러 번 언급했다. 1953년생인 그는 무디성서연구소를 졸업한 후 무디출판사에 편집자로 입사했다. 1977년 맥아더가 시카고 무디성경연구소에서 말씀을 전했을 때 존슨은 맥아더의 설교를 처음 들었다. 그는 한 친구의 끈질긴 설득으로 마지못해 그 모임에 참석한 터였다. 우선 설교자의 이름이 생소했고, 캘리포니아에서 온 그가 설교한다는 주제 '인도하심'에 관한 강연은 이미 충분히 들었기 때문이다. 존슨의 무관심이 감탄으로 바뀌는 데는 한 번의 설교면 충분했다.

존슨이 플로리다 주 세인트 피터스버그에서 부목사가 되었을 때 맥아더 가르침의 진가를 더 깊이 알아보기 시작했다. 복음전도가 '값싼 믿음주의'(easy-believism)로 인식되고, 진정한 회심의 증거인 변화된 삶이 무시되는 상황에서, 플로리다 탬파에서 방송되는 맥아더 방송은 그에게 생명줄과도 같았다.[55] 그는 이렇게 회상한다.

> 거의 매일 라디오에서 Grace to You를 들었다. 첫날부터 푹 빠졌고, 특히 주재권(lordship) 논쟁에 대한 존의 가치를 높이 샀다. 주재권 논쟁은 내가 맡은 젊은이들을 대상으로 한 교회 사역에 직접적이고 실질적인 영향을 미칠 수 있는 문제였기 때문이다.

존슨은 맥아더가 대중적인 가르침과는 달리 그리스도를 주님으로 복종하지 않으면, 그리스도를 진정 구세주로 영접할 수 없다고 주장하는 것을 들었다. 두 사람은 1977년에 개인적으로 만난 적이 없지만, 존슨이 맥아더를 만날 수 있는 모임에 초대받았을 때 그는 기꺼이 그 기회를 받아들였다. 존슨의 전 고용주였던 무디출판사가 이 캘리포니아 설교자에게 신약성경 주석 시리즈 작업을 맡기고자 관계자가 될 법한 대상자들을 초청한 것이다. 무디출판사는 맥아더가 마태복음을 설교하는 방식에 주목하고 있었으며, 연장된 시리즈가 나올 가능성도 보았다. 강단에서 전달한 내용을 편집하려면 숙련된 도움이 필요했고, 전체 프로젝트는 10년이 걸릴 것으로 예상했다.

이렇게 존슨은 무디출판사가 1981년 8월 시카고에서 맥아더를 만나기 위해 데려온 여섯 명의 잠재적 편집자 중 하나였다. 회의가 끝난 후 존슨은 이렇게 회상했다.

그런 모임에서 극도로 친절한 존은 매우 친근하게 행동하며, 편집자 한 명 한 명과 개별적으로 이야기를 나누었다. 나는 여기서 그에게 처음으로 "나는 매일 Grace to You를 듣고 있으며, 당신의 가르침을 사랑합니다. 주재권 문제에 관해 책을 쓰셔야 할 것 같습니다"라고 말했다. 그는 즉시 "그 주제에 관한 책을 쓸 계획이 있습니다. 제목도 염두에 두고 있습니다. The Gospel According to Jesus입니다. 어떻게 생각하시나요?"

당시 존슨은 인수 편집자로 무디에 복귀하는 것을 고려하고 있었다. 당시 이 연구소의 이사였던 맥아더는 그 가능성을 알고 있었다. "내 말 좀 들어봐요. 당신이 인수 편집자로 무디출판사에 오면 The Gospel According to Jesus를 무디출판사에서 출판하겠습니다"라며 그를 독려했다. 그 젊은이는 무디출판사로 돌아와 첫 공식 업무로 존 맥아더와 그 책을 계약했다. 두 사람 사이의 우정은 발전했고, 그 결과 맥아더는 그레이스교회 장로 및 Grace to You 운영이사로 섬겨 달라고 그를 초청했다. 그렇게 필은 아내 달린과 두 자녀(이미 임신 중이던 셋째 포함)와 함께 1983년 3월 선 밸리로 이사했다. 그날부터 필 존슨은 모든 편집 업무를 주도적으로 이끌었고, 존의 오른팔이 되어 존이 설교한 자료를 읽기 쉬운 형태로 옮기기 시작했다. 그때까지 맥아더의 책은 비교적 적은 편이었으나, 존슨의 존재로 맥아더의 설교가 새로운 책 제목을 달고 줄줄이 출판되는 놀라운 결과를 낳았다.

1980년대에 맥아더의 마음에 교회 사역 다음으로 우선순위를 차지한 것은, 설교자를 돕고 그 일을 위한 인재를 양육하는 것이었다. 그는 종종 "교회의 건강에 리더십의 질보다 더 중요한 것은 없다"고 말하곤 했다. 이러한 신념은 그레이스교회의 탈봇 연장 프로그램에서 학생을 가르치는 데도 영향을 미쳤다. 1980년에 이런 글을 쓸 수 있었다는 것은 그에게 큰 의미가 있다.

우리의 테이프 사역은 다른 어떤 단체보다 더 많은 테이프를 목회자들에게 보냅니다. 하나님께서 우리 기도에 응답하시어 지역 교회의 목회자들에게 축복이 될 수 있도록 허락해 주셨습니다.

같은 해인 1980년 5월, 선 밸리에서 목회자들을 위한 5일간의 쉐퍼드 콘퍼런스(Shepherds' Conference)가 개최되었다. 200명도 채 되지 않은 인원이 참석했지만, 이 행사를 주재했던 존은 "그레이스교회 역사상 가장 위대한 행사 중 하나였습니다. 그들과 우리 모두에게 감격스러운 시간이었습니다. 하나님께서 우리를 부르셔서 전 세계의 목회자를 돕게 하셨고, 그리스도께서는 그들을 사용하여 교회를 세우십니다"라고 평가했다.

쉐퍼드 콘퍼런스에 대한 소문이 빠르게 퍼져 나갔고, 그 결과 그레이스교회에서 1년에 두 번 열리게 되었다. 참석자 수는 곧 증가했다. 1984년 12월에 존은 "우리는 아홉 번의 콘퍼런스를 통해 수천 명의 목회자를 초청했습니다"라고 말했다.[56] 동시에 여러 곳의 목회자 모임에서 존에게 말씀을 전해 달라는 요청이 쇄도했다. 1982년 9월 몬트리올에서 열린 프랑스어권 목회자들을 위한 콘퍼런스에 초대받았을 때의 반응은, 3년 후 Grace to You 캐나다 지부 개설로 이어졌다.

존이 장려하고자 했던 목회자 콘퍼런스의 종류는 그가 작성한 목표 메모에서 잘 드러난다.

1. 목회 사역의 열정을 새롭게 한다.
2. 하나님께 받은 사역에 대한 더 큰 열망을 갖게 한다.
3. 자신을 잊고 더 효율적인 사역을 할 수 있도록 돕는다.
4. 교회 내에서 리더십을 분별하는 방법을 가르친다.

이 콘퍼런스에서 이야기할 제목은 그의 의도를 더 잘 보여준다.

- 겸손과 배우려는 자세
- 낙담에 직면했을 때의 인내

- 헌신과 충성은 교회가 아닌 하나님께
- 하나님의 교회
- 이미 가진 것에 대한 감사와 만족감을 키우라

  이러한 콘퍼런스에서 다루어야 할 내용은 단순히 지식을 전달하는 것 이상이었다. 책이 그러한 목적을 달성할 수 있기 때문이다. 이 콘퍼런스의 목적은 '하나님의 사람'이 되는 비전을 고취시키고, 경건을 추구하도록 독려하며, 성화되지 않은 설교자가 되는 것을 경고하는 것이었다. 설교자 또한 설교를 들어야 한다. 맥아더는 그들에게 "당신의 마음을 지키십시오. 당신의 동기를 지키세요. 당신의 욕망을 살피세요. 당신의 행동을 지키세요. 행동을 조심하십시오" 같은 말을 했다.

  동시에 목회자들을 위한 이 콘퍼런스에서, 맥아더는 자신의 말을 듣거나 그레이스커뮤니티교회를 따라하려는 시도가 다른 목회자들에게 성공할 수 있다는 인상을 주지 않도록 주의했다. 그는 어디서나 '통합' 프로그램을 제시하지 않았고, 오히려 목회자들이 자신의 상황과 다른 상황에 처해 있음을 잘 알고 있었다.

  전국에 있는 교회 중에는 아무리 열심히 일해도, 아무리 신실하게 일해도 설 자리를 잃어버리는 신실한 성도들이 있다. 세상과 자신의 벽 안에서 오는 압박이 우리를 짓누른다. 영적 성장은 더디게 이루어진다.

1985-1986년에는 청소년 교육과 관련해 존의 사역에 크게 두 가지가 추가되었다. 첫 번째는 전혀 예상치 못한 일이었다. 1927년에 대학 수준의 학부생 교육을 위해 설립된 로스앤젤레스 침례대학이 이 시기에 어려움을 겪고 있었고, 맥아더와 그레이스커뮤니티교회에 그들의 운영과 부지를 제안했다. 이 제안은 받아들여졌다. 1985년 맥아더가 총장으로 부임하면서 '마스터스컬리지'로 이름을 바꾼 이 학교는, 이듬해에 등록생이 거의 두 배로 증가했다. 이 학교의 목표는 학문적 우수성과 함께 진지한 기독교 제자도를 추구하는 것이었고, 지금도 그 목표는 변함없다. 그 후로 이 학교는 약 천 명의 정규 학생과 수백 명의 야간수업 학생이 공부하고 있다. 많은 학부모가 대학의 목표가 자녀들에게서 성취되는 것을 보며 행복을 느꼈다.

두 번째 추가된 것은 맥아더와 그레이스교회 측에서 고심 끝에 이뤄낸 결과다. 로스앤젤레스 침례대학은 원래 신학교육을 제공했다. 그레이스교회가 인문대학을 관리했으면서도, 자체 캠퍼스에서 운영하던 탈봇 신학 확장 프로그램에 대해 궁극적으로 책임지지 않은 것은 이상하게 보일 수 있다. 당시에는 이 대학에서 신학교육을 재개하지 않고, 대신 교회가 감독하는 새로운 신학교를 여는 것이 적절해 보였다.[57] 이미 캠퍼스에서 훈련받은 36명의 학생이 교회를 섬기고 있었고, 더 많은 인원이 필요했다. 이에 따라 탈봇 신학 확장 프로그램의 구성요소가 1986년에 마스터스신학교로 전환되었다. 95명의 학생이 편입하는 것은 형식적인 절차에 불과했다. 1974년부터 탈봇 교사로 재직한 어빈 A. 부세니츠 박사를 필두로 세 명의 교수진도 그대로 유지했다. 그는 현재까지도 성경 및 구약학 교수로 재직 중이다. 전체 프로젝트를 주도한 맥아더가 총장이었고, 위노나 레이크의 그레이스신학교에서 찰스 스미스 박사가 학장 겸 부총장으로 초빙되었다. 그 후 1980년부터 1984년까지 맥아더와 함께 교회를 섬긴 리처드 L. 메이휴 박사가 1989년 그레이스신학교로 돌아와 학장 겸 수석 부총장이 되었다.

맥아더는 1986년 9월에 보낸 Grace to You 편지에서 새 신학교에 대한 자신의 비전을 다음과 같이 썼다.

1. 단순한 강의가 아니라 양육에 헌신하는 교수진
2. 학생과 교수진 간의 소그룹 제자 관계에 대한 헌신
3. 높은 수준의 인격적, 교육적, 사역적 발전에 집중
4. 예배와 영적 헌신의 태도 함양
5. 강해설교 교육과 사역 모델
6. 학생의 학업 프로그램을 보완하는 인턴십 프로그램
7. 목회 임직을 목표로 한 프로그램
8. 졸업생이 사역 초기에 도움받을 수 있도록 지원하는 배치 사역
9. 비판적인 이론이나 반응보다는 성경적 확실성과 하나님의 은혜에 초점을 맞춘 긍정적인 전망

10. 그리스도인의 삶과 사역과 관련된 구체적인 영적 목표를 위해 세심하게 구성된 채플 프로그램
11. 전도와 선교에 참여하여 전 세계적 비전을 키움
12. 각 신학생의 아내와 가족을 위한 제자 양육 사역
13. 리더십 태도와 기술에 대한 효과적인 훈련

1980년대의 확장 과정에서 맥아더는 적어도 두 가지 위험을 의식하고 있었다. 맥아더는 일부 설교자들이 교회 전체에 도움이 되기는커녕 오히려 약화시키는 파라처치(parachurch) 조직을 세우는 것을 잘 알고 있었다. 그들의 높은 인지도와 외형적 성공은 다른 곳에 필요한 사람과 자원을 끌어모았다. 맥아더는 '은혜의 말씀'(Word of Grace)과 Grace to You의 목적은 모두 교회에 대한 봉사이며, 주요 사역은 교회에서 흘러나와야 한다고 생각했다. 그의 소망은 라디오 강의가 이 땅의 목회자들의 모든 사역을 방해하지 않고 오히려 강화하는 것이었다.

우리의 역할은 지역 교회의 사역을 대신하는 것이 아니라, 함께 일하며 하나님 말씀의 진리에 굶주린 사람들에게 또 다른 자원을 제공하는 것이다. 미디어 사역은 성경적 교회 참여, 그룹 성경 공부 또는 교사와의 상호작용을 결코 대체할 수 없다.

맥아더는 라디오나 테이프 청취자들이 선 밸리의 교회를 자신의

지역 교회를 대신하는 것으로 여기는 것에 대해 노골적으로 반대했다. 그레이스 미디어 기관의 광범위한 홍보활동에도 불구하고, 그가 섬기는 회중에 대한 언급이 거의 없었다. 그는 또 '은혜의 말씀'과 Grace to You 직원들에게, 자신의 사역이 하나님나라에서 없어서는 안 될 자리를 차지하고 있다고 상상하지 말라고 가르쳤다. 따라서 한 라디오 방송국의 수입이 필요한 자금을 충당하지 못해 문을 닫아야 할지도 모른다고 경고를 받았을 때, 그의 반응은 "그래서 뭐요?"였다.

확장된 사역의 두 번째 위험은, 맥아더가 자기 교회에 쏟을 수 있는 관심을 빼앗는다는 것이었다. 만약 이 모든 것이 인간의 계획으로만 이루어졌다면 의심할 여지없이 그랬을 것이다. 그러나 이미 언급했듯, 새로운 발전이 있을 때마다 하나님께서 같은 생각을 가진 동료를 보내주셨다. 존 맥아더 곁에는, 하나님의 말씀을 전파하는 데 모든 사역이 달려 있다는 것을 잘 이해하는 장로들과 다른 사람들이 있었다. 이는 곧 존이 다른 일에서 벗어나도록 도와주는 것을 의미했다. 그는 1986년에 이렇게 말했다.

> 뒤에서 돕는 동역자들 덕분에 나는 일상적인 업무에서 벗어나 가족, 연구, 교육이라는 우선순위에 집중할 수 있었다.

그를 지지하는 사람들은 때때로 그를 위해 다른 역할을 제안하기도 했다. 왜 그는 지역 교회에 대한 헌신을 내려놓고 라디오와 콘퍼런스 등을 통해 더 넓은 영역에서 교회를 섬기는 것을 고려하지 않았을까? 그는 그런 가능성에 끌린 적이 없다. 어린 아들 중 한 명이 "아빠, 은퇴하실 거예요?" 하고 물었을 때 그는 대답했다. "주님이 허락하신다면 주님께 가는 그날까지 하나님의 말씀을 가르치고 양떼 돌보는 일을 계속하고 싶단다." 그는 평생 선 밸리 사람들에게 묶여 있었고 지금도 그렇다. 그는 목회가 하나님이 주신 일이라는 확신에 한 번도 흔들린 적이 없다. 그가 쓴 "내가 목사인 10가지 이유"라는 글은 그가 왜 이 소명을 우선시했는지 잘 보여준다. 그 이유는 다음과 같다.

교회는 그리스도께서 세우시고 축복하겠다고 약속하신 유일한 기관이다. … 몸의 공동체적 기능은 모두 교회에서 이루어진다. … 나는 연구와 하나님과의 교제에 사로잡힐 수 있다. 내게는 성도들이 보는 공적인 면이 있지만, 하나님만이 아시는 사적인 면도 있다. 나는 일주일에 3시간 설교하기 위해 30시간을 공부한다. 그리고 매주 하나님 앞에서 보내는 그 시간은 높고 거룩한 특권이다. … 나는 하나님께서 목양하라고 주신 사람들의 삶을 직접적으로 책임져야 한다. 라디오 교사로서 나는 사람들이 하나님의 말씀을 어떻게 적용하는지에 대해 개인적으로 책임지지 않는다. 그러나 한 교회의 목사 겸 교사로서 나는 목자와 양 같은 관계를 맺고 있다. 나는 '영혼을 책임진 자'(히 13:17)로서 그들의 영혼을 돌본다. … 나는 아이가 태어난 부모의 기쁨을 함께 나누고, 부모의 죽음으로 인한 자녀의 아픔을 함께 나눈다. 결혼식을 함께 축하하고, 장례식에서 위로를 전한다. … 나는 사랑받고 인정받고 필요한 존재이며, 신뢰받고 존경받는다고 느낀다. 이 모든 것이 하나님 백성의 영적 발전을 위한 도구가 되었기 때문이다. 나는 교인들이 나를 위해 기도하고 나를 깊이 아끼는 것을 안다. … 목회자로서 보람은 사역에서 느끼는 좌절감을 훨씬 능가한다. 그래서 나는 사도 바울과 함께 "푯대를 향하여 그리스도 예수 안에서 하나님이 위에서 부르신 부름의 상을 위하여 달려가노라"(빌 3:14)고 말한다.[58]

선 밸리 교회의 사역은 추가된 기관으로 인해 약해지기는커녕 오히려 격려를 받았다. 모두 장로들의 감독 아래 있어 전체에 단합을 가져다주었고, 교회 자체에서 '은혜의 말씀'과 Grace to You를 위한 무보수 자원봉사자들의 열정적인 도움이 있었다. 1980년에는 14세 이하의 어린이들을 위한 주간 학교가 시작되었다. 정신장애인과 신체장애인을 위한 지원도 강화되었다. 교회에서는 30명의 선교사를 파송해 지원하고 있었다. 맥아더는 책이 양질의 교육에 필수라고 믿었기에 더북쉑(The Book Shack)이 매일 문을 열었고, 이 서점은 번창했다.

선 밸리 리더십 비전에, 교회가 개인이 서로 헌신하지 않고 감독받지 않는 설교센터가 되는 내용은 전혀 없다. 1984년에 등록교인이 아니면서 출석하는 사람이 너무 많다는 것이 분명해지자, 이 주

존과 패트리샤 가족, 1988년.
(왼쪽부터 오른쪽으로) 켈리, 매튜, 마시, (무릎 꿇은) 메린다 그리고 마크.

제에 대해 특별한 교육이 있었다. 그 결과 성도 1,200명이 등록했고, 약 300명이 세례를 받았다.

1984년 12월에 '사랑하는 동역자들'에게 보낸 편지에서 맥아더는 이 사역의 성장에 대해 다음과 같이 회고했다.

저는 지난 5년 동안 영적으로 성장했고 여러분도 성장했다고 믿습니다. 과거를 들여다보며, 주님의 손길과 그분이 우리를 그분의 아들의 형상을 따르도록 역사하시는 놀라운 방법을 볼 수 있다는 것은 좋은 일입니다. 이 사역의 외형적 성장도 분명 고무적이지만, 가장 의미 있는 것은 영적 성장의 증거입니다.

만약 맥아더에게 이 증언이 사실이 아니고 맥아더가 자신을 의지했다면, 1980년대 사역은 끝을 맺을 수 있었다. 그는 자신이 하고 있는 사역이 자신의 업적이 아님을 알고 있었다. 마틴 루터는 1522년 존 폰 슈타우피츠에게 종교개혁에 대해 "그리스도께서는 우리 없이, 인간의 손길 없이 오직 말씀으로만 이 일을 하고 계십니다"라고 썼다.[59]

루터의 말이 과장된 것처럼 보인다면 누가가 "하나님의 말씀은 흥왕하여 더하더라"(행 12:24; 19:20)고 기록했을 때, 비슷한 용어로 복음의 전진을 묘사했다는 사실을 기억하라. 존은 이렇게 말할 수 있다.

나는 처음부터 Grace to You가 하나님께 쓰임받기 위해서는 성경 말씀의 선포에 지속적으로 충실해야 한다고 확신했다. 나는 하나님이 그것을 축복하실 거라고 약속할 수 있다. 다른 어떤 것도 축복하실 거라고 약속할 수는 없다. 그러나 나는 그분의 말씀에 대해서는 축복하실 것임을 안다.

SERVANT OF THE WORD
AND FLOCK

태평양을 건너서

해외에서도 비슷한 상황이 발생했다. 1981년 인도 뭄바이(봄베이)에 Grace to You의 첫 해외 지부가 설립되었고, 10년 동안 그레이스교회의 사역은 호주와 남아프리카공화국, 필리핀, 영국에 이르기까지 더 많은 나라에서 방송을 타게 되었다.

존 맥아더는 기질상 여행을 좋아하지 않았다. 이미 언급했듯 그는 1978년에 브라질에 있었다. 1979년에 영국(스코틀랜드)을 처음 방문했지만, 태평양 전역의 여러 나라를 순방한 것은 49세가 되던 1988년이었다. 테이프와 라디오 사역을 통해 들려오는 소식에 자극받은 것이 계기가 되었다. 1986년 2월, 맥아더는 Grace to You 편지에 다음과 같이 썼다.

최근 3주간의 아시아 여행을 마치고 돌아온 Grace to You 대표 필 존슨은, 우리가 진출한 줄도 몰랐던 필리핀의 외딴 지방, 인도의 빈민가, 심지어 북보르네오 같은 외진 곳에서도 Grace to You 테이프를 듣는 기독교인들이 있음을 알게 되었다고 한다. 내가 교회 강단에서 전하는 메시지가 가볼 수 없는 세계 곳곳의 사람들에게 들린다고 생각하니 가슴이 벅차고 감격스럽다. 동시에 진리를 아는 우리 모두에게 하나님께서 주신 책임의 무게가 얼마나 막중한지 다시 한번 깨닫는다. 성경적인 메시지라면 지리적 문화적으로 한계가 없다.

맥아더와 그레이스교회의 장로들에게 이 먼 곳을 방문하는 가치가 분명해지자 1988년 8월부터 9월 중반까지 여행이 계획되었다. 패트리샤와 모든 가족이 맥아더와 함께 가기로 했기에, 설교 일정 외에 휴가를 위한 며칠이 예정되어 있었다. 평소 일기를 잘 쓰지 않던 존은 이 몇 주가 중요할 수 있다는 생각이 들어, 외국에 나가 있는 이 기간 내내 기록을 남겨야겠다고 생각했다.

1988년 8월 2일 화요일 비행기가 뉴질랜드 오클랜드에 착륙했고, 이 가족은 처음으로 남반구 땅을 밟았다. 그것은 많은 새로운 경험의 시작이었다. 구불구불한 도로의 왼쪽에서 운전하면서, 푸른 초원을 가로질러 7천만 마리의 양떼를 바라보고, 저녁에는 마오리족의 음악과 축제를 감상했다. 캘리포니아에서는 경험할 수 없는 것들이었다. 첫 주말은 토타라 스프링스와 오클랜드에서 열린 집회로 비는 날이 없었다. 토타라 스프링스에서는 약 500-600명이 모인 콘퍼런스에서 맥아더는 두 차례 말씀을 전했다. 청중의 반응을 볼 때, 성경에 대한 진지한 설명이 흔치 않고 은사주의적 영향력이 만연해 있었다는 점에서, 이 나라에 큰 필요성이 있음을 알 수 있었다.

  그 다음 주에는 남섬으로 여행을 떠났다. 먼저 숏오버강 협곡에서 구명조끼를 입고 제트보트를 타며 최고의 스릴을 만끽했다. 그런 다음 퀸스타운을 거쳐 밀포드 사운드로까지 5시간 동안 여행했다. 존은 이렇게 적었다.

> 아름다운 볼보 버스에 단 15명만 탑승했는데, 숨막히는 아름다운 풍경이 우리를 맞이했다. 흐리고 이슬비가 내려 수천 미터 높이의 산에서 떨어지는 수천 개의 폭포를 만들어냈다. 하나님의 영광스러운 마음과 창조 능력에 대한 경이로움이 분명히 드러났다. 우리가 본 것 중 가장 장관을 이루는 경치였다.

크라이스트처치에서 추가로 회의를 마친 후, 맥아더 가족은 호주로 날아갔다. 시드니('화창한 날씨, 아름다운 도시')를 거쳐 애들레이드로 향했다. 8월 14일 일요일은 애들레이드에서 하루 종일 보냈고, 오후 7시에 타운홀에서 천여 명이 참석한 예배를 끝으로 일정을 마무리했다. 이 집회에서 호주 Grace to You는 많은 책과 문서를 제공했고, 이것은 빠르게 배포되었다. 존은 이렇게 적었다.

내 설교를 테이프로 듣거나, 특히 *The Charismatics*를 읽은 사람이 이렇게 많다는 사실에 놀랐다. 호주의 교회들은 대부분 자유주의적이고 죽어 있거나 아니면 약하면서 은사주의적인데, 소수의 예외가 있다. 강한 교리를 위한 국가적 기준을 세우는 강력한 지도자는 없는 것 같다. 아무도 문제를 제기하고 오류에 맞서서 명확한 목소리를 내고, 사람들이 진리에 눈뜨게 하여 그 진리를 지키도록 이끌지 않는 것 같다. 은사주의적 설교와 비은사주의적 설교가 공존하는 현재 상황은, 약하고 비대립적인 설교 스타일 덕분에 현재 문제가 없어 보인다. 대개 개인 묵상(devotional) 수준의 설교이고, 교리적이거나 강해적인 설교는 찾아보기 어렵다.

이틀 후 멜버른에 도착한 그는 곧바로 150명이 모인 목회자 오찬에 참석했고, 이후에는 캠버웰 타운홀에서 500명이 모인 모임에 참석했다. 특히 Grace to You에 대한 관심이 뜨거웠다. 맥아더는 일기에 이렇게 적었다.

내 기도는 비현실적이지 않다. 많은 사람에게 말씀을 전하는 것이 아니라, 견고한 양식을 갈망하고 원하는 이들에게 가르침을 제공하고, 영적 깊이와 강한 헌신 그리고 교리적 명확성을 갖춘 새로운 운동을 시작하는 데 사용되기를 바라는 것이다. 헌신된 사람들은 우리의 자료에 끌리는 경향이 있다.

뉴사우스웨일스와 퀸즐랜드의 수도인 시드니와 브리즈번에서도 비슷한 예배가 이어졌다. 뉴사우스웨일스의 파라마타에서는 세인트존스교회에서 열릴 예정이었던 집회에 너무 많은 인파가 몰려 장소를 대성당으로 변경해야 했다. 특히 시드니에 사무실을 두고 있는 Grace to You의 활동에 대한 반응이 주목할 만했다. 8월 21일까지 존은 18일 동안 25회 설교했고, 그 사이 휴가를 몇 번 다녀왔다. 그날 북쪽으로 싱가포르를 향해 날아가면서, 존은 처음으로 남반구를 방문한 후에 소감을 남겼다. "성경적이고 강력한 설교자와 강력한 영적 지도자가 절실히 필요하다." 물론 그가 본 것은 광활한 땅의 아주 일부였지만, 분별력 있는 호주 기독교인들의 평가는 그의 평가와 거의 다르지 않을 것이다.[60]

싱가포르로 향하는 비행기를 타고 남반구의 겨울을 뒤로한 채 겨울옷을 집으로 보냈다. 싱가포르는 말레이 반도 끝에 있는 중국인이 75퍼센트인 섬나라로, 번화하고 아름답고 깨끗하고 정돈되어 있으며, 가로수가 늘어선 공원길과 세계에서 가장 효율적인 지하철이 있는 인상적인 곳이었다. 도착하자마자 그들을 맞이한 사람 중에는 28세의 알렉스 리가 있었는데, Grace to You 테이프와 도서 사역의 열정적인 현지 조직자였다. 주로 젊은이로 구성된 천 명 이상의 모임에서, 이 사역으로 많은 사람의 삶이 변화되고 있다는 사실을 확인할 수 있었다. 맥아더는 그들을 이렇게 기록했다.

책과 테이프, 특히 주재권(Lordship) 주제의 책들이 품절될 정도로 큰 관심과 열의가 보였다! 마태복음과 예수님이 전하신 복음에 대해 설교했다. 그 후 풍성한 대화가 이어졌다. 지구 반대편에서, 그것도 내가 모르는 사람들이지만 나를 아는 사람들이 그런 반응을 보였다는 사실에 놀랐다.

싱가포르 성경대학 방문 중 열린 질문과 응답 세션의 토론도 좋았다.

미국에서 받은 질문과 같은 질문이 쏟아졌다. 교회는 항상, 교인의 자격과 결격 사유, 여성 리더십, 죄와 회개, 비성경적인 장로를 다루는 방법, 성경에 부합하도록 교회 전통을 바꾸는 방법 등에 대한 명확한 설명이 필요하다.

문어를 처음 맛본 10코스 중국식 연회, 처음 방문한 악어 농장은 집에서는 경험할 수 없는 낯선 경험이었다. 그는 싱가포르 기독교계에 대한 전반적인 인상으로 '강력한 복음주의 협회, 훌륭한 리더십, 많은 활동'을 꼽았다.

8월 25일 목요일, 가족은 웨스틴플라자 24층에 위치한 쾌적한 방을 떠났다. 곧 자신들의 상황이 얼마나 달라질지 전혀 예상하지 못했다. 싱가포르는 동양의 전형적인 모습이 아니었다.

방콕 행 항공편은 별다른 일이 없었지만, 델리 행 항공편으로 갈아타려고 할 때 문제가 발생할 조짐이 보였다. 그들은 컴퓨터에서 예약을 지워버렸고, 좌석이 없다고 알려주었다. 한 시간 반 동안 실랑이를 벌인 끝에 흡연구역에 흩어져 앉게 되었다. 결국 좌석을 바꿔서 함께 앉았다. 인도의 첫날밤은 임페리얼호텔에서 다섯 시간의 수면으로 마무리되었다. 쥐와 바퀴벌레가 들끓고 온수도 나오지 않는 이 호텔은, 그 자랑스러운 이름에 걸맞지 않게 오래전부터 낡은 건물이었다. 다음 날 아침, 그들은 버스를 타고 200킬로미터를 달려 아그라와 타지마할로 향했다. 그러나 그들이 목격한 장면들로 정신적 불편함이 계속되었다.

가난한 사람들, 북적이는 인파, 동물, 자동차가 넘쳐나는 델리의 모습은 놀랍기 그지없었다. 인간 사회의 최하층을 보는 느낌이었다. 빈곤은 어디에나 만연해 있었다. 아름다운 정부 건물 밖이든 정치인의 저택 밖이든 가난한 사람들은 길거리에서 짚, 진흙, 소똥, 벽돌, 플라스틱 혹은 캔버스 천으로 만든 움막을 세우고, 앙상한 몸만 겨우 들어갈 수 있는 좁은 공간에 모여 살고 있었다.

그날 밤 10시 임페리얼호텔로 돌아왔을 때, '이 낯설고 비극적인 땅에 대한 혼란스러운 인상 … 악마의 존재감으로 악취가 나는 광활한 황무지'라는 느낌만 있었다. 존은 그 어느 때보다도 지옥의 절망, 박탈감, 고통을 절실히 느꼈다.

토요일에 예약한 델리 시내 관광은 절반만 다녀왔다. 그날 저녁 YMCA에서 열린 기독교 지도자들과의 만남은 그들이 인도에 온 이유를 잘 보여주었다. 50여 명의 남성이 모인 방은 너무 더워서 많은 선풍기 소리에 사람 목소리가 거의 묻힐 지경이었다. 그런데도 잘 들었고, Grace to You 인도의 사역이 사람들에게 전달되고 있다는 증거가 보였다. 그러나 복음주의 교회에 대한 요청은 놀라울 정도로 컸다. 교리적 관심은 거의 없었다. 그 필요성이 너무도 절박해서 신학이 무엇인지는 신경 쓰지 않는 것처럼 보였다. 그 결과 한편으로는 자유주의의 위험성을, 다른 한편으로는 '값싼 믿음주의'(easy-believism)의 위험성을 인식하지 못했다. 복음주의자들로부터 에큐메니즘에 대한 경고도 나오지 않았다. 이 방문객은 이렇게 회상한다.

추정하건대, 우리의 녹음테이프가 이 미온적인 흐름을 뒤집거나, 가르침을 받아들이는 사람들이 기득권 세력에 문제를 제기할 것이기에, 나는 인기 없는 사람이 되겠다고 생각했다. A. W. 토저는 생애 말년에, 자신이 미국의 모든 성경 콘퍼런스 강단에서 쫓겨났다고 말했는데, 그 일이 인도에서 내게도 일어날 수 있겠다고 생각했다.

다음 날인 일요일 아침, 맥아더는 사도감리교회에서 설교했고, 목사는 그 메시지를 힌디어로 요약했다. 저녁에는 델리바이블펠로우십에서 250명에게 설교했다. 맥아더는 자신의 짧은 방문과 달리 책은 영구히 남을 수 있고, 자신이 만나는 모든 지도자에게 *The Gospel According to Jesus*(『주님 없는 복음』, 생명의말씀사)를 남기고 간다는 신념이 너무 강해 다른 사람에게 책 배포를 맡길 수 없었다.

인도에서의 두 번째 주 첫날인 8월 29일, 비행기를 타고 캘커타로 이동했다. 공항의 혼란 속에서 벗어난 후 그는 이렇게 썼다.

뜨겁고 습한 버스를 타고 도시 중심부에 있는 침례교 선교회 게스트하우스로 향했다. 거리는 작고 혼잡했으며 판잣집과 임시 가건물, 부서진 보도에는 수천 명의 사람이 살고 있었다. 길가에는 많은 강과 연못이 있었고, 그곳에는 수영하고 목욕하고 빨래하는 사람들, 물소, 소가 있었으며, 모든 사람에게 구역질나는 냄새가 배어 있었다.

그들의 숙소는 125년의 역사를 제외하고는 별다른 장점이 없었다. 게스트하우스의 칠판에 그들의 이름과 방 배정이 표시되어 있었다. 그들에게는 작은 침대 두 개가 있는 작은 방이, 다섯 명의 젊은이에게는 침대 여섯 개가 있는 막사 같은 방이 배정되었다. 장염에 걸리지 않도록 조심해야 한다는 점을 의식한 그들은, 바닥에 준비된 점심을 보고 다소 불안했지만, 적어도 바닥이 소똥이 아닌 돌이어서 다행이라 생각했다. 이들이 할 수 있는 유일한 관광은 월요일 오후에 있을 예정이었다. 가장 자주 방문하는 관광지 두 곳이 선교회 숙소에서 걸어갈 수 있는 거리에 있었다. 불안한 마음으로 인도를 따라 개와 사람, 오물이 흘러나오는 하수구 사이를 헤치며 관광지로 향했다. 사방에는 벌거벗은 아이들이 돈을 구걸하고 있었다.

아이들을 향한 애틋한 마음이 있는 패트리샤에게는 아이들에게 아무것도 주지 않는 것이 특히 힘들었다. 아이들은 그녀의 동정심을 감지하고 무리지어 패트리샤에게 달라붙었다. 도심에서 어떻게 행동해야 하는지 긴급한 조언을 들었기에, 그들에게 무엇이든 주고 싶은 마음을 억제할 수밖에 없었다.

첫 방문지는 마더 테레사의 수녀원으로, 병들고 죽어가는 사람들을 돌보는 일로 유명해진 고령의 여성과 함께 시간을 보냈다. 그들은 풍부한 의약품과 도우미를 모집하는 데 성공한 수녀원의 모습에 감명 받았지만, 복음의 진리가 필요한 곳에 공백이 있다는 사실에 안타까웠다. 마더 테레사와 대화하면서, 마더 테레사가 기독교에 대해 매우 모호하게 이해하고 있다는 사실을 알게 되었다. 테레사 수녀는 "내 사람들은 모두 아름다운 죽음을 맞이합니다"라고 확신했다. "나는 모든 종교를 사랑하고 존중하지만, 내 예수를 사랑합니다." 그러나 힌두교도들이 예수를 시바신의 일곱 번째 화신으로, 크리슈나를 여덟 번째 화신으로 믿는 이 도시에서 예수는 유일한 주님이자 구세주, 중보자로 제시되지 않았다. 로마 가톨릭의 가르침도 마더 테레사에게 그 점에서 도움을 주지 않았다. 테레사 수녀는 한 방문객의 성경에 "마리아를 통해 예수의 마음에 들어가기를 바랍니다"라고 적었다.

수녀원 방문이 불편했다면, 그날 오후 두 번째 방문지는 더더욱 그랬다. 복잡한 도시의 낡은 건물들 사이에 끼어 있고, 테레사 수녀의 집 옆에 있는 한적한 골목에서, 그들은 힌두교의 삼위 신(브라마, 비슈누, 시바) 중 하나인 시바의 아내 칼리 사원을 발견했다. 이곳은 캘커타의 종교적 중심지로, 매일 오후 3시에 동물 희생 제사를 지내는 장소로 보였다. 소음과 향연 속에서 역겨운 남근 숭배를 비롯한 악마 숭배가 활발히 진행되고 있었다.

사탄의 숭배를 냉담하게 바라보는 것은 오싹한 경험이었다. 나는 더위와 질병으로 땀을 흘리면서도 속은 얼음장처럼 차가웠다. 마더 테레사가 그곳에서 사람들을 육체적으로 돕고 있었지만, 사탄의 지옥 같은 영역과 맞서지 않는 것은 슬픈 일이었다. 모든 것이 절망적이고 그리스도께 불경스러워 보였다. 구약성경에서 말하는 우상숭배를 실제로 본 것 같았고, 그것을 용인하는 형태의 기독교도 있었다. 참으로 그들은 평생 두려움에 얽매여 있는 사람들이었다.

칼리 사원에서 맥아더가 느낀 감정은, 시편 기자가 "주의 율법을 버린 악인들로 말미암아 내가 맹렬한 분노에 사로잡혔나이다"(시 119:53)라고 쓴 것과 비슷했다.

식사할 때 주의를 기울였음에도 첫날 저녁이 되자 매튜는 심한 복통, 오한, 구토 등의 증상을 보이며 매우 앓았다. 존은 옆 침례교회에서 교회지도자들과 회의를 마치고 돌아왔지만, 그날 밤 같은 증상으로 쓰러졌다. 다음 날은 두 사람의 결혼 25주년 기념일이었다. 방이 의무실처럼 변해 버린 두 사람의 기념일은 잊을 수 없는 날이 되었다. 세람포르에서의 약속은 취소해야 했고, 존은 필요한 경우를 제외하고는 침대에서 움직이지 않았다. 패트리샤도 복통이 있었지만, 친절한 간호사처럼 존을 돌보았다. 더위는 숨이 막힐 지경이었고, 창문을 열면 밖의 까마귀 같은 새들이 시끄럽고 흉측한 소음으로 공기를 가득 채우며 압박감을 더했다.

가끔은 집을 떠나 고립된 이런 삶이 끝나지 않을 것 같다는 생각이 들기도 했다. 이 상황은 온종일 밤낮으로 계속되었다. 약을 구하러 나가는 것 외에는 아무도 외출하지 않았다. 윌리엄 캐리가 캘커타에 왔을 때만 해도, 캘커타는 1,400만 명의 사람들로 인해 황폐해진 현 상태보다는 훨씬 더 조용하고 깨끗한 곳이었을 거라고 나는 확신한다.

화요일 밤은 그들이 캘커타에서 보낸 두 번째 밤이었지만, 훨씬 더 오래 머문 것 같았다. 이에 대해 그는 이렇게 썼다.

잠 못 이루는 또 하룻밤을 보내며 가족이 건강해지기를, 그리고 필리핀의 바쁜 일정을 위해 간간히 기도했다. 패트리샤에게 더 좋은 하루를 선물하지 못해 미안한 마음을 가진 채 교회, 장로, 성도, 많은 도움이 필요한 사람들, 학생, 라디오와 녹음테이프 사역, 사역의 동역자를 위해 기도했다.

8월 31일 수요일 아침이 되자, 그들은 조용히 다소 허리를 굽힌 채 시원하고 깨끗한 공기를 갈망하며 공항에 도착할 수 있었다. 마침내 방콕 행 태국 비행기에 탑승했을 때, 시원한 오렌지 주스가 하늘에서 내려온 듯한 맛을 선사했다. 방콕에서의 하룻밤은 수프와 음료 외에는 아무것도 먹을 수 없는 환자들의 회복을 도와주었다. 존의 일기에는 "신발을 버렸다. 오물과 악취로 뒤덮여 회복할 수 없었다!"라고 적혀 있다. 다음 날인 9월 1일 목요일, 캄보디아, 베트남, 중국해를 건너 마닐라에 도착한 그들은, 토요일 첫 만남을 앞두고 해안가에서 휴식을 취하며 시간을 보냈다.

지금까지 방문한 곳 중 마닐라의 기독교 사역은 존 맥아더의 사역을 가장 잘 알고 있는 곳이었다. 몇 년 동안 그의 설교는 필리핀 라디오 극동방송(FEBC)을 통해 전해졌고, 그레이스교회와의 개인적인 접촉은 그가 설교한 마닐라 두 교회의 시작을 촉발했다. 맥아더는 다양한 교파의 기독교인들이 하나 되는 모습과, 많은 청중이 대부분 젊은이라는 점에 감명 받았다. 어디서나 사람들은 열려 있고, 따뜻하고 행복하고 반응이 좋았다. 설교자가 필리핀의 제2차 세계대전 해방자인 더글러스 맥아더와 성이 같다는 사실은 그가 받은 환영의 열기를 더했다. 예정에 없던 책 사인회에서는 5천여 명의 인파가 몰려, 도우미가 그의 펜을 빼앗아 막을 수밖에 없었다.

필리핀에서 5일 간의 빡빡한 일정이었지만, 그의 가족은 수많은 신자의 특징을 깊이 인식하게 되었다. 존은 "교회는 평범하고 겸손한 사람들로 구성되어 있다"며, 그들 안에서 하나님의 은혜를 보았다.

마닐라에 이어 전체 여행 중 가장 기대되는 방문지 중 한 곳이 남아 있었다. 비행기가 섬, 푸른 바다, 산, 높은 건물이 함께 장관을 이루는 홍콩의 멋진 공항으로 착륙하면서, 중국에서 첫 주를 맞이했다. 처음 3일은 홍콩에서 보냈는데, 주로 중국 본토 전역에 복음을 전파하기 위해 서로 다른 방식으로 관심을 가진 개인들과의 모임이었다. 감옥에서 20년을 보낸 한 목사는 우한의 가정 교회에 대한 생생한 소식을 직접 전해 주었다. 또 다른 지도자인 조나단 차오는 문서 사역을 조직하고 있었고, 두 사람은 인터뷰를 진행하여 방송에 내보냈다. 차오의 소망은 중국 본토 라디오 사역을 위해 Grace to You 자료를 중국어로 번역하는 것이었다.

금요일에 그들은 모두 보잉 제트포일(제트엔진을 단 수중익 배-역자 주)을 타고 본토로 건너갔고, 각자 성경과 연구서적을 지참했다. 첫 번째 목적지는 마가오토, 램 목사의 복음주의 교회에서 진지하고 공격적인 전도활동으로 그들을 고무시켰다. 거대한 도시 지도에는 모든 동네가 표시되어 있었고, 그들에게 복음을 전하는 방법에 대한 메모가 있었다. 그러나 맥아더가 마카오에서 가장 소중히 여긴 시간은 중국 최초의 개신교 선교사 로버트 모리슨(1782-1834)의 무덤 앞에 섰을 때였다.

선교사가 허용되지 않았기 때문에, 그는 동인도 회사의 직원으로 왔다. 20년이 넘는 세월 동안 고독 속에서(먼저 세상을 떠난 아내와 아들의 무덤이 그의 무덤 옆에 있다) 홀로 다락방에 숨어 중국어 사전과 성경을 번역했다. 그의 묘비 옆에 서게 된 것은 매우 감동적인 경험이었다. 나는 그의 희생을 깊이 느끼고 그의 헌신을 묵상했다. 오늘날 지하 교회에 있는 수백만 중국 기독교인은 그의 노력의 결실이다.

강 하나와 4-5개의 검문소가 마카오를 '붉은 중국'[61]과 분리시켰다. 방문객들은 책을 들고 무사히 검문소를 통과했다. 북적이는 시장을 지나 복음주의자들이 일요일에만 사용할 수 있는 예배당 건물이 있는 공동묘지로 향했다. 일요일 외에는 문을 잠그고 사용하지 않았다. 이 건물에서 그들은 깨진 창문을 보았는데, 그 창문을 통해 책을 넣을 수 있었다. 그들은 이곳에 맥아더의 "그리스도의 몸 된 교회"(The Church the Body of Christ)와 중국어와 광둥어로 된 다른 책을 남겨 두었다. 그 지역의 신자들은 같은 방법으로 이전에 여러 책을 받았으며, 이러한 책 '드로핑 포인트'(dropping points)는 기독교 서적의 배포를 위한 일반적인 수단이었다.

도시를 뒤로하고 가이드의 안내에 따라 샛길을 통해 시골로 들어선 이들은, 뉴질랜드 이후로 본 푸른 언덕과 들판의 아름다움에 모두 놀라움을 금치 못했다.

우리는 잘 알려지지 않은 외딴 마을을 걸으며, 예상치 못하게 예고 없이 여러 집을 방문했는데, 아무리 가난해도 항상 따뜻한 차를 대접해 주었다! 대체로 아시아인들이 그렇듯 매우 친절했다. 그들은 에스더가 통역한 대로 우리와 함께 웃었고, 소박한 집을 보여주며 앉으라고 했다. 거기에 앉자 부엌과 모기장이 처진 널빤지 침대가 보였다.

인구 25만 명의 마을에서 삼자교회의 목사님을 만났다. 그는 신자이지만, 그의 교회는 완전히 정부의 통제를 받고 있었다. 이는 종교의 자유가 있다는 것을 세상에 보여주기 위한 수단이었다. 그런데 이 교회의 목사들은 나이가 많았다. 당국은 이 노인 세대가 사라지면 교회가 자연사하는 것처럼 보이기를 원했다. 반면, 가정교회 운동은 불법이지만 매우 생명력 있게 성장하고 있었다. 조나단 차오는 기독교인의 수를 약 5천만 명으로 추산했다.

그들은 토요일과 일요일에 있을 모임을 위해 홍콩으로 돌아왔다. 토요일에는 통역을 통해 100여 명의 목회자들을 대상으로 '진실한 사역의 20가지 특징'에 대해 말씀을 전했고, 이어서 귀중한 질의응답 시간을 가졌다. 마지막 일정은 다음 날 아침 구룡침례교회에서 열린 예배였다.

이제 투어의 마지막 일정만 남았는데, 이는 9월 11일 저녁 늦게 서울에 도착하면서 시작되었다. 공항은 환영하는 꽃다발과 현수막으로 가득했는데, 이는 그들을 위한 것이 아니라 곧 열릴 올림픽경기를 위해 세계 각지에서 도착하는 선수들을 위한 것이었다. 맥아더 가족의 한국 방문도 올림픽과 무관하지 않았다. 존은 앞으로 3일 동안 매일 아침 500-600명의 세계체육대회 대표단을 대상으로 동시통역과 함께 말씀을 전해야 했다. 그는 "나는 운동선수들과 이야기하는 것을 좋아합니다"라며 "특히 그리스도를 위한 사역에 진지한 선수들과 이야기하는 것을 좋아합니다"라고 말했다. 둘째 날 이후 그는 일기에 "명확하고, 간단하고, 직접적이고, 천천히 말하는 것이 중요했다. 나는 그렇게 하려고 노력했다"라고 적었다. 이들은 올림픽 경기장과 선수촌을 둘러보고, 그곳에서 미국 농구 대표팀과 선수단 목사들을 만났다. 그밖에도 고아원, 두 차례의 목회자 콘퍼런스, 군부대, 교회, 서울신학대학교 등을 방문하며 일주일의 시간을 보냈다.

서울에 대해 '깨끗하고, 현대적이며, 효율적이고, 아름다운 도시'라는 인상을 받은 시간이었다. 그러나 그에게 가장 깊은 인상을 남긴 것은 그가 만난 신자들이었다.

열심히 기도하고, 매일 QT 시간을 갖고, 찬양을 좋아하고, 물질만능주의가 아닌 기쁨을 추구하며 행복해하는 한국 기독교인들은 놀라웠다. 하나님은 정말 그들을 축복하셨다. 그들은 겸손하고 존경할 만하다. 아시아에는 아직 구원받지 못한 사람이 많기에, 아시아인들은 그들의 대륙에 복음을 전하기 위해 훈련받아야 할 중요한 자원이다. 우리는 서울에서 라디오방송을 해야 한다.

동시에 그에게 우려를 안겨준 몇 가지 특징도 있었다. 서울에 있는 소위 세계 최대 교회는 그에게 전혀 감흥을 주지 못했다. 예배가 격하고 시끄러우며, 기독교와 이교도 예배가 섞여 있는 듯했고, 번영과 치유에 초점이 맞춰져 있었다. 아주 흔하지만 더 미묘하고 사람들에게 쉽게 인식되지 않는 또 다른 위험인자가 있었다. 그것은 교육이 일종의 숭배 대상이 된 것이다. 기독교 사역을 위한 자격요건으로 학위를 지나치게 우선시하다 보니, 박사 학위는 일종의 신임장 같은 것이 되어, 박사 학위를 취득하려는 것이 중요한 문제가 되었다. 이와 함께 목회자에게 부여되는 높은 지위는 목회직을 희망하는 학생들이 필요 이상으로 교회를 많이 개척하도록 유도하는 요인이 되었다. 또 해외 학위 취득에 대한 열망으로 매우 많은 한국 신자들이, 한국에서 교회를 세운 사람들보다 훨씬 느슨한 방식으로 성경을 따르는 외국 학술 기관의 영향에 노출되었다. 맥아더 가족이 머문 게스트 하우스(아세아연합신학대학)에서 풀러신학교 출신 교수가 "심리학과 신학의 통합"을 주제로 세미나를 연 것이 그 한 예다.

9월 16일 맥아더와 그의 가족이 밤 비행기를 타고 집으로 돌아가는 동안, 그의 일기의 결론 부분에는 아직 써야 할 것이 많았다. 로스엔젤레스에 도착하기 2시간 반 정도 남았을 때 마지막 문장이 완성되었다.

747기의 창문 너머로 새벽이 밝아오는 동안 기도할 것이 많았다. 11시간의 비행 동안 한숨도 자지 못했다. 우리가 경험한 모든 것에 대해 생각할 것이 매우 많았다. 이 멋진 여행의 모든 경험이 우리의 삶과 사역을 풍요롭게 하고, 주님을 섬기는 데 큰 영향을 미치기를 기도한다.

✦

이 장을 마무리하려면 두 가지 언급해야 할 것이 있다. 맥아더는 8월 초부터 시작된 바쁜 몇 주 동안, 어떻게 그렇게 많이 잡혀 있는 집회의 메시지를 준비할 수 있었을까? 그 해답은 맥아더가 교회에 필요한 근본적인 주제에 관한 설교를 12편 정도 가지고 다니면서 반복하는 데 주저함이 없었다는 것이다. 그중 가장 많이 설교한 것은 시편 19편에 나오는 성경의 충분성과 권위에 관한 설교였다. 이와 관련하여 패트리샤의 필체로 남아 있는 유머러스한 메모가 있다. 이 메모는 여행 중 어느 시점에 예배 도중에 적혀 다른 가족에게 전달된 것으로 보인다.

> 마시는, 아빠가 도중에 어디가 아프면 아빠를 대신해 시편 19편을 설교할 수 있는 우리 일곱 명이 준비되어 있어요! 아빠가 아직 아프지 않지만, 예배가 끝날 때쯤 어깨 너머로 재채기와 기침이 쏟아진다면 시럽을 대령하겠습니다!

그러나 존은 이 주제를 우선시하는 데서 돌아서지 않았으며, 하나님에 대한 올바른 지식, 참된 회심과 일시적인 회심 등의 다른 주제에 관해서도 함께 설교했다. 이러한 설교는 여러 곳에 깊은 인상을 남겼다.

그의 일기를 보면, 교사로서뿐 아니라 배우는 자로서 이 순회 설교를 떠났음을 알 수 있다. 그는 모든 교회에서 존경할 만한 것을 발견했는데, '비참한' 인도에서는 많은 사람이 주님을 위해 희생한다고 언급했다. 필리핀에서는 신자들의 '겸손한 종의 마음'에서 미국인들이 무엇을 배울 수 있는지 보았다. 한국에서는 기독교인들에 대해 "우리는 그들에게서 많은 것을 배울 수 있다"고 말했다.

남반구와 동아시아 지역의 첫 방문은 지속적인 열매를 맺었고, 이는 주님의 축복이었다. 맥아더가 다시 방문하지 않을지라도, 그는 그곳에서 받은 인상을 결코 잊지 못할 것이다. 맥아더는 다른 사람들에 대한 부채 의식이 더 깊어졌고, 앞으로 몇 년 동안 전 세계로 사역을 확장하는 데 흔들림 없이 헌신할 것이다. 1969년 첫 번째 녹음이 보존된 번 루무스 집에 있는 방은 수백만 명을 돕는 문을 열어주었다.

SERVANT OF THE WORD
AND FLOCK

신학적 논란

   *The Gospel According to Jesus*는 맥아더가 1988년 태평양 횡단 순방 직전에 출간되어, 그의 순방 기간 동안 여러 목회자에게 선물한 책이다. 어떤 면에서 맥아더의 인생 중 가장 중요한 책이 되었는데, 몇 년 동안 맥아더에게 점점 더 절실해진 문제들을 한데 모은 책이었다.

   존이 무디출판사의 필 존슨에게 이 책의 제목을 처음 언급한 후 최종 출판까지 8년의 세월이 흘렀다. 한쪽으로 치워놓은 것은 아니었다. 서문에서 존은 "이 책은 거의 4년 동안 내 생각과 많은 시간을 소모했다"고 밝혔다. 또 이 책은 그레이스교회의 직원들 사이에서도 많은 논의의 주제가 되었다. 1986년에 부목사가 된 랜스 퀸은 수년 후 맥아더와 대화할 때 이 책의 일부를 회상했다.

당신의 가까운 동료 중 몇몇 사람이, 복음주의의 취약한 복음 제시가 함의하는 바에 대해 당신과 함께 생각하기 시작했습니다. 이런 식의 복음 제시가 똑같이 취약한 신학을 가진 책을 통해 강화되었고, 이런 현실이 당시 당신과 우리에게 큰 충격이었습니다. 우리는 진지하게 토론하고 반성하고 연구하기 시작했고, 마침내 1988년 존더반출판사에서 목사님의 중요한 책 중 하나인 The Gospel According to Jesus가 출간되는 것을 보았습니다.

이 책이 (필 존슨이 맥아더에게 약속한 대로) 무디출판사가 아닌 존더반이 출판했다는 사실에 대해서는 언급이 필요하다. 앞서 말했듯 무디출판사는 1982년에 이 책에 대한 계약을 체결했지만, 책을 집필하던 중 문제가 발생했다. 당시 무디출판사의 주요 저자는 달라스신학교의 찰스 C. 라이리였고, 그는 The Gospel According to Jesus가 반박하는 견해를 지지하는 중요한 인물이었다. 무디출판사는 이 책이 라이리의 말을 인용하고 그의 가르침을 비판한다는 사실을 알게 되자, 존에게 책의 내용을 완화하여 라이리와의 이견이 드러나지 않도록 할 수 있는지 물었다. 존이 그것이 불가능하다는 확신을 주자, 무디는 이 책으로 인한 위험을 감수하기보다는 저자 계약을 철회하는 편을 택했다.

The Gospel According to Jesus가 의심스러운 모험으로 여겨지는 데는 또 다른 이유가 있었다. 출판사들 사이에서는 교리를 다루는 책은 결코 큰 관심을 끌 수 없다는 생각이 관례가 되어 있었다. 맥아더는 "여러 출판사에서 이 책이 너무 교리 중심적이어서 팔리지 않을 거라고 경고했다"고 회상했다. 그러나 *The Gospel According to Jesus*는 베스트셀러가 되었다. 필 존슨의 말을 빌리면, 이 책은 '순식간에 세계적인 블록버스터'가 되었다. 맥아더는 서문에서 이렇게 썼다.

> 이 책이 토론을 촉발하고, 기도와 자기 성찰을 불러일으키며, 궁극적으로 보수적 복음주의 내에서 이러한 문제를 해결하도록 이끌 수 있기를 기도한다.

이 책의 주장이 거의 모든 성경대학과 신학대학원이 지지하는 복음 제시 방식에 의문을 제기한 것이라, 무디출판사가 우려했던 논란은 피할 수 없이 즉각적으로 일어날 수밖에 없었다. 존 H. 거스트너는 이 책의 출간 효과를 '교회의 지진'이라고 표현했다. 맥아더가 제시한 복음 설교의 사례는 당대의 가르침에 큰 도전을 주었기 때문에 이는 불가피한 일이었다. 맥아더는 서문에서 자신과 의견이 다른 많은 이들에게 경의를 표하며 '많은 이들이 나의 친구'라고 말했지만, 그 차이의 심각성을 강조했다.

> 예언, 세례 방식, 예배 스타일 등에 관한 질문 등 다른 논쟁은 더 많은 열기를 불러일으키고 더 많은 인쇄물을 양산했지만, 이는 실질적 문제와 무관하다. 복음은 그렇지 않다. 복음이 바로 핵심

이다.

맥아더의 주장은 현재의 가르침이 복음의 핵심을 미묘하게 변화시켰다는 것이다.

> 우리 사회의 복음주의는 죄인들에게 회개하라고 촉구하는 대신, 구원받지 못한 사람들에게 그리스도를 영접하라고 요구한다. 이는 죄인을 주권자로 만들고, 그리스도를 그들의 처분에 맡기는 것이다. … 이렇게 변질된 복음은 회심을 진정한 믿음, 회개, 순복, 중생을 포함한 삶을 변화시키는 마음의 변화가 아니라 '그리스도를 위한 결단'으로 묘사한다.[62]

이에 대해 맥아더는 진정한 회심에는 믿음 이상의 것이 필요하다고 주장했다. 구원받는 믿음에는 결코 거듭남이 없지 않으며, 개인을 '새로운 피조물'로 만들고, 이를 가능하게 하신 하나님의 영이 내주한다. 회심한 사람이 계속해서 세속적인 삶을 산다는 것을 설명하기 위해, 개인적인 거룩함 없이도 그리스도인이 될 수 있다는 대중적인 가르침이 있었다. 그는 예수를 구세주로 받아들였을지 모르지만 아직 '주님'으로 받아들이지는 않았다. 맥아더에게 이것은 성경에 어긋나는 것이었다. 죄의 생활 방식을 바꾸지 않고 죄인의 마음을 변화시키지 않는 구원은 진정한 구원이 아니다.[63]

그의 비평가들은 이 가르침을 '주재권 구원'(lordship salvation)이라고 불렀는데, 죄인의 칭의는 오직 그리스도를 믿는 '믿음'에 의한 것인데 반해, 도덕적 변화를 회심에 필요한 것으로 취급하는 것은 '행위'를 도입하는 오류라고 주장했다. 맥아더가 인용한 한 비평가의 말은 이러한 견해의 전형적인 예다.

> 한 구파(old-line) 세대주의 노선의 형제가 내게 이런 편지를 보냈다. "물론 예수님은 주재권적인 메시지를 가르치셨습니다. 그는 율법 아래 있는 백성에게 설교했습니다. 은혜 아래서 우리는 은혜의 메시지를 전할 때 조심해야 합니다."[64]

이 주제에 대한 광범위한 논쟁에서 이 문제는 종종 혼란스러웠다. 맥아더가 관찰한 바와 같이, 단편적인 표현(soundbites)에 익숙하고 신학이 거의 없던 시대에는 이 문제의 핵심이 무엇인지 이해하지 못했다. 칭의가 하나님 앞에서 법적 지위 변화 이상을 포함한다는 점을 무시한 일부 사람들은 맥아더가 믿음으로만 의롭다함을 받는다는 진리를 위태롭게 한다고 생각했다. 그들은 은혜가 회개와 새로운 순종을 통해 죄와의 결별을 확실히 보장한다는 사실을 가르치지 않았다. 참된 구원 신앙은 예수 그리스도를 믿는 회개하는 신앙이며, 이는 선행을 낳는다.

더 나아가 구원받은 사람은 죄 용서 이상의 것을 원한다. 그런 사람은 죄에서 구원받기 원하며, "나 자신으로부터 나를 구원해 주십시오!"라고 기도할 준비가 되어 있다.

구원은 자기 죄를 미워하는 사람들을 위한 것이다. 구원은 자신이 거룩하신 하나님께 반역하며 살아왔음을 이해하는 사람들을 위한 것이다. 구원은 하나님의 영광을 위해 살고자 하는 사람들을 위한 것이다.

개인이 이러한 인식을 갖게 하기 위해, 설교자들은 젊은 부자 관원을 다루신 그리스도의 모범을 따라야 한다. 전도는 죄인을 데려다가 하나님의 완전한 율법과 비교하여 그의 부족함을 보게 해야 한다.[65] 하나님의 율법이 요구하는 바를 자녀에게 가르치는 것을 두려워하지 말라. … 율법의 도덕적 기준은 죄가 무엇인지 이해하는 데 필요한 기초를 제공한다.[66]

회심에는 인간적인 면과 신적인 면이 있다. 인간적인 면에서는 복음의 약속이 즉각적인 회개와 그리스도에 대한 신뢰를 보장하지만, 죄에 대한 깨달음이 없으면 이런 일이 일어나지 않는다. 바로 이 지점에서 세대주의는 십계명에서 하나님 율법의 중요성을 놓쳤다. 율법은 자기 노력과 행위에 의한 구원을 의미한다고 가정했다. 그러나 그것은 결코 율법의 목적이 아니다. 율법은 하나님의 성품과 "네 마음을 다하며 목숨을 다하며 힘을 다하며 뜻을 다하여"(눅 10:27) 하나님을 사랑해야 할 인간의 의무를 계시함으로써 인간 죄의 심각성을 일깨워 준다. 율법은 회개를 요구하지만,

그리스도께서 회개를 요구하셨을 때는 죄인들에게 자기 개혁

을 요구한 것이 아니다. 사실 진정한 회개는 죄인인 자신이 절망적으로 죄의 속박에 빠져 있고, 스스로 변할 힘이 없음을 인식하는 데서 시작된다. 예수님이 보여주신 회개의 전형적인 예는 자신의 절망적인 처지를 깨닫고 회개한 세리였다. … 이 세리의 회심은 회개가 그리스도에 대한 단순한 의견 조정 이상의 것임을 보여준다. … 회개에 마음의 변화가 수반된다는 것은 의심의 여지가 없지만, 회개는 거기서 끝나지 않는다. 회개는 방향, 목적, 태도 그리고 애정의 변화다. 이 모든 것은 하나님의 은혜로운 중생 역사의 결과이며, 따라서 진정한 구원의 증거다.[67]

현대 복음 전도는 회심에서 인간적인 것과 신적인 것의 관계를 혼동하는 데서 잘못되었다. 인간은 회개하고 믿을 책임이 있으며, 둘 다 복음 설교의 필수적인 부분이지만, 이 두 가지 다 은혜의 선물이며 인간 본성의 가장 깊은 수준에서 변화가 일어나기 전까지는 발견되지 않는다. 그리스도의 구원의 시각(즉, 믿음)은 하나님의 주도권과 능력에 달려 있다. … 영적 시각은 하나님의 선물로, 믿을 수 있게 하고 기꺼이 믿게 만든다. … 영적 시각의 결과는 복종하고 예배하는 마음이다.[68]

맥아더는 회심에 도덕적 요소를 도입함으로써 은혜를 대체했다는 혐의를 받았다. 그와 반대로 그는 자신이 반대하는 가르침이야말로 은혜의 자리를 축소하는 것이라고 대답했다. 그것은 인간의 결심을 주된 사건으로 만들고, 구원을 죄인의 손에 맡기는 꼴이 되는 것이다. 그러나 구원하는 은혜는 그의 비평가들이 인식한 것보다 더 크다.

진정한 은혜는, 달콤한 순간에는 천국의 문을 열어주지만, 쓰라린 지금 여기서는 죄의 늪에 빠져 허우적거리게 만드는 거대한 공짜상품 그 이상의 것이다. 은혜는 하나님이 현재 우리 삶에서 역사하시는 것이다. "우리는 그가 만드신 바라 그리스도 예수 안에서 선한 일을 위하여 지으심을 받은 자니 이 일은 하나님이 전에 예비하사 우리로 그 가운데서 행하게 하려 하심이니라"(엡 2:10). … 그리스도인의 삶에서 계속되는 은혜의 역사는 칭의, 영화 또는 하나님의 구속 사역의 다른 어떤 측면만큼이나 확실하다.[69]

맥아더는 이전에 워필드가 채퍼에 대한 서평에서 언급한 문제를 이해하게 되었다. 그것은 프로테스탄트 종교개혁에서 재발견된 진리인 '신앙생활에서 하나님의 은혜 외에는 결정적인 힘이 없다'는 것이었다. 그러나 이 진리는 존 웨슬리의 실험실에서 비롯된 오류와 섞였다. 미국의 상황에서 맥아더는 채퍼와 많은 근본주의가 받아들인 오류를 더 정확하게 찰스 G.피니에게 거슬러 올라가 추적했다. 피니는 인간에게 타락한 본성이 없다고 가르쳤다.

그는 사람은 본성이 아니라 선택에 의해 죄인이 된다고 결론 내렸다. 따라서 그는 전도의 목적은 사람들이 다른 선택을 하도록

설득하는 것 또는 오늘날 많은 사람이 말하는 '그리스도를 위한 결단'이 되어야 한다고 믿었다.[70]

그는 구원을 위해서는 하나님의 주권적인 중생이 필요하지 않고, 오직 인간 의지의 행위가 필요하다고 가르쳤다. 맥아더가 계속해서 말했듯, 이것은 '제단 호출'(alter calls)의 전체 장치와 그것이 필연적으로 조장하는 값싼 믿음주의(easy-believism)로 이어졌다.[71]

앞에서 밝힌 바와 같이, 존 맥아더의 The Gospel According to Jesus의 후속 저서는 The Gospel According to Apostles(『구원이란 무엇인가』, 부흥과개혁사)다. 첫 책이 나오고 5년 후에 쓰인 이 책은 성경적 논거를 상당히 보강했다. 맥아더는 서문에서 유감을 표현했다.

> 대부분의 비평이 성경적 문제와는 아무런 관련이 없다. 일부 평론가들은 주재권 문제가 너무 분열적이고, 메시지가 너무 어렵고, 내 입장이 너무 독단적이라고 불평했다. 다른 평론가들은 의미론에 대해 논쟁을 벌이거나, 내 용어에 예외를 지적했다. 일부는 분노한 척하면서 The Gospel According to Jesus는 자신이나 친구 또는 그들 조직에 대한 부당한 개인적 공격이라고 주장했다.

달라스신학교의 신약학 교수이자 저명한 비평가인 제인 핫지스(Zane Hodges)는, 맥아더가 '청교도들의 오류'에 빠졌다고 생각했다. 핫지스는 청교도들이 종교개혁자들의 믿음에 의한 칭의 교리를 타락시켰다고 비난하며, 믿음과 확신에 대한 청교도들의 가르침은 '기독교 교회 역사에 비극적인 오점'이라고 규정했다.[72] 맥아더의 입장이 청교도들에게 의존한 것은 아니지만, 교회사를 읽으면서 그의 신념이 확고해진 것은 사실이다. 그는 이렇게 썼다.

> 수 세기에 걸쳐 성경을 믿는 기독교인들이 압도적으로 많았기 때문에, 이를 정통의 기본 교리로 여겨 왔다. 예를 들면, 이 교리는 모든 위대한 개혁주의 신조와 칼빈주의 신조에서 확증한 교리의 표준 교훈이다.[73]

그는 *The Gospel According to Apostles*의 부록에 이러한 주장을 기록했으며, 청교도들을 비판하는 일부 비평가들이 청교도들이 칼빈으로부터 이탈했다는 주장에 대해서도 답했다. 칼빈에게서 인용한 글은 맥아더(그리고 청교도)의 입장을 정확히 보여준다. 이 종교개혁자는 이렇게 썼다.

> 우리는 주님이 영원히 결합하신 것을 분리하지 않도록 주의해야 한다. 그렇다면 어떻게 해야 할까? 사람이 그분의 영에 의해 거룩한 삶으로 새롭게 되지 않고는, 그리스도의 공로로 의롭다 여겨질 수 없음을 배워야 한다. … 하나님께서는 의롭게 되지 않은 자에게는 은혜를 베풀지 않으신다.[74]

주재권 논란은 가라앉지 않았고 또 다른 논란으로 이어졌다. 맥아더가 1976년 고린도전서를 설교하면서 처음 직면한 주제와 관련된 것이었다. 캘리포니아는 여러 면에서 은사주의 운동의 출발점이었고, 1970년대 중반에 이르러 은사주의 운동의 주요 사상이 전국적으로 폭넓은 수용과 인기를 얻었다. 이러한 발전에 충격받은 맥아더는 고린도전서 설교에 은사주의 운동에 관한 시리즈를 포함시켰고, 1978년 "은사주의: 교리적 관점"(*The Charismatics: A Doctrinal Perspective*)이라는 제목으로 책이 출간되었다.

이 주제에 대한 가르침이 그의 교회에 정착하는 데는 성공했지만, 이 운동이 계속 확산되고 받아들여지는 것에 비해, 더 넓은 복음주의 현장에서는 그의 가르침의 영향력이 제한적이었다. 1979년에는 전체 미국인의 19퍼센트가 자신을 은사주의자 또는 오순절주의자라고 밝힌 것으로 알려졌다.[75]

1992년 맥아더는 *Charismatic Chaos*(『무질서한 은사주의』, 부흥과개혁사)라는 제목으로 초판의 내용을 수정하고 보완해 출간했다. 서문에서 그는 "주님을 진정 사랑하고 그분께 순종하고자 하는 많은 은사주의자로 인해 하나님께 진심으로 감사드린다"고 썼다. 그러나 그는 이런 감정이 이 문제에 대해 아무 말도 하지 않는 것을 정당화한다고 생각하지 않았다. 한동안 그는 새로운 가르침이 뒷문을 통해 복음주의를 위협하고 있다는 확신에 거의 혼자였던 것 같다. 그의 경우 계시적 예언에 대한 열정과 오늘날 사도들에 대한 열정이 성경의 유일성과 충분성을 무시했다는 것이다. 이 운동이 기적적인 은사의 갱신으로 신성한 인증받았다는 주장에 대해서는, 이적을 체험했다는 주장이 아니라 성경으로 시험하여 인증받아야 한다고 대답했다. 그는 현대의 많은 예언이 성경에 제공된 시험(신 18:21-22)으로 거짓임이 증명되었음을 지적했다. 그러나 은사주의 운동의 발기인들은 이 점을 간과했다. 성경과 교리가 아닌 느낌과 현상이 관심의 초점이 되었다. '성령세례'라는 중심 메시지는 성경이 이것을 지지한다고 내세웠지만, 은사주의 신앙은 '구원이 영적 승리에 필요한 모든 것을 제공하지 않는다. 우리는 여전히 부족하며 더 많은 것이 필요하다'고 주장하면서, 회심에 관한 성경의 가르침을 재구성하는 죄를 지었다.

맥아더는 이러한 생각에 도전하면서, 이 문제가 하나님을 더 많이 경험하는 것에 찬성하거나 반대하는 것이 아님을 보여주려고 노력했다. 문제는 그 경험을 어떻게 얻느냐에 대한 것이다.

생명이 없고 건조한 정통주의는 객관적 진리와 생생한 경험을 분리할 때 필연적으로 나타나는 결과다. 그러나 죽은 정통주의에 대한 해답은 경험 위에 신학을 세우는 것이 아니다. 진정한 경험은 건전한 교리에서 자라나야 한다. 우리는 우리가 믿는 것을 경험한 것에 근거해서는 안 된다. 그 반대여야 한다. 우리의 경험은 우리가 믿는 것에서 자라날 것이다.

오늘날 성령은 교회에서 강하게 역사하지만, 대부분의 은사주의자가 생각하는 방식으로 역사하는 것은 아니다. 성령의 역할은 우리가 설교하고, 가르치고, 글을 쓰고, 말하고, 증거하고, 생각하고, 봉사하고, 살아갈 때 우리에게 힘을 주는 것이다. 성령은 우리를 하나님의 진리 안으로 인도하고, 우리 삶에 대한 하나님의 뜻으로 인도하신다. 그러나 그분은 하나님의 말씀을 통해 그렇게 하시고, 결코 말씀을 떠나서는 그렇게 하지 않으신다. … '하나님이 말씀하셨다' '이것은 내 생각이 아니라 주님이 주신 것이다' '이것은 내 말이 아니라 주님께 받은 메시지다' 같은 문구를 사용하는 것은 오늘날 신자의 삶에서 성령의 인도하심에 대한 문제를 혼란스럽게 한다.[76]

맥아더의 사례는 은사주의 운동이 진정한 부흥으로 이어지기보다는 기독교인을 잘못된 방향으로 이끌고 있음을 보여준다.

진정한 부흥이나 정통신앙 운동은 어떤 식으로든 하나님께 사적인 계시를 받은 사람들이 주도한 적이 없다. … 새롭고 비밀스럽게 전수된 것에 대한 갈망이 하나님의 말씀 안에서 역사적 기독교의 확고한 신뢰을 대체했고, 이는 사탄의 가짜 초대를 초래한다.[77]

1992년에 '가짜'(counterfeit)라는 단어가 너무 강하다고 생각한 일부 사람들은, 1994년 토론토의 공항빈야드교회에서 이른바 '토론토 축복'이 일어난 후 그 판단을 수정했다. 이 현상을 옹호하는 사람들은 다시 한번 이 특별한 사건이 하나님의 역사적 증거라고 주장했다. 잡지 《카리스마》에 실린 한 기사에서는 "보통 저녁이면 수십 명이 바닥에 누워 있거나 구르거나 주체할 수 없이 웃는 모습을 볼 수 있다"고 전했다. 윌리엄 드 아르테아가는 그의 저서 "성령의 불을 끄는 자들"(Quenching the Spirit)을 통해 이러한 사건에 대한 비판을 잠재우려 했다. 그는 다른 토론토 지지자들과 함께 조나단 에드워즈 시대의 각성 운동에 호소하여, 토론토 공항빈야드교회에서 벌어지고 있는 일을 정당화했다. 그러나 맥아더는 에드워즈에 대한 진정한 호소가 그 반대임을 증명할 수 있었다. 조나다 에드워즈만큼 신비적이고 감정적인 것이 성경의 시험을 대체하는 데 반대한 사람이 없었기 때문이다.

이 장에서 다룬 논쟁은 관찰이 필요하다. 북아메리카 인디언은 강을 따라 여행할 때, 위험한 급류가 시야에 들어오기 훨씬 전 이를 감지할 수 있다고 한다. 다른 사람들이 위험을 보기 전에 미리 알아차리는 것이 기독교 지도자의 임무다. 이것은 오류에 대한 관용이 거의 미덕으로 여겨지는 시대에 맥아더의 사역에서 매우 필요한 특징이었다.

그는 주재권 논쟁의 주요 쟁점이 교회의 건강과 밀접한 관련이 있다고 보았다. 회심할 때 그리스도의 주 되심을 인정하지 않아도 되는 것처럼 말하는 가르침은, 하나님의 율법이 설 자리가 없게 만드는 사고에서 비롯된 것이다. 그러나 바울은 율법이 은혜에 반하는 것이 아니라, 복음으로 "율법을 굳게 세우느니라"(롬 3:31)고 확언했다. 그리스도는 "우리에게 율법의 요구가 이루어지게 하려" 죽으셨다(롬 8:4). 다시 말해, 구원의 목적은 율법의 거룩함 속에 드러난 하나님의 형상을 닮은 인간을 회복하는 것이다. 분명 '율법에서 벗어났다'는 것은 그리스도를 통해 율법의 정죄에서 벗어났다는 것을 의미한다. 그리스도께서 신자들을 대신해 율법의 요구와 형벌을 성취하셨기에, 율법은 신자들을 위한 칭의의 근거가 될 수 없다. 그러나 율법이 보여주는 도덕적 완전성은 여전히 삶의 규칙으로 남아 있다. 그런 의미에서 율법에서 면제되는 것은 전혀 축복이 될 수 없다. 맥아더는 '그리스도 안에 있는 사람들은 더 이상 율법의 궁극적인 형벌 아래 있지 않지만, 율법이 요구하는 의로움에서 자유롭지는 않다'는 진리를 다른 사람들이 거의 말하지 않을 때 이미 깨달았다.[78]

그는 회심에 대한 잘못된 가르침이 율법을 등한시함으로써, 교회에서 피상적인 그리스도인의 삶과 세속성을 불러일으키는 것을 보았다. 하나님께서 순종을 요구하시고 불순종을 벌하신다는 사실을 듣지 못한 사람에게 은혜의 복음을 전할 수 없다. 이러한 가르침이 없었기에 복음주의자들 사이에는 죄의 심각성에 관심을 기울이지 않는 가벼운 마음이 일반화되었다. 이러한 상황은 교회 역사에서 새로운 것은 아니지만, 이러한 현상에 대한 오래된 용어는 오랫동안 잊혀 왔다. 맥아더는 '주님 없는 신학은 전형적인 반율법주의'(율법폐기론, antinomianism [*anti-nomos*=anti-law])라는 올바른 단어를 되살렸다. 이런 사실을 피할 길은 없다.[79]

문제는 대부분의 사람들이 하나님을 두려워해야 할 존재로 생각하지 않는다는 것이다. 그들은 그분이 교만한 자를 미워하시고 악인을 벌하신다는 사실을 깨닫지 못한다. 그들은 그분의 은혜를 당연시한다. 그들은 하나님이 어떻게 생각하시는지보다 사람들이 어떻게 생각하는지를 더 두려워한다.[80]

맥아더는 은사주의 운동의 배후에 있는 가르침에 반대하는 발언을 했을 때, 대중의 흐름에 반하는 발언을 한 것과 같았다. 대부분의 복음주의자는 이견이 있더라도 논쟁의 대상이 될 수 없다고 생각했다. 그리고 많은 사람이 시간이 지나야 이 운동이 유익한지 아닌지를 판단할 수 있다고 생각했다. 반면, 맥아더는 성경의 가르침만으로도 이 주제에 대해 건전한 판단을 내리기는 충분하다고 믿었다. 그는 또 은사주의적 신앙의 특징이 20세기에 새롭게 등장한 것이 아님도 알고 있었다. 은사주의적 신앙은 교회 역사에서 여러 차례 등장했으며, 항상 단기적인 흥분과 궁극적인 혼란을 유발했다. 현대 복음주의가 교회의 역사에 무관심했기 때문에, 은사주의적 사고가 발전하고 있었다.

오래된 확신은 세대를 거쳐 복음주의자들이 확증해 왔다는 이 유만으로, 자동적으로 의심받는 경우가 많다. 요즘은 모든 것에 의문을 제기하는 게 유행이다.[81]

맥아더가 경고한 핵심은, 은사주의적 사고가 사람들에게 하나님의 말씀 대신 비범하고 감각적인 것을 바라보도록 가르친다는 것이다. 계시적 은사라는 현대의 주장으로 인해, 하나님이 성경에서 말씀하신다는 최종성이 훼손되고 있다. 많은 분야에서 경험이 진리보다, 감정이 생각보다 우선시 되었고, 그 결과 신약의 가르침에 대한 신중한 관심이 거의 없다. *Charismatic Chaos* 외에도 맥아더의 매우 중요한 저서 중 몇 권이 이러한 위험에 대해 다루고 있다.[82]

이러한 논쟁을 통해 맥아더가 확인한 것은, 많은 복음주의자가 어떤 것을 믿거나 피하는 것이 대개 성경 외의 다른 영향에 의해 결정된다는 사실이다. 진리에 대한 열정은 더는 기독교인의 특징이 아닌 게 되었다. A. W. 토저는 1963년 사망하기 전 이런 풍조에 관해 언급했다.

지금은 포용력이 없다는 평판을 듣지 않기 위해 무엇이든 용납하는 것이 유행이다. 마음 약한 성도는 아각이 죽임당하는 것을 볼 수 없어서 차라리 오류와 악을 용인함으로써 교회의 건강을 희생시키는 것을 선택한다. 그리고 이것을 기독교적 사랑이라는 이름으로 행한다.[83]

맥아더는 논쟁의 여지가 있는 문제가 제기될 때 '침묵의 강령'을 택하는 설교자가 많다는 사실에 슬펐다. 그들은 "우리는 형제들 사이의 평화와 그리스도의 몸 안에서 연합을 지키기 위해 최선을 다하고 있다"는 말을 남겼다. 그는 "얼마나 많은 기독교인이 은사주의 운동에 성경적 근거가 부족하다고 생각하면서도 큰 소리로 말하기를 꺼리는지 깨닫고 놀랐다"고 썼다.

어떤 교리 또는 성경적 문제에 대해 타협하지 않는 견해를 취한다면, 아무리 평화롭게 주장을 펼치더라도 고집스럽고 불친절하고 무정하고 논쟁적이고 사랑스럽지 않다고 비난하는 목소리가 거의 예외 없이 합창하듯 터져 나올 것이다.[84]

동시에 논란이 있어야 할 때는 상대방에 대한 욕설이나 악의, 독설이 없어야 한다고 주장한다.[85] 솔직히 맥아더는 논쟁을 좋아하지 않는다. 맥아더를 개인적으로 아는 사람들이 그가 논쟁을 즐기지 않는다는 것을 증명할 것이다.[86] 그는 또 겸손이 언제나 필요하다고 경고한다.

우리는 다른 사람의 잘못의 경중을 판단할 때 정말 신중해야 한다. 피상적으로 판단해서는 안 된다. 우리는 자신이 오판과 오류를 범하기 쉽다는 것을 기억해야 한다. "우리가 다 실수가 많으니"(약 3:2).

그러나 '믿음을 위해 힘써 싸우는 것'은 선택 사항이 아니다. 신실한 목회자는 경고하고 인도하는 일을 해야 한다. 그는 긍정적일 뿐 아니라 부정적인 태도도 취해야 한다. 그리고 현장을 다른 사람에게 맡길 수 없다. 어떤 이들은 맥아더의 저서를 훈련받지 않은 평신도를 위한 책이라고 폄하하며, 마치 평신도 수준의 그리스도인이 가장 중요한 존재가 아닌 것처럼 말한다. 이에 대한 그의 언급은 다음과 같다.

> 교리는 신학교 교수들의 전유물이 아니다. 모든 참된 그리스도인은 건전한 교리를 이해하는 데 관심을 가져야 한다. … 교리는 신앙의 체계를 형성하여 행동을 통제하고 강제한다.[87]

스펄전은 "이 시대에 하나님에 대한 신실함과 인간 사이의 형제애를 지키기는 매우 어렵다"고 썼다. 둘 다 지킬 수 없다면 전자를 우선시해야 하지 않겠는가? 우리는 그렇게 생각한다.[88] 존 맥아더는 이 인용문에 스펄전의 다른 말을 덧붙였다.

당신과 내가 진리를 희생하면서까지 우리의 영향력과 지위를 유지해야 할 이유가 무엇이겠는가? 최대의 선을 얻기 위해 약간의 잘못을 저지르는 것은 전혀 옳지 않다. … 당신의 의무는 옳은 일을 하는 것이다. 결과는 하나님께 달렸다.[89]

SERVANT OF THE WORD AND FLOCK

10

패트리샤 맥아더

가정에서는 헌신, 성실함, 일관성이 가장 중요하다. 가정은 가장 큰 위험이 따르는 곳이기도 하며, 가장 큰 축복이 실현될 수 있는 곳이기도 하다. 하나님을 경외하는 방식으로 자녀를 양육하고, 그 자녀가 성장하여 하나님을 공경하는 것을 보는 것보다 더 큰 지상 축복은 없다.[90]

이런 말은 목회자와 그 가족이 이 같은 축복을 누리고 있다는 것을 회중이 모두 아는 상황에서 더 큰 확신을 준다. 존 맥아더는 크리스천의 가정생활에 대해 많이 말해 왔고, 선 밸리 교회는 그가 말한 것을 이제까지 보아왔다. 위의 글이 인쇄될 무렵 맥아더의 네 자녀는 모두 성인이 되어, 그는 "주님의 교양과 훈계로 양육하기 시작하는 것을 보는 것은 기쁨"이라고 쓸 수 있었다.

경건한 가정은 축복을 받으며, 그 축복을 책임지는 첫 번째 사람은 그리스도인 아내와 어머니다. 가정에서 권위는 남성에게 있지만, 영향력은 여성에게 있다. 어머니는 아버지보다 어린 생명을 처음부터 형성하고 다듬는 사람이다. 이 말을 아버지의 영적 영향력이 최소한이라는 의미로 이해해서는 안 된다. 존은 아이들이 자랄 때 항상 가족기도회에 함께했고, 이에 대해 이렇게 썼다.

> 29년 전 결혼 초기부터 패트리샤와 나는 그리스도와 더 깊이 동행하기 위해 건강한 개인 습관을 만들 뿐 아니라, 가족의 삶 속에서도 그러한 습관을 들이는 데 전념했다. 우리와 네 자녀에게 아침 식탁은 가족의 영적 모임 장소였다. 우리는 매일 아침 식탁에 둘러앉아 아침 식사를 하고 하나님의 말씀을 읽으며 하루를 시작했다. 아이들은 패턴을 빨리 알아차리기 때문에, 우리가 주님의 일을 얼마나 진지하게 받아들이고 있는지 곧 알게 되었다.[91]

패트리샤에게 자녀는 삶에서 우선순위였다. 패트리샤는 노년에 "나는 아이들을 그 무엇이나 누구를 위해서도 희생시킨 적이 없다"고 말했다. 아이들이 어렸을 때의 시간은 다시 돌아올 수 없다. 그러나 자녀에 대한 헌신이 훈육의 부재를 의미하지 않는다. 아이들이 어렸을 때 많은 것이 아이들의 결정에 맡겨지지 않았다. 각자 해야 할 일이 있었고, 주일은 교회와 영적인 것을 위한 날이었으며, 친구 관계는 부모의 통제를 받았다. 극장 관람, 저속한 잡지, 밤샘 파티(sleep-overs), 침실에서 텔레비전 시청 등 많은 문제에 대해 "아이들은 선택의 여지가 없었다"고 패트리샤는 말한다. 패트리샤는 아이들이 어린 시절부터 행동에 대한 신념을 배우게 하는 것이 자신의 책임이라고 생각했다.

맥아더의 자녀들은 장수한 조부모의 축복을 받았다. 외할아버지 데일 스미스는 99세까지 살다가 2009년에 하나님의 품에 안겼다. 존은 데일 스미스를 '엄청난 본보기'라고 말했다. 패트리샤의 어머니인 로레인 스미스는 2001년 5월에 돌아가실 때까지 모든 가족에게 든든한 버팀목이 되어주었다. 아이린 맥아더는 1999년 2월 애리조나에 있는 딸을 방문하던 중 갑작스럽게 돌아가셨다.[92] 할아버지 잭 맥아더는 2005년 6월 15일, 91세의 나이로 하나님의 부르심을 받았다. 그해 1월에 잭 맥아더는 이전에 담임목사로 섬겼던 유진제일침례교회에서 주일학교 가르치는 일을 마무리했다. 존은 생의 마지막 한 달 동안 그와 함께했으며, 추도식에서 그를 다음과 같이 언급했다.

> 내가 본 목회자의 첫 모델 … 죽는 날까지 그의 삶과 사역에 책망할 만한 것이 없었지만, 자신의 죄인 됨과 하나님의 은혜가 필요하다는 것을 알고 있었다. 아버지는 신념과 행동, 인품에서 주님을 위해 서는 것이 얼마나 중요한지 일깨워주셨다.

존과 패트리샤는 모두 어머니의 역할이 가장 중요하다고 생각하지만, 행복한 크리스천 가정의 핵심은 어머니의 역할이 아니다. 그것은 결혼 관계 자체에 있다고 강조한다.

남편과 아내의 사랑이야말로 번영하는 가정의 진정한 열쇠다. 올바른 가정은 결혼을 중심에 두고 있으며, 가정이 자녀 중심으로 돌아가지 않아야 한다. 또 결혼 관계를 통해 자녀에게 전하는 메시지는 자녀의 삶에 영원히 남게 된다. 어머니와 아버지가 서로 대하는 모습을 보면서 아이들은 사랑, 자기희생, 진실, 미덕, 동정, 연민, 이해, 용서 등 인생의 가장 근본적인 교훈을 배울 것이다.[93]

그렇다고 해도 이것이 기본은 아니다. 두 그리스도인의 결혼은 먼저 예수 그리스도에 대한 헌신이고, 그다음이 서로에 대한 헌신이다.[94] 그래야 여성의 경우 '천국, 남편, 가정에 대한 사랑'이라는 올바른 우선순위를 가질 수 있다. 이것이 사실인 가정에서는 창조의 본래 목적이 성취되고 있는 것이다.

하와는 아담의 조력자, 즉 아담의 곁을 지키고, 그를 지지하고 격려하며, 그와 함께 일하도록 창조되었다. 아내로서 하와의 역할은 남성에게 베푸신 하나님의 놀라운 은총의 표징이었다.

하와는 단순히 아담을 섬기기 위해 만들어진 열등한 존재가 아니라, 그의 영적인 상대이자 지적으로 동등한 존재였으며, 모든 면에서 완벽한 배우자이자 동반자였다.[95]

존 맥아더에게 아내는 아담에게 처음으로 주어진 선물만큼이나 진정한 하나님의 선물이었다. 패트리샤가 없었다면 그의 삶과 사역은 그 같을 수 없었을 것이다. 그는 아내를 의지하고, 아내는 그를 의지한다. 2003년 결혼 40주년 기념일에 그는 이렇게 편지를 썼다. "하나님은 패트리샤를 통해 우리 가정을 사랑과 은혜, 친절로 채워 주셨다. 그분은 내게 경건한 파트너이자 매일의 기쁨과 지지, 책임감의 원천을 제공해 주셨다."

누구와 결혼하는지가 회심 다음으로 중요하다면, 목회자에게는 두 배로 중요하다. 존 왓슨은 이 점에 대해 목회자 후보생들에게 조언하면서, 모든 남성에게 "아내를 선택할 때 가장 신중해야 한다. 아내가 단순히 편안함뿐 아니라 사역에 도움이 될 수도 있고 방해가 될 수도 있다"고 경고했다. 그는 이어서 말했다.

> 좋은 아내는 모든 중요한 문제에 대해 남편에게 조언하고, 종종 남편의 성급한 말을 자제시키며 … 지치고 낙담하고 짜증난 남편을 받아주고, 다시 강하고 희망차고 다정한 성품으로 내보낸다. 여자는 그림자 속에 있고 남자는 공개적으로 서 있으며, 여자가 죽고 남자가 혼자 남겨질 때까지는 사람들이나 그 자신이나 그녀

가 어떤 사람이었는지 알 수 없다.⁹⁶

맥아더는 왓슨의 말이 진실하다는 것을 의심하지 않았을 것이다. 오히려 그는 스펄전과 함께 이렇게 말했을 것이다.

> 진정한 아내는 남편의 더 나은 반쪽이며, 그의 아름다운 꽃이며, 그의 마음의 보물이다. 남편은 아내와 함께 지상의 천국을 발견하고, 아내는 가정의 빛이자 영혼의 위안이다.⁹⁷

탈봇 학생잡지 《타이거 테일》(1980년 2월호)에 실린 인터뷰에서 패트리샤 맥아더는 "친근하고 개방적이며 활기찬 사람"으로 묘사되었다. 당시 패트리샤가 교회에서 맡은 역할은 매주 여집사 모임을 인도하고 신학생들의 아내를 돌보는 일이었다.

그러나 패트리샤는 자기가 맡은 첫 소명은 가족에게 안전하고 평화로운 가정을 제공하는 것이라 생각했다.⁹⁸ 그녀는 기독교 사역을 준비하는 후배 젊은이들에게 말과 모범을 통해 자신의 우선순위를 전수했다. 이미 언급한 《타이거 테일》 인터뷰에서 패트리샤는 이렇게 말했다.

> 자녀 넷을 키우면서 집을 내 기준에 맞게 유지하는 것은 큰 일

이다. 우리는 모두 '목회자 자녀'에 대한 이야기를 들어봤다. 반항적인 아이들은 목회자의 사역을 무력화시킬 수 있다. 나는 우리 아이들이 존의 사역을 명예롭게 하는 아이들이 되기를 바란다.

1980년대에 신학대학원 학생의 아내이던 베스 퀸은 패트리샤 맥아더에게 여러모로 감사를 표했다. "패트리샤 사모님의 우정에 감사하고, 언제든지 맥아더 목사님과 사모님에게 가까이 다가갈 수 있게 해주셔서 감사하고, 숨기는 것 없이 정직하고, 성경적으로 질문에 답해 주셨고, 저희 가정의 기쁜 일과 힘든 일 그리고 사역에서 만나는 문제에 대해 우리 가정을 위해 기도해 주셨고, 그냥 당신으로 있어주셔서 감사합니다."[99] 신학대학원 학생들도 패트리샤에게 배운 것이 있다. 그중 한 명인 톰 페닝턴의 말이다.

당신은 아내가 우리의 가장 믿을 만한 친구이자 가장 도움이 되는 비평가이며, 가장 현명한 상담자가 될 수 있다는 모범을 보여주었습니다. 특별한 도움이 필요한 사람들에 대한 당신의 한결같은 온화함을 통해, 순수하고 흠 없는 종교는 가장 취약하고 도움이 필요한 사람들을 돌보는 것임을 가르쳐주셨습니다.[100]

패트리샤는 젊은 목사의 아내였을 때 모든 것을 한꺼번에 배운 것은 아니라는 사실을 숨기지 않았다. 예를 들면, 남편의 시간이 항상 그녀의 것만은 아니라는 사실을 즉시 받아들이지 못했다.

내가 원할 때 남편의 관심을 받을 수 있는 것이 아니었고, 내가 원할 때 그가 함께하지 못하는 것을 불평하곤 했지만, 내 남편은 영원한 문제를 다룬다는 사실을 깨달았다. 남편은 성령께서 주시는 기회를 따라 자유롭게 움직일 수 있어야 한다.

설교에서 아내와 가족을 언급하는 것은 존 맥아더의 습관이 아니며, 어떤 목사도 그렇게 해서는 안 된다. 그러나 우리는 그의 가정에 대해 충분히 알고 있기에, 그가 가정생활에서 가르친 원칙이 실천되었다는 것을 알 수 있다. 예를 들면, 아내가 남편에게 복종해야 한다는 성경의 가르침에 대해, 그는 그것이 무엇을 의미하지 않는지 조심스럽게 설명한다. 그것은 아내가 자신의 개성을 잃거나 자기의 의견을 포기하는 것을 의미하지 않는다.

가족이 어디에 살아야 하는지, 어떤 직업 제안을 받아들여야 하는지, 가족이 이런 활동이나 저런 활동에 참여해야 하는지 또는 기타 유사한 결정에 대해 남성이 아내의 조언 구하는 것을 금지할 수 있는 것은 없다. 사실 이러한 문제에 대한 아내의 의견에 관심이 없는 남편은 어리석고 무관심한 남편이다. 그러나 최종 결정은 궁극적으로 남편의 특권이다. 남편은 가족의 청지기로서 하나님께 책임져야 할 사람이기 때문이다.[101]

가정에서 패트리샤는 존의 삶과 사역에 자기 영향력을 행사한다.

그녀는 다른 누구도 할 수 없는 변화를 제안할 수 있다. 1980년에 그녀는 "나는 아직도 존에게 가끔 가족을 위해 시간을 내라고 상기시킨다"고 말했다. 휴식을 취할 충분한 기회를 제공하는 것도 그녀의 역할 중 하나였다. 가족의 저녁 시간은 함께 둘러앉아 이야기를 나누거나 게임하는 시간이었다. 아이들이 학교에서 운동경기를 하는 날이면 존은 누가 시키지 않아도 열정적인 구경꾼이 되었고, 나중에는 그가 가장 좋아하는 운동인 골프에 아들들이 합류하기도 했다.

충실한 아내는 예기치 않은 상황에서 패트리샤가 그랬던 것처럼, 남편에게 겸손을 일깨워줄 기회를 가질 것이다. 어느 날 아침 6시, 부부는 잠에서 깨어났다. 남부 캘리포니아에서는 지진이 드물지 않지만, 리히터 규모 6.8의 진동은 일반적인 진동이 아니었다. 존은 나중에 이렇게 묘사했다.

문이 요란하게 흔들리고, 아이들은 침대에서 튕겨 나왔으며, 라디오 뉴스 앵커는 우리 집 위쪽의 댐이 무너져 모두 대피해야 한다고 보도했다. 하나님의 섭리 덕분에 우리가 잃은 것은 운동경기 트로피로 가득한 선반뿐이었다. 서재에 들어가 보니 내 오래전 미식축구 영광의 상징이었던 트로피들이 바닥에 산산이 부서진 채 쌓여 있었다.

그 장면을 보며, 아내는 이 기회를 이용해 하나님은 겸손한 자를 축복하신다는 사실을 상기시켜주었다.[102] 결코 가벼운 농담이 아니었다. 이 조언을 뒷받침하기 위해 아내는 몇 년 전 그를 위해 '네 하나님과 겸손히 동행하라'는 글귀를 바늘로 수놓아 주었다. 그는 이 글귀를 서재 책상 앞에, 눈높이에 맞춰 걸어 두었다.

가끔 친한 친구들이 맥아더 부부를 방문할 때, 패트리샤가 "이봐요, 조니, 그건 아니지"라고 말하고 그가 수긍하는 것을 보면 즐거워하곤 했다. 존은 패트리샤의 판단을 존중하며, 집안 살림 대부분을 기꺼이 맡겼다. 존이 의존하는 패트리샤 성격의 한 가지 특징은 교인 개개인의 필요 사항을 잘 알고 있다는 것이다. 패트리샤는 어린 시절 가정에서도 타인에 대한 봉사의 중요성을 잘 알고 있었다. 패트리샤의 자매 중 두 명은 선교지로 떠났다. 더 이상 그레이스교회에서 여집사 모임을 인도하지는 않았지만, 그녀의 실행에는 아무런 변화가 없었다. 맥아더는 "그녀는 사람들을 섬기는 데서 힘을 얻는다"고 말한다.

그녀는 내 서재에 들이의 아픈 사람, 특별한 도움이 필요한 사람, '감사합니다'라고 인사해야 할 사람, 내가 어떤 반응을 보여야 할 사람의 목록이 적힌 종이를 놓고 가곤 했다. 그러고는 이 사람들에게 편지를 쓰거나 전화해 달라고 말했다. 패트리샤는 내가 느끼지 못하는 방식으로 느낀다. 내가 사람들의 삶에 계속 관여할 수 있는 것은 주로 패트리샤 덕분이다.

1980년 당시의 일상적인 시간표를 설명하면서, 패트리샤는 "나는 매우 평온한 삶을 살고 있어요. 조니는 아침에 아이들을 학교에 데려다주고 오후 5시에 돌아오죠"라고 말했다. 약 10년 후, 남편이 서재를 교회에서 집(지금은 교회에서 20분 거리에 있는 시골 지역)으로 옮기면서 이 일상에 큰 변화가 생겼다. 교회에서는 존이 설교 준비와 공부에 필요한 사생활을 확보하기가 점점 더 어려워졌다. 책을 옮기는 데는 약간의 어려움이 따랐지만, 행복하게 정착한 후 예상치 못한 새로운 문제가 발생했다.

패트리샤는 "당신이 집에 오니 너무 좋아요"라고 하며 점심을 만들어주고 차도 가져다주겠다고 말했다. 물론 전화벨이 울리고 아이들이 돌아다니기 때문에 서재 문을 닫아 두어야 했다. 가끔 서재에 올라와서 평소와 같이 행복한 표정으로 관찰하거나 "여보, 뭐 하나 물어봐도 돼요?"라고 묻곤 했다. 그러면 나는 잠시 멈칫하다가 "뭘 원하는데?"라고 물었다. 맛있는 음식을 준비해 왔다가 내 투덜거리는 소리만 들을 때도 있었다. 며칠 동안 이런 일이 반복되자 아내는 "당신이 교회로 돌아가는 것이 우리 결혼생활에 더 좋을 것 같아요"라고 말했다. 아내는 화를 내지는 않았지만, 내가 곁에 있으면서도 함께하지 못하는 새로운 상황에 상처받았다.

자신의 반응이 적절하지 않았다는 걸 존이 깨닫자 모든 것이 안정되었다!

1992년 7월 말, 그들은 자신이 믿고 또 다른 사람들에게 가르친 믿음이 시험받는 시련을 겪었다. 어느 날 오후 존은 골프장에서 다른 사람들이 합류하기를 기다리고 있었다. 장남 매튜가 혼자 타고 오고, 패트리샤가 메린다와 함께 뒤따라오고 있는 것을 기다리고 있었다. 그들은 구불구불한 4차선 도로를 달리고 있었는데, 매튜는 어머니의 차가 안쪽 차선 옆의 부드러운 흙을 밟고 공중에서 뒤집히는 것을 목격했다. 사고의 심각성은 순식간에 드러났다. 엄마와 딸의 응급치료를 위해 헬리콥터가 떠야 했다. 존은 전화를 받았고, 나중에 그 전화를 '인생이 갑자기 바뀌는 순간'이라고 표현했다. 자세한 내용은 알려주지 않았고, 패트리샤가 중상을 입어 존이 있는 곳에서 약 1시간 떨어진 병원으로 이송 중이라는 말만 들었다.

나는 골프채를 골프연습장에 그대로 두고, 곧바로 차를 타고 병원으로 향했다. 병원까지 한 시간 동안의 운전은 내 기억 속에 영원히 지워지지 않을 것이다. 수천 가지 생각이 머릿속을 가득 채웠다. 패트리샤를 살아서 다시는 보지 못할 수도 있다는 생각까지 들었다. 패트리샤가 없다면 내 삶에 얼마나 큰 구멍이 생길지 생각했다. 그리고 수년 동안 내 삶과 사역에서 그녀가 얼마나 중요한 역할을 해왔는지 되돌아보았다. 패트리샤 없이 어떻게 살아갈 수 있을지 의문이 들었다. 우리가 처음 만났을 때, 서로 사랑하게 된 과정, 그리고 함께한 수많은 작은 일들이 떠올랐다. 나는 그녀를 지키기 위해서라면 무엇이든 할 수 있었지만, 이제 그 선택은 내가 할 수 있는 것이 아님을 깨달았다.

내 마음속에 떠오른 질문은 '어떻게 살아갈 것인가'였다. 패트리샤가 하던 모든 역할을 어떻게 해낼 것인가? 아이들은 어떻게 할까? 오직 패트리샤만이 채워줄 수 있는 아이들의 욕구를 나는 채워줄 수 없다. 손주들은 어떻게 할 것인가? 그녀가 없으면 우리 가족의 삶은 어떻게 될까? (패트리샤는 우리 가족을 하나로 묶어주는 접착제 같은 존재였다). 그것은 하나의 큰 미스터리였고, 나는 패트리샤가 하는 일을 대신할 수 있는 사람은 아무도 없다는 사실을 잘 알고 있었다. 그러나 나는 단 한 번도 하나님이 우리를 책임지신다는 사실을 의심한 적이 없었다. 그런 생각은 한 번도 해본 적이 없지만 이번에는 흔들렸다. 만약 그녀가 세상을 떠난다면 우리는 도대체 무엇을 해야 할까, 어떻게 삶을 다시 꾸려 나갈까?

초자연적인 평화가 내 영혼을 가득 채웠다. 내 슬픔, 비애, 불확실성, 두려움이 모두 그 안식 같은 평화에 감싸였다. 나는 패트리샤와 내가 주님의 손안에 있다는 것을 알았고, 그곳은 그 상황에서 내가 안전하다고 느낄 수 있는 유일한 곳이었다.

응급실에 도착했을 때, 메린다는 심한 타박상과 피부에 열창을 입었지만, 중상을 입은 것은 아님을 알게 되었다. 메린다는 심하게 충격을 받았지만 위험한 상태는 아니었다.

의사가 나와서 패트리샤의 부상 상태를 설명해 주었다. 패트리샤는 목이 부러졌고, 두 개의 척추가 심하게 부서졌다. 호흡을 조절하는 중요한 척수신경 바로 위에 손상이 발생했는데, 이런 경우 대부분 피해자는 즉시 사망한다고 한다.

패트리샤는 수개월간 특별치료를 받아야 했다. 패트리샤의 머리는 강철 프레임 안에 고정되었다. 플라스틱 상반신 조끼에 고정된 막대 네 개가 머리를 둘러싼 강철 프레임을 지지하고 있었다. 존은 이제 오랫동안 자신을 돌봐준 아내를 섬길 수 있는 귀중한 경험을 하게 되었다. 패트리샤는 위험한 상황은 벗어났지만, 사지는 여전히 감각이 둔한 상태였다. 그녀를 위한 기도가 널리 퍼져 나갔고 천천히 회복되었지만, 오른팔은 계속 마비 상태였다. 어느 날 그녀는 존에게, 주님께서 내 오른팔을 돌려주시도록 특별히 기도해 달라고 부탁했다. 그는 "주님, 주님의 뜻이 이루어지기를 원합니다. 그러나 주님의 뜻이 완전한 회복이 될 수는 없을까요?"라고 기도했다. 시간이 지나 기도는 응답받았다.

사고 발생 18개월 후 패트리샤는 리처드 메이휴와의 대화에서 자신의 간증을 남겼다.

이 사고는 우리의 날이 정해져 있고, 하나님이 책임지신다는 것을 확인시켜 주었습니다. 나와 함께 사고당한 딸에게 계속 강조하던 내용입니다. 첫째 하나님이 우리 삶을 주관하신다는 것, 둘째 하나님은 전적으로 주권자라는 것, 그분이 우리 삶에 허락하시는 모든 일에는 우리의 선과 그분의 영광을 위한 목적이 있다는 것, 셋째 이 땅에서의 삶이 얼마나 일시적인지를 깨닫게 해주었습니다.

사람들은 내게 "왜 하나님께서 이런 일을 허락하셨다고 생각하나요?" 또는 "이 일을 통해 무엇을 배우셨나요?"라고 물었습니다. 하나님은 주권자이시며 어떤 상황에도 우리와 함께하신다는 것을 다시금 깨달았습니다. "주께서 심지가 견고한 자를 평강하고 평강하도록 지키시리니"(사 26:3)라는 구절이 계속 머릿속에 맴돌았습니다. 나는 아침에 이 구절을 많이 노래하곤 했습니다. 나는 하나님의 구원을 알고 있고, 개인적으로 그분의 치유 능력을 체험하게 되었습니다.[103]

동시에 패트리샤 맥아더는, 치유를 위한 기도의 응답은 우리가 받을 자격이 있어서 받는 것이 전혀 아님을 주의 깊게 기록했다. 패트리샤가 병원에 입원해 있을 때 방문한 소중한 친구 두 명은 조니 에릭슨 타다와 그의 남편 켄이었다. (17세 때 얕은 물에 다이빙한 사고로) 사지가 마비되어 25년간 휠체어에 앉아 지내고 있던 조니는 "패트리샤, 당신이 사지마비가 되지 않아서 정말 기뻐요"라고 말하며, 참새 한 마리까지 돌보시는 하나님을 노래했다.

패트리샤는 조니 같은 크리스천을 염두에 두고 이렇게 말했다.

물론 우리의 기도가 반드시 우리의 영적 상태에 따라 응답받는 것은 아닙니다. 나는 이것이 관련된 모든 사람에게 주님께서 가장 좋게 보시는 것이라고 생각합니다. 내가 처한 상황에서 내 치유와 회복이 존의 사역에 미칠 영향 때문에, 많은 사람이 내 치유와 회복을 기도해 주었습니다. 주님은 내가 이런 종류의 치유를 받을 자격이 있어서가 아니라, 요청받은 방식에 따라 기도에 응답하는 것이 합당하다고 보셨습니다. 하나님께서 자신에게 영광을 돌리기 위해 이러한 일들을 조율하셨다는 것은 의심의 여지가 없습니다. 나는 단지 그분의 과분하고 설명할 수 없는 은혜의 수혜자로 나를 선택해 주신 것에 감사할 뿐입니다.

이 몇 달 동안 일어난 일들을 되돌아보며 맥아더는 결론을 내렸다.

이 모든 경험은 우리가 함께한 삶에서 가장 힘든 트라우마였다. 그러나 이 모든 경험을 통해 패트리샤와 나는 믿음이 역사한다는(that faith works) 것을 다시 한번 매우 실제적인 방식으로 배웠다. 그리스도에 대한 우리의 믿음은 여전히 강했고, 이 시련을 통해 그분을 신뢰할 수 있었다.[104]

1980년 인터뷰에서 패트리샤 맥아더는 "성공적인 사역을 위해서는 인생의 동반자가 한마음 한뜻이 되어야 한다"고 조언했다. 그리스도 안에서의 이러한 연합은 1992년의 고난을 통해 더욱 강해졌다. 나중에 패트리샤가 "주님께서 내게 봉사의 마음을 주셨고, 나는 그것을 즐기고 사랑한다"고 말했듯, 그것은 패트리샤의 역할에 대한 강한 확신이었다. 그리고 패트리샤에게 더해진 은혜가 남편의 지속적인 사역을 통해 다른 이들에게 반영되었다는 것은 의심할 여지가 없다. 2008년 패트리샤에게 헌정한 책에서 존은 이렇게 썼다.

> 신실함의 전형인 내 사랑하는 패트리샤에게
> 나에 대한 그녀의 사랑과 헌신은 내 사역 초기부터 내게 가장 큰 기쁨이었다. 패트리샤는 내 목회 업무로 인해 나를 포기해야 했을 때나, 끝없는 집필과 설교 준비로 산만한 남편을 감당해야 했을 때도, 은혜와 모범적인 인내로 그 시련을 견뎌냈다. 내가 패트리샤에게 준 모든 슬픔을 천 가지의 축복으로 내게 돌려주었다. 그중 가장 중요한 것은 그녀의 사랑스러운 관심으로 함께 꾸려진 멋진 가정과 가족이다.[105]

패트리샤 맥아더.

SERVANT OF THE WORD
AND FLOCK

반성 그리고 러시아에서 얻은 교훈

1980년대에는 사역이 모든 분야에서 크게 성장했다. 가능성은 무한해 보였다. 그러나 이제 성공적이지 못했던 부분으로 되돌아가 그로부터 귀한 교훈을 다시 배운 데 대해 이야기하고자 한다.

1987년 11월 그레이스에 '마스터스 펠로우쉽'(The Master's Fellowship)이 설립되었다. 이 명칭 아래 대외활동을 위한 주요 기관이 새 후원자들이 속한 지도부 아래 모였고, 추가로 고용된 직원들과 함께 새로운 기획을 시작했다. 한 가지 목적은 맥아더의 설교 사역을 다른 사람들의 초청에 너무 의존하지 않고 전국적으로 계획하는 것이었다. 또 다른 목적은 쉐퍼드 콘퍼런스가 당시 목회자들 사이에서 행사하는 영향력을 확대하는 것이었다. 1980년 첫 콘퍼런스가 열린 후 1985년까지 열 번의 콘퍼런스가 더 열렸고, 참석자 수는 계속 증가했다. 이에 따라 1988년 4월부터 1989년 11월까지 미국 전역에서 40회 이상 목회자 세미나가 열릴 날짜와 장소를 상세히 안내하는 마스터 콘퍼런스 일정표가 발표되었다. 이 내용은 Grace to You 편지에 발표되었으며, 같은 호에서 독자들에게 기독교 오디오 잡지인 《포어프론트》(Forefront)가 출시되었다는 소식을 전했다.[106]

그러나 마스터스 펠로우십에서 가장 눈에 띄는 발전은 1988년 여름에 《마스터피스》(Masterpiece)가 창간되면서부터였다. 이 잡지는 세계 유수의 정기간행물과 견주어도 손색 없는 스타일과 광택 및 컬러 포맷으로 제작된 완전한 규모의 잡지/저널이었다. 창간호에서 맥아더는 수석 편집자로서, 마스터스 펠로우십의 창간이 자기의 아이디어는 아니었지만, 다음 같은 신념에서 비롯되었다고 설명했다.

> 우리는 더 큰 일의 문턱에 서 있다. 나는 하나님이 역동적인 지역 교회뿐 아니라, 전 세계 미디어 사역, 번창하는 대학과 신학교, 특수한 선교 사역, 교회지도자들을 위한 광범위한 서비스를 통해 그분의 진리를 축복하시는 것을 보았다. … 마스터스 펠로우십은 명확하게 정의된 네 가지 중점 분야, 즉 통신, 교육, 세계 선교, 교회 자원을 가지고 있다.

맥아더는 새 잡지의 제목을 에베소서 2장 10절 "우리는 그가 만드신 바라 그리스도 예수 안에서 선한 일을 위하여 지으심을 받은 자니"라는 구절과 연결해 '우리 안에 놀라운 은혜의 작품을'(a masterful works) 지으시려 하심'이라고 했다. 1988년에《마스터피스》3호가 발행되었고, 이후 14호가 추가로 발행되었다. 내용은 균형이 잘 잡혀 있었고, 진지한 어조이면서도 대중의 눈높이에 맞춰져 있었다. 날카로운 존 맥아더의 에디토리얼, 저명한 작가들의 가르침, 짧은 기독교 전기, 가족 및 육아 문제에 대한 도움, 질문과 답변, 서평 등이 포함되었다. 그 잡지의 교리적 지향성은 오래된 복음주의의 재발견을 촉진했고, 제임스 패커, A. W. 토저, 마틴 로이드 존스 등의 저자에 대한 서평을 주로 다루었다. 어떤 호에서 맥아더는 자신의 인생에 가장 큰 영향을 준 책을 나열해 달라는 요청을 받고 다음과 같은 책을 꼽았다.

- Arthur Bennett, ed. *The Valley of Vision: A Collection of Puritan Prayers and Devotions* (Banner of Truth, 1975).『기도의 골짜기』, 복있는사람.
- Stephen Charnock, *The Existence and Attributes of God* (Klook & Klock, 1977)[107].『하나님의 존재와 속성』, 부흥과개혁사.
- J. I. Packer, *Knowing God* (Inter-Varsity, 1973).『하나님을 아는 지식』, IVP.
- D. Martyn Lloyd-Jones, *Preaching and Preachers* (Zondervan, 1971).『설교와 설교자』, 복있는사람.
- D. Martyn Lloyd-Jones, *Studies in the Sermon on the*

Mount (Eerdmans, 1977). 『산상설교』, 베드로서원.
- Arthur Pink, *Spiritual Growth* (Baker, 1971).
- John R. W. Stott, *The Preacher's Portrait* (Tyndale, 1967). 『설교자란 무엇인가』, IVP.
- Thomas Watson, *The Beatitudes* (Banner of Truth, 1975). 『팔복해설』, 기독교문서선교회.
- Thomas Watson, *A Body of Divinity* (Banner of Truth, 1970). 『신학의 체계』, CH북스.

《마스터피스》는 좋은 내용, 스타일, 홍보가 잘 조합되어 있었다. 큰 성공을 거둘 것이라 예상했으나, 17호 발행 후 1992년 여름에 기약 없이 중단되었다. 실패한 것이다.

갑작스러운 폐간은 대부분의 사람에게 놀라움을 안겨주었다. 안목 있는 독자라면 편집자의 이름이 자주 바뀌고, 발행 날짜가 불규칙한 것을 보고 뭔가 문제가 있다고 판단했을 것이다. 필 존슨은 창간호에서 편집자로 활동했지만, 그 후에는 가끔 관여했다. 그의 주된 관심은 맥아더의 책을 출판하기 위한 준비 작업에 있었다. 톰 페닝턴과 마이크 테일러가 잡지를 위해 최선을 다했으나, 로버트 D. 반 캄펜을 비롯한 몇몇 새로운 인물이 합류하면서, 잡지 내용에 대해 의견을 일치하는 데 어려움이 생겼다.

마스터스 펠로우십을 포괄적인 조직으로 설립하는 것은 반 캄펜의 아이디어였으며, 그는 펠로우십을 일종의 홍보 기관으로 생각했다. 부자인 그는 돈을 아낌없이 쓰면 더 큰 영향력을 발휘할 수 있다고 생각했을지도 모른다. 그러나 그런 일은 일어나지 않았고, 부채가 수입을 초과하기 시작하자 그 어느 때보다 강력한 금전적 지원 요청이 이어졌다. 맥아더는 이러한 상황에 불만을 품었고, 1990년 여름 필 존슨에게 '다시 돌아가라'고 지시했다. 동시에 반 캄펜은 사퇴했다. 존슨은 훗날 "그 시기는 불안정한 시기였다"고 회고했다. 확실히 이 사업은 초기처럼 조화로운 모습을 보여주지 못했다. 사업 중단이 결정될 무렵에는 부채가 쌓여 이를 청산하는 데 약 5년이 걸렸다.[108]

맥아더는 잘못된 길로 가고 있다는 확신이 들자, 마스터스 펠로우십을 종료했다. 존슨의 생각에 이는 그가 한 일 중 가장 잘한 일이었다. 맥아더는 1992년 3월 19일에 Grace to You의 모든 친구에게 보내는 편지를 이렇게 시작했다.

여러분의 용서를 구하기 위해 편지를 씁니다. 또 여러분이 Grace to You에서 받는 우편물에서 보게 될 몇 가지 변화에 대해서도 설명하고자 합니다.

주님은 우리 사역의 이 중요한 측면을 신중하게 재평가하도록 인도하셨습니다. 큰 슬픔 속에서, 저는 매월 여러분에게 보내는 편지가 금전적인 지원을 요청하는 내용으로 독점되기 시작했다는 것을 깨달았습니다. 모든 직원을 대표하여 진심으로 여러분의 용서를 구합니다. 제 부주의로 사역이 항상 지지해 온 원칙에서 벗어나기 시작했음을 고백합니다.

7년 전, 한 청취자가 기금 모금 철학을 묻는 편지를 보내왔습니다. 그때 저는 이렇게 대답했습니다.

"저는 기금 모금을 호소하는 것에 약간 거부감이 있어서 라디오나 인쇄물에서 돈에 대해 많이 말하지 않습니다. 오늘날 너무 많은 사역이 주님께 영광을 돌리지 않는 방식으로 모금을 시도하는 것을 봅니다."

한동안 궤도에서 벗어났지만, 저는 여전히 그 신념을 온 마음 다해 지키고 있음을 알아주셨으면 합니다. 제 관심사는 사역의 깊이라고 자주 말씀드렸습니다. 사역의 폭은 하나님께서 책임져주실 것입니다. 또는 사도 바울이 말했듯, 우리는 그저 씨를 뿌리고 물을 주기만 하면 하나님께서 자라게 하십니다(고전 3:6). 영리한 모금 기술, 돈, 인간의 노력은 하나님이 은혜로 허락하시는 것보다 더 빠르거나 크게 우리 사역을 성장시킬 수 없습니다. 더욱이 주님은 그분을 영화롭게 하고 섬기는 모든 사역을 언제나 지원해 주실 것입니다.

저는 주님이 저를 사역하라고 부르셨지 모금하라고 부르신 것이 아님을 압니다. 그래서 저는 진정한 우선순위인 말씀을 가르치고 사람들의 영적 필요를 채우는 일에 집중하고 있는지 돌아보고 있습니다.

이 글을 읽는 사람은 잘못이 글쓴이에게 있다고 생각할 것이고, 지도자로서 맥아더는 그렇다고 믿었다. 그는 더 나은 판단을 할 수 있었는데 그렇게 하지 못하고 반대되는 일이 일어나도록 허용한 것을 자책했다. 1993년 3월 15일, Grace to You의 친구들에게 보낸 또 다른 편지에는 이렇게 썼다.

> 여러분은 우리가 1년 전 많은 기도 끝에 사역 예산을 대폭 삭감하고, 동역자들에게 보내는 우편물에 몇 가지 변화를 주었으며, 재정적 필요를 하나님의 공급하심에 의지하기로 다시 결단했다고 전한 말씀을 기억하실 것입니다. 누구나 알다시피, 변화의 시기에는 항상 불안한 순간이 찾아오기 마련인데, 저희도 몇 번의 불안한 순간을 겪었습니다.

마지막 문장은 절제된 표현이었다. 1992년 3월 19일 사과 편지를 보낸 지 불과 4개월 후, 패트리샤의 심각한 교통사고가 발생했다. 이런 사건은 길이 남을 교훈을 주는 시험이었으며, 그는 여러 편지에서 이에 대해 언급했다.

> 패트리샤가 거의 죽을 뻔한 자동차 사고와 그 후 벌어진 사건들은 확실히 많은 겸손한 교훈을 가져다주었습니다. 우리 모두의 삶은 한낱 안개에 불과하며, 하나님의 은혜를 통해서만 우리의 계획이 실현될 수 있습니다.[109]
>
> 지난 한 해 동안 하나님은 그분의 주권으로 내 삶에 몇 가지 특별한 사건을 일으키셨습니다. … 그 사건들은 제 개인적인 상황과

하나님 말씀의 강력한 진리를 놀라운 방식으로 결합해 주었습니다. 하나님은 그 어려운 시기 동안 우리에게 많은 교훈을 주셨습니다. … 우리는 돈을 모으거나 거대한 사역 제국을 건설하기 위해 존재하지 않습니다. 우리는 오직 성경을 가르치기 위해 존재하며, 하나님께서 그분이 선택하신 수준에서 우리를 지탱해 주실 것을 믿습니다.[110]

몇 달 전 편지에서 언급했듯이 작년에 사역 예산을 대폭 삭감했고, 직원 규모와 사역의 범위에도 영향을 미치는 고통스러운 결정을 몇 차례 내렸습니다. 하나님께서 우리의 재정적 의무를 줄이고 우리 형편에 맞게 생활하려는 우리의 헌신을 분명히 축복하고 계심을 말씀드릴 수 있습니다. … 우리 앞에 여전히 많은 도전과 제가 있지만, 하나님의 축복을 예단하고 싶지는 않습니다.[111]

위와 같은 일이 벌어지는 동안 맥아더에게는 예상치 못한 곳에서 영적 교훈이 확인되고 있었다. 1989년 베를린 장벽이 무너지자, 동유럽과 소련의 공산주의 세계가 갑자기 복음에 개방되었다.

맥아더는 1990년 7월 레닌그라드(현재 상트페테르부르크)를 이틀간 처음 방문했는데, 일행은 마스터스컬리지 졸업반 학생들이 기증한 성경 3백 권을 가지고 갔다. 이 성경은 쉽게 배포되었으며, 국경 경비대원 다섯 명과 나중에 크리스천으로 밝혀진 택시기사 한 명에게도 전달되었다. 이 택시 기사는 기독교인이었고, 러시아어로 된 성경을 받자 기쁨과 감사의 마음으로 그것을 가슴에 품었다.

첫 방문 후 곧이어 러시아의 침례교회에서 초청이 이어졌다. 존은 망설였다. 짧은 방문이었지만 그들의 필요가 얼마나 큰지 깊은 인상을 받았고, 7월 방문 당시 3시간 동안 설교했을 때 그가 받은 환영에는 의심의 여지가 없었다. 그러나 그는 구소련에서의 기회를 활용하는 것이 지역 교회에 대한 자신의 소명과 일치하는지 확신할 수 없었다. 게다가 통역을 통해 회중에게 설교하는 것에 대해 그다지 열정적이지 않았다. 언어 장벽이 설교자와 청중 모두에게 지루한 시간이 될 수 있지 않을까 생각했다. 그러나 그는 초대를 수락하고 러시아로 돌아갔다. 하나님의 말씀으로 사람들을 도울 뿐 아니라, 자기의 삶과 생각도 풍성해지는 것을 발견했다.

1990년 10월 22일부터 11월 2일까지 모스크바와 키이우에서 열린 목회자 콘퍼런스에서 설교하고, 오데사성경학교에서 강의했다. 그의 저서 "교회 리더십을 위한 마스터 플랜"(*A Master Plan for Church Leadership*)이 그레이스교회의 후원을 받아 러시아어로 번역되어 약 2만 부를 출간했는데, 며칠 만에 1,500부가 나갔다.

이듬해 10월에는 루마니아의 침례교 목회자 연합을 대상으로 부쿠레슈티에서 설교했다. 3일 반 동안의 집회에, 목회자가 약 200명 참석할 것으로 예상되었다. 그런데 500명이 맥아더의 강해설교와 교회 리더십에 대한 강의를 들으러 왔다. 오전 9시부터 오후 8시 30분까지 이어지는 집회 일정은 매우 유연했는데, 어느 날은 맥아더가 8시간 동안 서서 강의하고 질문에 답하는 상황이 벌어졌다. 그곳에서 그는 기차를 타고 우크라이나 키이우에서 열린 또 다른 목회자 콘퍼런스(1991년 10월 7-12일)에 참석했다. 약 800명의 남성이 참석했는데, 역시 집회 시간을 예측할 수 없었다. 한 시간으로 예정된 아침 질의응답 시간은 세 시간이나 계속되었다.

1990-1991년 두 해 동안의 경험은 맥아더에게 깊은 인상을 남겼다. 영적 굶주림은 분명했지만, 우크라이나의 교회 중 절반은 목회자가 없었고, 키이우 주변의 200여 개 마을에는 복음주의 교회가 하나도 없었다. 맥아더는 그들에게 가장 필요한 것이 무엇인지 물었고, "우리는 목사가 필요합니다. 하나님께서 젊은이들을 목사로 세워주시도록 기도해 주세요"라는 대답을 들었다. 1991년 귀국할 때 "내가 러시아어를 할 수 있다면 하나님이 나를 움직이실 때까지 그곳에 있을 것이다. 그곳은 큰 추수 밭이기 때문이다"라고 말할 정도였다.

구소련의 형편과 서구의 풍요로움의 대조도 놓칠 수 없었다. 예를 들면, 레닌그라드에서는 방 네 개짜리 아파트에 네 가족이 살고 있는데, 31명이 같은 화장실을 사용했다. 그러나 교회의 생활은 전반적인 궁핍 때문에 약화된 것처럼 보이지 않았고, 오히려 놀라운 활력과 힘이 있었다. 교회생활 방식의 차이가 눈에 띄었다. 미국에서는 성공에 필수적인 것이라 여기는 것들이 많이 없었지만, 하나님의 말씀에 대한 갈망이 너무 커서 주일 아침과 저녁은 물론 화요일, 목요일, 토요일 저녁에도 예배드리는 데 아무런 문제가 없었다. 맥아더는 자신이 본 것을 생각하며 이렇게 썼다.

그들의 예배는 극도로 단순했다. 미국의 모든 전문가들이 시대의 필수 도구라고 선전하는 화려함과 여흥이 전혀 없었다. 오로지 말씀 설교와 성례를 집행하는 것뿐이었다. 이를 통해 주님이 교회를 세우시는 방식과 지혜로운 건축자가 된다는 것이 무엇을 의미하는지에 대해 그 어느 때보다 깊이 생각하게 되었다(딤전 3:10-15).

슬라브식 예배는 사도행전에서 볼 수 있는 것처럼 단순하고 복음 중심적이다. 많은 서방 교회를 망쳐온 속임수, 피상성, 인간 중심적인 모습이 보이지 않았다.

죄에 대한 회개, 그리스도에 대한 믿음, 성경적 설교, 하나님의 말씀에 대한 순종, 서로에 대한 사랑 그리고 모든 형태의 오류에 대항하는 진리에 대한 열정 등 본질적인 것이 강조되었다. … 나는 많은 러시아 예배에 몇 시간 동안 앉아 있었고, 회심자들이 한 명씩 나와 공개적으로 회개하고, 이전의 죄에서 돌아서며, 모인 교회 앞에서 그리스도에 대한 믿음을 선언하는 것을 들었다. 이것은 미국의 교회 전문가라고 하는 사람들이 반드시 필요하다고 주장하는 것과는 정반대였다.

10년이 지난 후에도 맥아더는 미국 청중에게 이러한 교훈을 강조했다.

수년 동안 러시아, 우크라이나, 벨라루스, 그리고 구소련의 다른 지역에서 많은 사역을 했다. 수십 년 동안 공산주의에 억압받았던 이들 국가의 교회는 그럼에도 오늘날 활기차고 역동적이다. 내가 처음 그곳에서 사역을 시작했을 때 인상 깊었던 것 중 하나는, 거의 모든 러시아어 사용자들이 회심을 설명할 때 사용하는 용어였다. 그들은 그리스도를 개인의 구세주로 영접하는 것에 대해 말하지 않는다. 그들은 단순히 누군가가 그리스도를 위해 결단했다거나 예수님을 자기의 삶에 초대했다고 말하지 않는다. 새 신자는 회개한 사람이라는 단순하고 전적으로 성경적인 표현을 사용한다. 어떤 사람이 회개의 증거를 보이지 않는다면, 그 사람은 어떤 종류의 말로 신앙을 고백했더라도 그리스도인으로 받아들이지 않는다. 반면, 우리는 서구 사회에서 기독교인이라고 불리는 대부분이 어떤 종류의 회개도 거의 또는 전혀 강조하지 않을 정도로 얕은 종교 문화에 살고 있다. 우리 시대의 가장 인기 있는 복음 설교에서 회개에 대한 요청이 의도적으로 생략되었다.[112]

1990년대 초부터 맥아더는 동유럽과 그 너머의 교회들과 평생 유대 관계를 맺었고, 그들의 복음 증거에 크게 기여했다. 그러나 동유럽 교회에서 받은 도움이 맥아더의 신념을 강화하는 데 아마도 더 중요했을 것이다. 특히 1990년대에 쓴 Grace to You 편지에서 알 수 있듯, 그는 현대 복음주의에서 흔히 들을 수 없는 교훈을 강조했다.

이 교훈 중 하나는 복음에 가장 큰 위험이 어디서 오는지에 관한 것이었다. 그것은 교회에 대한 세상의 적대감에서 오는 것이 아니다.

교회의 가장 큰 적은 정부도, 문화도, 할리우드 제작자도, 자유주의 언론도 아니다. 성경은 이를 명시하고 역사는 교회가 핍박과 역경 속에서 더욱 강해졌음을 증명한다. 만약 우리 교회가 파괴되거나 무력화되고 침체된다면, 그것은 하나님의 백성들 손에 의해 일어날 것이다. … 내가 목회하는 교회에 대한 큰 두려움 중 하나는 우리를 건강하게 하고, 성장하게 하고, 강하게 만드는 중요한 원칙을 무의식중에 포기한다는 것이다. 우리가 그 원칙들에 매달리지 않는다면, 우리는 세상이 지켜보는 앞에서 냉담해지고 하나님을 욕되게 하는 자가 될 것이다.[113]

또 다른 교훈은, 복음을 물질적인 차원에서 하나님께 더 많이 얻기 위한 방편으로 나타내는 메시지의 거짓됨이었다.

하나님의 말씀을 공부하고 영적 승리의 환희와 실패의 낙담을 모두 경험하면서, 나는 능력 있는 삶의 열쇠가 하나님께 더 많이 얻는 것이 아님을 확신하게 되었다. 열쇠는 정반대에 있다. 우리가 하나님께 요구하는 것을 멈추고, 우리 자신을 산 제물로 드리는 순간이 바로 그분을 기쁘시게 하는 순간이다. … 나는 경험을 통해 산 제물이 되는 것이 쉬운 길이 아님을 안다. 그러나 우리가 하나님의 축복의 충만함을 알고 그분께 마땅한 봉사를 하려면 희생이 절대적으로 필요하다.

1990년 러시아에서 존 맥아더가 함께한 목회자 세미나.

**SERVANT OF THE WORD
AND FLOCK**

12

Grace to You

    1990년대 초 불안정한 시기에 '은혜의 말씀'(Word of Grace, 녹음 테이프 사역)과 Grace to You(라디오 및 출판) 사역에 어떤 지연이 있었으나 그것은 일시적이었고, 두 기관 모두 향후 10년 동안 급성장했다. 1985년까지 테이프 사역은 북헐리우드에 있는 건물에서, Grace to You는 1.5킬로미터 떨어진 작은 건물에서 각각 운영되었다. 두 기관은 자연스럽게 서로 지원하고 보완하는 관계였기에 통합은 필연적이었다. 1985년, 두 부처는 공식적으로 합병하고 버뱅크공항 활주로 끝에서 한 블록 떨어진 임대시설에서 함께하게 되었다. 항공소음 문제를 해결하기 위해 특수방음 녹음스튜디오를 지었지만, 몇 년 지나지 않아 사역의 규모가 커져 다른 곳으로 이전해야 했다.
    1990년 Grace to You는 산타클라리타 교외의 비즈니스파크에 있는 더 적합한 임대시설로 이전했다. 다섯 개의 소규모 사업체가 입주할 수 있도록 설계된 이 건물은 창고 공간과 사무실 공간의 비율이 적절히 배분되어 있었고, 사무실 간 이동이 용이하도록 섹션 간에 문이 잘려 있었다. 그다지 효율적인 배치는 아니었지만, 사역에는 완벽하게 들어맞았다.

이 건물은 1994년 1월 17일 화요일 아침, 로스앤젤레스 전역을 뒤흔든 지진으로 큰 타격을 입었다. 진앙은 22킬로미터 떨어진 작은 산맥 너머에 있었지만, 산타클라리타에서는 다른 곳보다 훨씬 강한 충격을 받았다. Grace to You에서 불과 몇 킬로미터 떨어진 곳에서 대형 고속도로 교량 여러 개가 무너지고, 네 블록 떨어진 건물이 완전히 무너졌다.[114] 놀랍게도 Grace to You 건물은 심각한 구조적 손상을 견뎌냈지만, 내부는 가구와 장비가 사방으로 날아가는 등 아수라장이었다. 같은 날 아침 존이 방문했을 때, 피해 현장을 본 첫 반응은 감사였다. "직원과 자원봉사자들로 가득 찬 근무시간에 지진이 발생했다면, 심각하게 다치거나 사망자가 생길 수도 있었을 것입니다."

2000년에 이르러서야 Grace to You는 마침내 부지를 확보하고, 발렌시아 지역에 사역의 필요를 충족시키기 위해 특별히 설계된 더 적합한 시설을 지을 수 있었다. 필 존슨이 전무이사를 맡았고, 2004년에 돈 그린이 상무이사로 합류했다.

1998년까지 시간당 카세트테이프 600개를 생산할 수 있는 능력을 갖추었고, 천백만 개가 발송되었다. 동시에 800개 이상의 라디오 방송국에 설교와 가끔 다른 프로그램을 제공했다. 같은 해 Grace to You 본부의 직원은 정규직 52명, 그레이스교회 자원봉사자들이 113명이었다.

1990년대에 들어서면서 맥아더의 책과 관련된 사역은 새로운 차원을 맞이했다. 맥아더의 설교에서 발췌한 주요 제목의 책들이 시장에 쏟아져 나왔다. *Our Sufficiency in Christ*, 1991(『그리스도만으로 충분한 기독교』, 부흥과개혁사), *The Master's Plan*(1991), *Charismatic Chaos*, 1992(『무질서한 은사주의』, 부흥과개혁사), *Ashamed of the Gospel*, 1993(『복음을 부끄러워하는 교회』, 생명의말씀사), *Reckless Faith*, 1994(『무모한 신앙과 영적 분별력』, 생명의말씀사), *The Vanishing Conscience*, 1994(『양심 실종』, 부흥과개혁사), *The Glory of Heaven*, 1996(『존 맥아더, 천국을 말하다』, 생명의말씀사), *The Love of God*(1996) 등이다. 이러한 책은 무디, 넬슨, 크로스웨이 같은 출판사에서 출간되었지만, Grace to You와 긴밀한 협력하에 출판되었다. 1991년 *Our Sufficiency in Christ*가 출간되었을 때, Grace to You는 출판사에서 많은 양을 구매하여 맥아더의 월간 서신 메일링 리스트에 있는 모든 이에게 무료로 제공했다. 이를 중요한 전환점으로 기억하는 맥아더는 2009년에 다음과 같이 썼다.

우리는 적은 수수료를 받는 것조차도 일부 사람들에게만 이 책이 전달되는 한계가 있을 것이라 생각했다. 비교적 적은 수량을 판매하는 대신 수천 부를 무료로 나눠주고, 하나님의 사람들이 인도하심과 능력에 따라 우리가 하는 일을 지지해 줄 것이라고 믿었다. 우리는 놀라운 반응과 성장을 목격했다.

이 같은 패턴은 다음 해에도 뉴스레터를 받은 사람들에게 책과 테이프를 보내면서 계속되었다. 무료 책이 꼭 맥아더의 책일 필요는 없었다. 1994년에는 Banner of Truth 출판사가 낸 *The Valley of Vision*(『기도의 골짜기』, 복있는사람)을 보냈다. 1997년에 주요 저작물인 "맥아더 스터디 바이블"(*The MacArthur Study Bible*)이 나왔을 때 이 절차를 따라야 할지 처음에는 망설였다. 지금까지 나온 어떤 성경보다 훨씬 비싼 책이었고, 무료 배포는 상당한 위험을 감수해야 할 것 같았다. 그러나 맥아더는 그 어떤 위험도 감수할 가치가 있다고 판단했다. 맥아더는 이렇게 회상했다.

우리는 최선을 기대하고 최악의 상황에도 대비하며 3만 5천 부 이상을 보냈다. 반응은 엄청났다. … 하나님의 백성들이 전례 없는 방식으로 우리 사역의 재정적 부담을 짊어지면서 헌금이 쏟아져 들어왔다.

랜스 퀸의 의견에 따르면, 스터디 바이블은 전 세계에 다른 모든 성경보다 더 큰 영향을 미쳤다. 이런 평가를 하기에는 너무 이를 수도 있다. 우리는 시간적 시야가 부족하지만, 맥아더의 책 중 가장 지속적인 영향력을 발휘한 책이 뒷부분에 쓰게 될 *MacArthur New*

Testament Commentaries(『MNTC 맥아더 신약 주석』, 아바서원)가 아닐까 생각한다.

1999년까지 Grace to You는 맥아더가 쓴 책과 학습 안내서를 3,154,927부 배포했다. 이따금 무료 책자를 제공한 것이 형편이 어려운 많은 사람에게 도움이 된 것으로 나타났다. 냉소적인 비평가들은 이를 압박 판매의 수단이라고 생각할 수도 있지만, Grace to You의 실적을 보면 그렇지 않다는 것을 알 수 있다. 현재 웹사이트에서 누구나 무료로 다운로드할 수 있는 맥아더 설교집의 배포에서 볼 수 있듯이, 무료 물품은 아무런 조건 없이 배포된다. 1969년부터 2002년 6월 13일까지 카세트테이프가 1,300만 개 제작되었으며, 이 중 상당수가 저렴한 가격에 판매되었다. 2008년 6월부터는 같은 설교가 모두 무료 MP3 파일로 인터넷에 제공되었다. 2008년부터 2010년 1월까지 이런 방식으로 설교가 1,440만 개 다운로드되었으며, Grace to You의 모든 이에게 큰 기쁨을 주었다.

미국에서 일어난 것처럼 테이프 사역은 해외 라디오 방송의 길도 열었다. 1983년 피터 그루너라는 남아프리카공화국 사람이 선 밸리에서 열린 쉐퍼드 콘퍼런스에 참석했다. 그는 많은 설교 테이프를 가지고 집으로 돌아갔고, 자국에서 복제하여 배포하기 시작했다. 그 결과 남아프리카공화국의 SABC 네트워크에서 Grace to You가 설교를 방영하게 되었다. 1992년 존과 패트리샤가 남아프리카공화국을 처음 방문했을 때, 존은 수많은 라디오 청취자를 만나고 놀랐다. 그는 고향에 편지를 썼다.

이곳에서 본 하나님의 창조물의 아름다움과 장엄함은 내가 상상했던 것보다 훨씬 놀라웠지만, 하나님께서 사람들의 삶을 변화시키시는 일에 비하면 아무것도 아니었다. 이곳에서 라디오 사역에 대한 반응은 믿을 수 없을 정도로 뜨거웠다.

남아프리카에서는 종교 프로그램과 세속 프로그램을 모두 포함해 다른 어떤 라디오 방송보다 Grace to You를 더 많이 듣는다고 한다. 미국에서 가장 인기 있는 라디오 프로그램이 30분 동안 성경을 가르치는 프로그램이라면 미국, 우리 도시와 가족, 정부에 어떤 일이 일어날지 상상해 보라!

그가 만난 청취자 중 한 명은 티에니라는 이름의 35세 남자였다. 그는 앙골라 전쟁 당시 군목으로 복무했고, 꽤나 큰 네덜란드 개혁교회의 존경받는 목사였다. 그런데 Grace to You 방송을 듣던 중 자신이 전혀 기독교인이 아니라는 사실을 깨닫게 되었다. "이 남자를 만났을 때 느낀 기쁨은 말로 다 표현할 수 없습니다. 하나님께서 라디오처럼 단순한 것을 사용하셔서 그의 삶에 닿아 그를 구원하셨다는 사실을 알았습니다"라고 맥아더는 말했다.

1992년과 1994년에 남아프리카를 방문한 맥아더의 설교는 오랫동안 기억될 것이다. 요하네스버그의 베테랑 목사 마틴 홀트는 그 설교가 그 땅에 특별한 영향을 미쳤다고 말하는 유일한 사람이 아니다. 또 다른 교회지도자 조엘 제임스는 다음과 같이 썼다.

이 라디오 프로그램 때문에 남아프리카의 한 교회지도자는 존 맥아더를 '전 국민의 목사'라고 불렀다. 이는 분명 엄청난 과장이지만, 존의 설교, 책, 주석, 교육 사역이 이 나라의 기독교인과 목회자에게 미친 영향을 짐작할 수 있게 해준다. 앞으로도 존 맥아더의 사역은 하나님의 뜻에 따라 복음이 필요한 북쪽의 다른 나라로 계속 퍼져나갈 것이다. 조약돌이 연못에 떨어진 것처럼, 존의 사역의 파장이 아프리카 대륙 전체로 퍼져나가고 있다. 이렇게 특별한 방법으로 그리스도의 종들을 선택해 사용하시는 하나님을 찬양하자!

첫 번째 남아프리카 방문은 전 세계 방송을 통해 할 수 있는 중대한 사역에 대해 깊은 인상을 남겼다. 2009년에 그는 "우리가 매일 방송하는 것은 전 세계 수백만 명의 청중에게 말씀을 한 구절 한 구절씩 가르치는 것으로, 가장 눈에 띄는 사역"이라고 말할 수 있었다. 그의 추산은 과장이 아니었다. 당시 그의 설교는 미국 내 732개 방송국과 아홉 국가 53개 방송국에서 방송되고 있었다. 모두 영어로 방송되었지만, 2000년에 스페인어를 구사하는 헨리 톨로필로 목사가 Grace to You에 합류하면서 스페인어 부서가 시작되었다. 톨로필로 목사는 2000년 1월 성경의 충분함에 관한 방송을 시작으로, 맥아더의 설교를 스페인어로 번역하고 설교하는 일을 맡았다. 이 방송의 이름은 'Gracia a Vosotoros'(Grace to You의 스페인어 명칭)였다. 이 메시지는 곧 스페인어 사용 인구가 많은 미국을 포함한 25개국 716개 방송국을 통해 전파를 탔다. 스페인어 방송이 추가되면서 2009년에는 34개국 1,502개 매체를 통해 매일 1,979회 존 맥아더의 설교를 들을 수 있었다.

이 정도 규모의 수치는 이제 의미를 잃기 시작하지만, 이 페이지를 준비하는 동안 에콰도르에 있는 친구에게서 받은 편지 한 통이 이 수치를 더욱 의미 있게 만들어주었다. 플로렌스 주드는 셸 마을에서 선교간호사로 일하고 있으며, 도보, 카누, 버스로 이틀 걸리는 모로나 산티아고 주의 셴차크 엔차에 있는 슈아르 부족 지역과 접촉하고 있다. 아직 신자가 없는 이 부족을 최근 방문했을 때, 추장 도밍고가 라디오 방에 혼자 앉아 스페인어로 존 맥아더의 설교를 듣고 있는 모습을 보고 깜짝 놀랐다. 플로렌스는 "우연히 Gracia a Vosotoros의 주제곡이 흘러나오는 것을 듣고 알아차리지 않았다면 몰랐을 것"이라고 적었다. 또 "셸 지역에는 이 프로그램을 듣는 청취자가 많고, 기독교인들은 책을 읽는 것보다 라디오를 더 많이 듣는다. 방송은 더 쉽게 접근할 수 있고, 책은 비싸기 때문"이라고 덧붙였다.

Grace to You의 사역은 맥아더가 종종 회상하듯 1969년에 시작되었다. 당시 몸이 아파 그레이스교회 주일예배에 참석하지 못하는 사람의 이름과 주소를 적어 신발상자에 보관했다. 2006년 5월에 쓴 편지에서 그는 그 사역을 통해 하나님이 이루신 일에 경탄했다.

우리는 1년 내내 전 세계 사람들이 성경에 대해 생각하고 연구하게 할 기회가 있다. 우리의 라디오 프로그램, CD, 녹음 테이프,

책, 웹사이트를 통해 지구상의 거의 모든 사람에게 다가갈 수 있다는 사실은 놀랍다. 남성과 여성을 가르치고, 그들이 스스로 성경을 연구할 수 있도록 돕는 전략적인 기회가 우리에게 있다.

이 시기에는 더 많은 해외 설교 방문이 있었다. 1995년에 맥아더는 브라질, 이탈리아, 러시아를 방문했고, 1996년에는 아일랜드, 스코틀랜드, 뉴질랜드, 1997년에는 영국, 러시아, 프랑스, 스위스(제네바), 1999년에는 우크라이나, 독일, 제네바, 2000년에는 이탈리아와 스코틀랜드를 방문했다. 캐나다 방문은 너무 많아 열거할 수 없다.

세기가 바뀌기 전에, 새로운 기술이 누구도 예상하지 못한 발전을 가져오고 있었다. 1998년 10월에 그는 다음과 같이 썼다.

나는 남부 캘리포니아를 떠나지 않고도 인도, 러시아, 스위스, 루마니아에서 열린 목회자 콘퍼런스에서 강의하는 기쁨을 누렸다. 비디오 스트리밍 기술을 사용해 전 세계 거의 모든 곳에서 교회지도자들을 가르치고 격려하며 교제할 수 있었다.

2001년에는 베를린에서 열린 쉐퍼드 콘퍼런스에 처음으로 화상 원격컨퍼런싱을 도입해 실시간으로 보고 들을 수 있었다. 2002년에는 같은 방법으로 러시아 사마라에 있는 빅토르 랴구조프와 그의 변화산교회와도 접촉할 수 있었다. 이 기술은 이후 여러 장소의 목회자들에게도 반복적으로 사용했다.[115] 심지어 질의응답 세션도 이 방법으로 진행할 수 있었다.

이 기술이 해외 방문의 종식을 의미하지는 않았지만, 해외 방문을 줄일 수 있게 된 것은 다행스러운 일이었다. 존은 1999년에 예순을 넘겼는데, 그 전 해에는 그의 건강이 오래가지 않을 수도 있다는 경고가 있었다. 1998년 8월에 무릎 수술을 받았는데, 그 후 생명을 위협하는 합병증이 발생했다. 무릎에서 생긴 혈전이 폐로 흘러 들어가 폐색전증을 일으킨 것이다. 기도는 감사로 이어졌다. 완전히 회복된 것이다.

맥아더의 해외 방문이 기독교인들에게 어떤 의미였는지는 브라질에서 열린 FIEL 콘퍼런스에서 맥아더의 연설을 들은 장로교 지도자이자 통역가인 솔라노 포르텔라가 잘 설명해 준다.[116]

나는 그의 성경 지식에 깊은 인상을 받았다. 그의 메시지는 일관성 있고 명확했으며 마음에서 우러나오는 것이었다. 무엇보다도 그는 설교 중에 다양한 성경구절을 암송하며 인용했다. 그가 성경을 인용할 때는 통역하지 않고 읽기만 해도 되니 좋았다.

맥아더는 그의 책과 설교뿐 아니라 그의 사역 전반을 통해 내 삶과 가족에게 엄청난 영향을 미쳤다. 우리는 결국 세 명의 자녀를 마스터스컬리지에서 공부하도록 보냈고, 그 후로 자녀들이 맥아더에게 받은 가르침 덕분에 많은 축복을 받았다. 그의 비전은 교회 문을 넘어, 고등교육 기관과 신학교를 설립하는 데까지 확장되었다. 전 세계 TV 뉴스와 토크쇼에서 우리는 그가 우리의 가치와 원칙에 도전하는 모든 종류의 문제에 대해 성경적 진리를 말하며, 기독교 신앙을 확고하게 증거하는 모습을 보았다.

이탈리아에서의 기회는 계획에 없던 또 다른 접촉을 통해 열렸다. 1995년 교회 일행과 함께 이스라엘을 방문한 맥아더는 일행 중 두 명인 조 알레포와 그의 아내 조지아와 친구가 되었다. 조지아 알레포는 트로피카나 오렌지 주스 회사의 설립자인 앤서니 로시의 조카였다. 1960년대에 이탈리아를 떠난 후 로시는 기독교인이 되었고, 이후 재산을 기독교 선교 활동에 기부했다. 그는 이탈리아의 선교사들과 교회 개척자들을 지원하기 위해 오로라 재단을 설립했다. 1994년 로시가 사망하자 조와 조지아 알레포는 이 선교의 책임을 물려받았고, 그들이 맥아더와 친구가 된 시점은 바로 그들의 리더십이 필요한 때였다. 이를 계기로 존은 2000년에 이탈리아를 처음 방문하게 되었다.

이탈리아에서 복음주의 사역은 오랫동안 규모가 작고 분열되어 있었다. 신자들 사이에는 강력한 교리 설교가 그들의 결속력을 더욱 약화시킨다는 의견이 팽배해 있었다. 조 알레포는 그런 의견에 동의

하지 않았고, 맥아더에게 은혜의 교리를 설교해 줄 것을 촉구했다. 2000년 첫 방문과 첫 번째 포커스 콘퍼런스는 알레포의 신념을 확인시켜 주었다. 여러 사람에게 설교에 대한 새로운 비전이 생겨났고, 장기적인 결과가 뒤따랐다. 2007년까지 맥아더는 이 콘퍼런스를 다섯 차례 인도했다.[117] 마지막 방문에서 패트리샤가 맥아더와 함께했을 때, 그들은 크리스티아나라는 이름의 한 노인 신자에게 이탈리아어판 "맥아더 스터디 바이블"을 선물하는 기쁨을 누렸다. 패트리샤의 간증은 그들에게 특별한 격려가 되었다.

크리스티아나는 80대로 인생의 대부분을 가톨릭 수녀원에서 수녀로 살며 일했다. 사실 크리스티아나는 수녀원 수녀들의 영적 지도를 책임지는 원장 수녀였다. 크리스티아나는 최근에야 침례를 받았으며, 인생의 늦은 시기에 그토록 큰 어둠 속에서 어떻게 그리스도를 믿는 구원의 신앙을 갖게 되었는지 이야기해 주었다. 크리스티아나는 통역사를 통해 설명했다. 크리스티아니와 수녀원의 다른 수녀들은 수년 동안 라디오로 성경 말씀을 꾸준히 들었다. 알고 보니 이 수녀들은 내가 아는 한 성경 교사의 방송을 듣고 있었는데, 그는 이탈리아 출생의 복음전도자로 미국에서 활동하며 이탈리아 전역에 성경을 구절별로 가르치는 방송을 하는 사람이었다.

하나님의 은혜와 인내가 놀랍게 발휘되면서 진리가 오류를 이기고, 하나님의 말씀의 빛이 80세 여성의 마음과 정신에 비치었다. 그녀의 속박이 끝나고 짐이 풀렸다. 나는 크리스티아나가 그녀의 작은 세계에서 어떤 사역을 하고 있는지 궁금하지 않을 수 없다.

맥아더의 첫 러시아 방문은 맥아더에게 미국에서 필요한 것이 무엇인지 확인시켜 주었다. 마찬가지로 이탈리아의 종교적 상황은 이미 미국에서 익숙했던 것으로, 1990년대 중반부터 미국에서 논쟁을 일으킨 그가 확신하는 교리를 더 강화해 주었을 가능성이 크다.

1994년 3월, 로마 가톨릭교도와 복음주의자들로 구성된 한 단체는 "복음주의자와 가톨릭교도가 함께: 세 번째 밀레니엄의 기독교 사명"(*Evangelicals and Catholics Together: The Christian Mission in the Third Millennium*)이라는 제목의 문서를 발표했다. 이 문서는 가톨릭교도와 복음주의자들이 그리스도 안에서 하나이며, 따라서 함께 일해야 한다는 견해를 제시했다. 특히 존을 놀라게 한 것은 그의 친구인 짐 패커가 이른바 ECT로 알려진 이 문서의 지지자 중 한 명으로 두드러지게 등장한 것이었다. 패커 박사는 1988년 *The Gospel According to Jesus*의 첫 서문을 쓴 사람이다. 그레이스교회는 패커의 책을 열렬히 리뷰하고 홍보했다. 존은 "우리 세대에 패커 박사보다 개혁신학을 더 효과적으로 옹호한 사람은 드물다"고 말했다.

맥아더는 1994년 6월에 보낸 Grace to You 서신에서 ECT에 대한 반대 의사를 표명하고, 로마 가톨릭의 가르침이 어떤 것인지 명확히 드러냈다. ECT의 발기인들은 복음주의자와 가톨릭교도를 동등하게 기독교인으로 간주해야 한다는 기초 위에 진행했지만, 무엇이 사람을 기독교인으로 만드는지는 필연적으로 명시하지 않았다. 가톨릭 신앙에 따르면 세례 받은 사람은 모두 기독교인이기 때문이다. 그리고 세례로 중생에 이른다는 믿음은 로마 가톨릭의 근본적인 오류, 즉 성경만을 구원 계시의 유일한 원천으로 간주해서는 안 된다는 믿음에 기초를 두고 있다. "성경과 전통 모두 동일한 숭배와 경외의 정신으로 받아들이고 존중되어야 한다"고 했다.[118]

맥아더는 "우리 신앙에는 토론의 여지가 있는 문제들이 있지만, 많은 경건한 사람이 동의하지 않는 문제가 있다. 구원의 수단은 그런 것 중 하나가 아니다"라고 결론지었다. 그는 그리스도와 그분의 교회에 대한 사랑으로 이 문제를 제기했다고 말했다. 패커에 대한 언급은 없었다. 그러나 그해 말 그가 ECT에 대한 길게 쓴 장을 포함하고 있는 *Reckless Faith*를 출간했을 때, 패커는 계속해서 ECT를 지지하고 있었고,《크리스채너티 투데이》(1994년 12월호)에 "주님을 사랑하는 사람들이 함께 서야 하므로 서명했다"고 썼기에, 그에 대한 짧은 언급을 피할 수 없었다.

1995년 1월, 두 사람은 다른 사람들과 함께 플로리다 주 포트 로더데일에서 열린 비공개 모임에서 만났다. 그러나 합의에 이르지 못했고, 맥아더는 R. C. 스프롤, 제임스 케네디와 함께 텔레비전 토론에 나갔다. 토론에서는 ETC를 비난하면서 가능한 한 최선의 관점에서 동의하지 않는 복음주의자들의 동기를 제시하려고 노력했다. 그러나 이것은 옛 친구들과의 모든 공개적인 협력이 끝났음을 의미했다.

방송에서 맥아더는 말했다.

나는 이것이 계속 확대될 거대한 운동의 시작에 불과하다고 확신합니다. 가장 큰 이유는, 관용에 대한 지배적인 외침, 교회의 심각한 분별력 부족, 그리고 이러한 통일적 사고가 갖는 엄청난 힘 때문입니다.[119]

맥아더는 다시 한번 인기 없는 위치에 섰다. 물질주의적 세속주의에 맞서 사소한 차이는 접어두고, 이제는 거의 복음주의의 아이콘이 된 C. S. 루이스가 사용한 '순전한 기독교'를 중심으로 단결할 때라는 생각이 폭넓은 지지를 받았다.

존이 예상한 대로 사랑이 부족하다는 비난을 중심으로 반대파가 결집할 것이다. "목사, 개신교와 가톨릭 간 친선 분위기 깨뜨리다"라는 제목으로 《로스앤젤레스 타임스》(1995년 3월 11일자)가 그레이스 교회 목사의 입장을 비난했다. 이 기간 동안 Grace to You는 "화해할 수 있는 차이"와 "무분별한 믿음"이라는 제목의 테이프 두 개를 무료로 제공했다. 이후 발행된 뉴스레터에서 맥아더 목사는 "Grace to You 25년 역사상 가장 놀라운 반응이었다"고 언급했다. 대부분은 굳건히 서 있는 것에 감사하고 고마워했지만, 몇몇은 그렇지 않았다.

저는 비판적인 반응에 놀라기보다는 슬펐습니다. 구원의 방도로서 믿음의 핵심이 되는 문제에 대해 진실을 말하는 것이 망언이나 분열을 조장하는 것으로 낙인찍힌다는 것은, 우리가 살고 있는 시대에 대해 많은 것을 말해 줍니다.

그중 특히 격려받은 한 그룹의 편지를 발견했다.

긍정적인 편지 중 다수가, 가톨릭 신자로 성장해 수년 동안 행위 중심의 구원 체계를 고수한 후에야 구원받은 사람들이었다는 사실에 흥미가 있으실 것입니다.

맥아더가 로마 가톨릭교를 중심으로 한 이탈리아와 더 가까이 접촉하게 되면서, 국내에서 에큐메니컬 영향력에 대한 그의 우려는 더욱 깊어졌다.

존 맥아더는 1990년대에 해외를 여러 차례 방문하면서 외국의 복음주의자들에게 그들의 모국어로 된 출판물을 지원하고자 하는 열망을 키웠다. 2010년까지 그의 책이 번역되지 않은 주요 언어 그룹은 거의 없었다. 한국어(57종), 루마니아어(52종), 프랑스어(51종), 러시아어(45종), 독일어(44종), 포르투갈어(25종), 이탈리아어(17종), 중국어(10종) 순이었다. 아프리칸스어, 알바니아어, 노르웨이어, 네팔어 등 잘 알려지지 않은 언어도 번역되었으며, 네팔어로 번역된 것은 *Charismatic Chaos*뿐이었는데, 그의 저서 중 가장 널리 보급된 작품이었다. 총 35개국에 번역본이 제공되었으며, 인도와 필리핀은 영어로 특별 인쇄되었다.

이 시기의 주요 번역 프로젝트는 "맥아더 스터디 바이블"이었다. 2002년에는 독일어로,[120] 2004년에는 러시아어와[121] 스페인어로,[122] 2006년에는 이탈리아어와[123] 프랑스어로 번역되었다. 특히 프랑스어판 출시가 기억에 남는다. 2006년 9월 종교개혁 투어가 끝날 무렵, 제네바의 12세기 성 베드로 대성당에서 출판기념식이 열렸다. 그 투어에서 맥아더는 다른 참가자들과 함께 바르트부르크성에 있는 루터의 방을 방문하고, 비텐베르크에서 종교개혁자 강단에 섰으며, 츠빙글리의 취리히를 보았다. 그러나 그가 가장 감명받은 곳은 아마도 제네바에 있는 '종교개혁의 벽'이었을 것이다. 이 벽에는 칼빈, 파렐, 베자, 녹스가 성경을 손에 들고 있는 모습이 묘사되어 있었다. 프랑스어 "맥아더 스터디 바이블"의 출판사인 제네바 성서공회는 출판기념식 장소로 칼빈의 강단을 확보해 두었다. 맥아더는 시편 19편을 본문으로 "하나님의 말씀만 전하고, 그 어떤 것도 섞어서는 안 된다"는 메시지를 전했다. 그날 맥아더의 설교를 들은 청중의 일부는 영어를 사용하는 관광객이었다. 대부분은 프랑스어를 사용하는 사람들이었는데, 그들은 동시통역을 들으며 눈물에 젖어 바로 바깥 계단에 준비된 성경을 구매하러 몰려들었다. 한 참관자 스티브 에스몬드의 표현에 따르면, 예배의 마무리는 한동안 멍하게 하는 여운

을 남겼다고 한다.¹²⁴

물론 다른 많은 출판사도 맥아더의 책을 영어와 번역본으로 출판하는 프로그램에 참여했지만, 맥아더의 지원을 받은 Grace to You의 참여는 필수적이었다. 이는 맥아더가 국내 기독교인들에게 강조한 우선순위를 반영한 것이었다.

텔레비전과 달리 책은 인쇄된 페이지에 생각을 고정해 놓기 때문에, 우리는 지성을 능동적으로 동원하여 제시된 견해에 더해 논쟁하고 판단하게 된다. 책은 영구적이어서 우리 마음의 반응을 요구한다. 책은 우리의 생각을 키우고, 우리 자신과 일상에서 벗어나 생각하도록 돕는다. 하나님이 특별한 계시를 전달하기 위해 책을 선택한 것은 결코 우연이 아니다!

맥아더의 수많은 해외 방문은 아무도 예상하지 못한 결과를 가져왔다. 우리는 그가 러시아를 처음 방문했을 때, 하나님이 설교자를 일으켜주시도록 기도 요청하는 것에 주목했다. 이 요청은 그가 가는 곳마다 반복되었다. 이 필요는 여러 곳에서 복음 사역을 위한 학생들을 준비시킬 효과적인 수단이 부재한 것과 관련이 있었다.

맥아더는 '설교자는 갈보리뿐 아니라 대학에도 가야 한다'는 것을 의심한 적이 없다. 그는 단순히 학문적인 의미의 대학을 의미한 것이 아니다. 이미 인용한 사마라의 빅토르 랴구조프와의 인터뷰에서 맥아더는 "신학 훈련이 얼마나 중요합니까?"라는 질문을 받고 이렇게 대답했다.

신학교육은 매우 중요하지만 올바른 성경적 관점을 유지해야 합니다. 올바른 신학 훈련은 단순한 학문적 수업이 아닌 적용 가능한 제자 훈련입니다. 그래서 우리 신학교가 교회 캠퍼스 안에 있는 것입니다. 저는 항상 신학교육을 교회생활의 맥락에서 유지하려고 노력해 왔습니다. 신학교육의 목적은 우리가 더 나은 제자가 되고 더 효과적인 사역자가 되는 것이지, 세상의 눈에 학문적 존경을 받는 것이 아닙니다.

이때부터 마스터스신학교의 도움이 시작되었다. 1987년에 설립된 후 20년 동안 800-1,000명에 이르는 남성이 훈련받았다. 특히 감사한 것은 미국 전역의 신학대학에서 복음 사역을 위해 준비된 학생이 50퍼센트를 넘지 않는다고 알려졌지만, 마스터스신학교는 첫 10년 동안 90퍼센트 이상의 졸업생이 목회자나 선교사가 되었다는 사실이다.

존이 빅토르 랴구조프 같은 사람들과 나눈 토론은 외국에 훈련센터를 세우는 비전으로 이어졌다. 러시아의 사마라, 시칠리아의 아치레알레, 남아프리카공화국의 폴로콰네와 프리토리아(그레이스 미니스트리 스쿨)에 그러한 기관이 설립되면서 그 비전이 실현되었다. 이 모든 곳에서 마스터스신학교 출신자들이 중요한 역할을 했다. 2009년까지 20명의 마스터스신학교 졸업생들이 그레이스커뮤니티교회 선교사들과 함께 남아공에서 사역하고 있었다. 그중 한 명인 조엘 제임스는 1994년에 와서 프리토리아의 그레이스펠로우십교회(존 맥아더의 방문 후 설립된 두 교회 중 하나)를 목회하고 있다. 그레이스 미니스트리 스쿨에는 2009년 8개국에서 온 학생들이 있었는데, 그중 7개국 학생은 아프리카에서 왔다. 강사 중 한 명인 웨인 맥 박사는 마스터스신학교와 마스터스컬리지에서 가르치다가 70세가 되던 해에 프리토리아의 요청에 응했다.

Grace to You가 선 밸리에서 세계 여러 언어로 하나님의 말씀을 전하는 방식에서, 설교자에게 한 가지 놀라운 일이 아닌 것이 있었다. 맥아더가 한 인터뷰에서 "다른 언어와 문화로 어떻게 번역합니까?"라는 질문을 받은 적이 있다. 그의 대답이 그의 사역의 핵심을 다시 한번 강조했다.

성경을 가르치면, 모든 국경과 언어, 문화를 초월하기 때문에 그것은 결코 문제가 되지 않습니다. 성경은 하나님께서 성경을 기록하신 이래로 그랬던 것처럼, 오늘날도 그리고 앞으로도 여전히 모든 언어와 문화를 넘어 적용됩니다.

SERVANT OF THE WORD
AND FLOCK

편지 바구니

Grace to You를 방문했을 때 정기적으로 들어오는 많은 편지를 살펴볼 기회가 있었다. 이 편지는 출판을 목적으로 하지 않은 개인적인 간증을 담고 있어 더욱 가치가 있다. 이러한 편지는 2003년 11월에 맥아더가 후원자들에게 보낸 편지의 진실을 보여준다.

Grace to You의 핵심은 재정이나 인상적인 통계가 아니라는 것을 여러분은 아실 것입니다. 성경 중심의 자료는 그것을 사용하는 사람들이 하나님에 대한 이해가 깊어지면서 삶을 변화시킵니다.

편지를 보낸 사람들의 나이나 배경에는 일관성이 없다. 상당수는 젊은 사람이다. 한 13세 소녀가 다음과 같이 썼다.

> 저는 기독교인이 된 지 2년 정도 된 아직은 그리스도 안에서 아주 어린 아기입니다. 그러나 목사님의 책 "가까이 다가서기"(*Drawing Near*)를 통해 저는 성경을 이해하고 성장하고 있습니다. 성경을 읽는 것은 정말이지 기쁨을 가져다줍니다! 성경을 통해 예수님은 제 죄를 보여주셨고, 그분이 저를 용서해 주시는 자비로운 분임을 알게 되어 기쁩니다.

오마하 출신의 한 청년은 "저는 스물여섯 살입니다. 저는 그동안 어린아이 같은 설교('baby' preaching)와 약한 교리가 만연한 시대에 자랐다는 것을 깨달았습니다. 당신의 프로그램에 매우 감사드리며, 하나님께서 당신을 통해 계속 말씀하시기를 기도합니다"라고 썼다.

내가 본 최연소 댓글은 다섯 살짜리 아이의 것이었는데, 아이가 직접 쓴 것은 아니고 그의 아버지가 전해 준 것이다.

> 다섯 살짜리 아들과 세 살짜리 딸이 얼마 전에 싸웠어요. 아내는 둘에게 말했습니다. 너희가 더 잘 지내기 위해, 하나님이 너희가 뭘 하기를 바라실지 생각해 보라고 말입니다. 몇 분 후 제 아들이 답을 찾았습니다. 존 맥아더의 설교를 더 많이 들어야 해요!

전 세계 각지에서 그리고 다양한 상황에서 편지가 들어온다. 오스트리아의 한 청취자는 이렇게 말했다. "인터넷에서 당신을 알게 되어 정말 감사합니다(사실 제 아들이 찾았어요). '제자의 기도' 시리즈는 기도에 대한 제 태도와 기도 방식을 근본적으로 바꾸어 놓았습니다." 독일의 한 여성은 이렇게 썼다. "저는 오늘날의 아무거나 믿는 기독교에서 견고한 성경적 양식을 찾다가 절망에 빠질 뻔했습니다. 당신의 헌신과 노고에 진심으로 감사드립니다."

필라델피아 근교에 사는 한 남성은 26세의 아내가 최근 폐 질환으로 사망하면서 세 명의 아이를 남겨두었다고 한다. 그는 이렇게 썼다.

> 아버지가 시련에 관한 목사님의 설교 중 하나를 주셨습니다. 저는 Grace to You를 듣기 시작했고, 우리를 향한 하나님의 사랑을 천천히 이해하기 시작했습니다. 하나님은 당신의 가르침을 통해 제 인생의 가장 어두운 날과 시간을 이겨내도록 인도해 주셨습니다.

베네수엘라에서 한 남성은 보고했다. "저는 틈만 나면 목사님의 방송을 듣고, 틈틈이 노트를 작성하여 교회에서 다른 사람들과 이 공부 내용을 공유합니다. Gracia a Vosotros가 우리의 영적 삶을 형성하고 다듬는 데 도움이 됩니다." 사우디아라비아에서 일하는 한 필리핀인은 이렇게 썼다. "목사님, 당신의 웹사이트는 제게 큰 축복이며, 이곳에서 일하는 많은 사람도 당신의 사역을 통해 축복받고 있습니다." 이라크에서도 같은 소식이 들려왔다. 한 미 육군 중위가 매일 인터넷으로 Grace to You를 듣고 있다는 내용의 편지를 보내면서 "이 글을 존에게 전달해 주셔서 그의 설교가 이라크의 군인에게 은혜가 되고 있다는 것을 알게 해주시면 감사하겠습니다"라고 덧붙였다.

편지를 보내는 사람들은 종종 자신에게 도움을 준 특정 주제에 대해 언급한다. 이라크에서 복무 중인 또 다른 미군은 이렇게 말했다. "하나님 말씀의 진리를 전하는 데 헌신하고 그 진리를 타협하지 않는 당신의 모습이 하나님께 사용되어, 어려운 시기에 저를 세워주었습니다." 죄의 죄악 됨이라는 주제를 많은 사람이 언급했다. 그가 특정한 죄를 다루는 방식은 한 여성에게서 기억에 남는 이 편지를 받게 했다.

저는 1999년에 동성애 생활에서 구원받았습니다. 저는 그 삶을 뒤로하고 돌아보지 않았습니다. 그러나 때때로 여전히 죄책감을 느낍니다. 구원받은 지 약 1년 후, 저는 가족이 다니는 교회에 출석하기 시작했습니다. 그 교회 목사님은 제 가족을 잘 알고 제 배경도 잘 알고 있었습니다. 그 교회에 다닌 7년 동안 저는 동성애자가 구원받을 수 있다는 말을 들어본 적이 없습니다. 그들은 동성애자를 조롱하고 놀리기만 했습니다. 저는 1년 전에 그 교회를 떠났고, 거의 1년 동안 매일 맥아더 목사님의 설교를 듣고 있습니다. "동성애자에 대한 하나님의 생각"이라는 제목의 설교를 들었는데, 하나님은 동성애자를 사랑하시며 그들도 구원받을 수 있다는 말씀을 듣고 울었습니다. 당신의 방송이 제 성장을 얼마나 도왔는지 말씀드리고 싶어요.

버지니아 주 포츠머스에 사는 한 여성은 이런 편지를 보내왔다.

성령님께서 당신의 방송을 통해 제게 수없이 많은 도움을 주셨습니다. 하나님께 감사드립니다. 특히 거짓 선지자에 관한 주제를 다뤘을 때, 하나님은 정말로 당신을 사용하셔서 그분의 지혜와 총명으로 저를 축복해 주셨습니다. 당시 저는 성경에서 말하는 거짓 선지자들이 실제로 있는 교회 한가운데에 있었어요. 많이 기도하고 성경을 통한 하나님의 말씀 그리고 QT 시간에 하나님의 음성을 들은 후, 당신의 방송이 하나님의 계시를 제게 확인시켜 주었습니다.

여러 편지가 구원의 확신이라는 주제에 대해 새로운 깨달음을 얻었다고 말한다. 캘리포니아 프레즈노에 사는 한 부부는 이렇게 썼다.

남편과 저는 하나님이 당신의 마음에 '은혜의 교리' 시리즈를 두신 것에 감사드립니다. 이 시리즈는 말 그대로 우리의 삶을 변화시켰습니다. 우리는 하나님께서 우리에게 구원의 확신을 주시도록 기도하고 또 기도했습니다. … 이 시리즈가 우리처럼 구원의 확신을 찾고 있는 다른 사람들에게 얼마나 큰 영향을 미쳤는지는 많은 시간이 지난 후 드러날 것입니다.

42세의 한 남자가 명목상 신자로 살다가 최근 어떻게 그리스도를 영접했는지 이야기했다. 그러나 여전히 다음과 같은 문제를 겪고 있었다.

> 작은 유혹들이 끊임없이 의심을 불러일으켰고, 나는 그 말씀의 진리를 이해하고 그를 영화롭게 하기를 갈망했습니다. 그러던 어느 날 우연히 WFCU를 켜고 목사님의 말씀을 들었습니다. 나는 무슨 일이 일어나기 시작했는지 믿을 수 없었습니다. 목사님은 내 마음속에 하나님의 말씀이 살아 움직이게 했고, 42년간의 의문과 의심을 서서히 벗겨냈습니다. 나는 여전히 인간적이지만 사탄은 패배했습니다.

하나님의 주권적 은혜와 택하심에 관한 방송 시리즈는 많은 사람의 반응을 이끌어냈다. 뉴욕 주 버팔로에서 온 한 남성은 이렇게 썼다. "진심으로 감사합니다. 존 목사님이 하나님의 말씀 위에 서서 택하심에 대해 설교하는 것을 들으면서 겸손함과 용기를 얻었고, 감사한 마음이 가득 찼습니다." 또 다른 사람은 이렇게 썼다. "택하심과 하나님의 주권에 관한 목사님의 설교가 구원에 대한 제 관점을 완전히 바꾸어 놓았습니다." 이 방송 시리즈가 시작되자 팜비치애틀랜틱

대학교의 한 학생은, 이 방송이 그들 사이에서 벌어지고 있는 토론과 얼마나 관련이 있는지 편지를 보내왔다.

> 최근 칼빈주의에 대한 주제가 우리 토론에 올라왔습니다. 이 주제를 다뤄주셔서 감사하다는 말씀을 드리고 싶습니다. 상상하실 수 있겠지만, 저는 룸메이트와 다른 대학 기숙사 친구들과 함께 매일 iTunes에서 이 팟캐스트를 들을 것입니다. 성경의 명확한 진리에 대한 목사님의 예시와 흔들림 없는 헌신에 감사드립니다.

목회자와 기독교 사역자들은 종종 자신이 받은 도움을 다른 사람들에게 베푼다고 말한다. 맥아더의 도움으로 한 사람은 도쿄에서 50명의 일본인을 대상으로 매주 로마서 성경공부를 가르칠 수 있었다. 또 다른 사람은 교도소 사역에 종사하며, 약 85명의 남성을 이끄는 성경공부 그룹을 운영하면서 하나님의 말씀을 더 잘 이해하게 되었다며 Grace to You 사역에 감사를 표현했다. 그는 또 교도소 수감자들 사이에서 "맥아더 스터디 바이블"이 널리 사용되고 있다고 이야기했다. 오하이오의 한 교도소 수감자는 이렇게 썼다.

> Grace to You에서 공부하면서 신앙이 크게 성장했습니다. 하나님 말씀의 완전성을 연구하고 유지하는 법을 배우도록 도와주셨습니다. 너무도 강력한 메시지가 내 죄를 깨닫게 해서 라디오를

끌 뻔한 적도 있었지만, 성령께서 그게 사실임을 증거하셨습니다.
듣기를 잘했다는 생각이 듭니다. 지난 2년 동안 하나님의 은혜로
제 삶에 큰 변화가 찾아왔습니다.

위스콘신에 사는 한 여성에게서 이런 말을 들었다.

> 세계적인 사이비 종교집단을 떠난 지 18개월이 지났습니다.
> Grace to You 테이프, 책, 라디오 프로그램은 저와 예수 그리스
> 도의 관계를 구축하는 데 큰 도움이 되었고, 오직 은혜로만 구원
> 받는다는 것이 무엇을 의미하는지, 그리고 다른 사람을 사랑하고
> 섬기는 것이 어떤 것인지 이해하는 데 도움을 주었습니다.[125]

캔자스의 한 침례교 목사는 성경 설교가 자신의 시야를 넓혀주었
다며 "우리 '침례교인'이 비침례교인 교회에 대해 어떻게 생각하는지
알잖아요. 그러나 이제 그런 시대는 끝났습니다. 그레이스커뮤니티
교회가 변화를 가져왔습니다"라고 말했다. 아칸소의 한 목회자는 이
렇게 썼다.

> 최근에 저는 당신의 책 The Gospel According to Apostles와
> The Gospel According to Jesus를 읽었습니다. 저는 오늘날 대부
> 분의 복음주의 교회에서 가르치는 값싼 믿음주의(easy-believism)
> 에 문제가 있다고 생각했지만, 그 구체적인 문제점을 지적할 수

없었습니다. 구원에 대한 목사님의 가르침은 제게 큰 도움이 되었습니다. 저는 제가 배운 것을 아내와 나누고 있습니다. 최근에 처음으로 구원이 예수님에 대한 몇 가지 사실을 믿는 것 이상임을 설명하는 메시지를 전했습니다. 저는 교인들과 요한일서 1-2장을 나누었습니다. 교인들은 놀랍게도 조용했고 열심히 경청했습니다.

테네시에서 아주 비슷한 편지가 왔다.

저는 시골의 작은 아프리카계 미국인 교회의 담임목사입니다. 목사님의 저서 *Hard to Believe*(『값비싼 기독교』, 부흥과개혁사)에서 말씀하신 원칙이 기독교 교회에 보편적으로 중요하다는 것을 알게 되었습니다. 실제로 저는 수요일 밤 성경공부에 이 가르침을 도입했습니다. 우리는 모두 예수님을 따르는 데 큰 대가가 따른다는 것을 알게 되었습니다. … 저는 하나님이 모든 영광을 받으시기에 합당하신 분임을 알지만, 목사님을 통해 그분이 우리 교회에 전해지도록 허락해 주신 것에 감사드립니다.

어떤 로마 가톨릭 신부가 뉴올리언스에서 맥아더에게 편지를 보내, 자신이 사제 서품을 받은 지 14년 된 10년 전에, 어떻게 그리스도를 주님과 구세주로 알게 되었는지를 말해 주었다.

그 후로 저는 성경에 중독되었습니다. 지난 5년 동안 당신의 라디오 방송을 듣고 있습니다. 저는 당신의 모든 스터디 가이드와 여러 권의 책과 팸플릿을 가지고 있습니다. … 지난 주에는 미시시피 강변에서 열린 예수회 피정에서 연사로 초청받았습니다. 저는 당신의 책 *The Gospel According to Jesus*에 크게 의존해 30분짜리 강연 11개를 준비했습니다. 남성 111명이 참석했습니다. 피정 수양관 관장은 그곳에 있으면서 그렇게 칭찬하고 열광하는 강연을 들어본 적 없다고 말했습니다.

이 서신은 그 방송을 듣는 사람들이 결코 기독교인만이 아님을 보여준다. 종종 의도치 않게 불신자들도 방송을 듣는다. 한 여성은 Grace to You를 듣고 있는데, 예상치 못하게 남편이 점심을 먹으러 들어왔다. 남편이 복음에 매우 적대적이었기에 남편이 화내지 않도록 라디오를 끄는 게 그녀의 첫 반응이었을 텐데, 뭔가가 그녀를 그렇게 하지 못하게 했다. 남편은 귀를 기울이기 시작했고, 하나님의 말씀에 사로잡혀 매일 Grace to You를 듣기 시작했다. 2주 만에 그는 집에 돌아와 아내에게 주 예수를 구세주로 믿게 되었다고 말했다.

미시간 출신의 한 남성은 무슬림 가정에서 자랐으며, 아버지가 돌아가신 후 반항과 마약에 빠져 살다가 하나님을 찾기 시작했다.

저는 모스크에서 여정을 시작했습니다. 저는 문서를 구하고 기도하기 위해 여러 번 모스크에 갔습니다. 갈 때마다 더 큰 공허함을 느꼈습니다. 제 삶이 혐오스러웠고, 제가 모든 인간 중에서 가장 낮은 존재라고 느껴졌습니다. … 어느 날 운전 중에 라디오에서 그리스도에 관한 이야기를 들었는데, 제가 하나님께 이끌린다는 느낌이 들었습니다. 설명할 수는 없지만 제가 이끌린다는 것만 알았어요. 저는 하나님께 중요한 말을 했던 기억이 납니다. 제가 그분을 '주님'이라고 불렀습니다. 이것은 제게 중요한 일이었습니다. 무슬림은 하나님을 주님이라고 부르지 않기 때문입니다. 저는 주님께 교회에 나가겠다고 약속했고, 실제로 그렇게 했습니다. 그리고 성경을 읽기 시작했습니다. 언제였는지는 모르겠지만 하나님의 은혜로 거듭났고 세례도 받았습니다. 저는 목사가 되고 싶습니다. 저는 Grace to You 듣는 것을 좋아합니다. 당신의 메시지에서 위로를 받습니다. 제 가족과 저는 특히 다른 친척에게서 많은 핍박을 받고 있습니다. 우리는 믿음을 굽히지 않을 것입니다. 우리는 하나님의 말씀대로 살며 부끄러워하지 않습니다.

테네시 출신의 43세 흑인 미국인이 블랙파워 운동의 영향으로 기독교에서 멀어졌던 경험을 다음과 같이 썼다.

저는 '백인' 예수에 저항하는 가르침과 친흑인적 가르침을 받아들여 그것이 제 종교가 되었습니다. … 약 9년 전 라디오에서 처음 당신의 설교를 들었을 때, 저는 이 사람이 정말 마음에 들지 않는다고 생각했습니다. 당신이 백인이라고 확신했습니다. 그러던 어느 날 당신이 죄 용서와 사랑에 대해 설교하는 것을 듣고 제 눈에서 베일이 벗겨졌습니다. 그때까지 저는 진정으로 복음을 들어본 적도 없었고, 하나님의 거룩함을 진정으로 이해하지도 못했습니다. 매일 목사님의 설교를 듣는 동안 하나님의 말씀이 제게 놀라운 영향을 미치기 시작했습니다. 하나님의 은혜로 저는 지난 9년 동안 주님을 위해 살고, 그분의 말씀을 공부하며, 목사님의 방송을 듣고 있습니다.

아마도 이 모든 편지에서 가장 중요한 주제는 아직 언급되지 않았을 것이다. 이 주제는 여러 곳에서 반복되고 있으며, 이 세상에서 추정할 수 있는 것보다 이 사역의 영향력과 더 밀접하게 연관되어 있다. 나는 이러한 고백을 언급하고 싶다. "매일 맥아더 박사님을 위해 기도하고 있습니다" "우리 하나님이 계속해서 목사님에게 지혜와 선하심을 부어주시기를 항상 기도하고 있습니다" "저는 계속해서 기도와 지지를 보냅니다" "우리 가족은 당신의 사역을 위해 기도하고 있습니다."

사도 바울은 자신의 사역을 위해 그리스도인들의 중보기도가 필요했다. 모든 신실한 사람들도 마찬가지다. 스펄전이 "내 사람들이 나를 위해 기도한다"고 말한 것은 그의 사역의 결실에 대해 말한 것이다. 존 맥아더의 설교에 대한 하나님의 축복은, 기도를 들으시고

응답하시는 하나님에 대한 증언이다.[126]

마지막으로 중요한 생각이 하나 더 있다. Grace to You는 후원금을 강요하지 않는다. 그러나 사역에 기부로 동참하는 수많은 사람이 없다면 이 사역은 지속될 수 없다. 이러한 후원의 결과 중 하나는 매우 제한된 자원을 가진 사람들에게 도움을 줄 기회를 제공한다는 것이다. 작은 교회의 목회자부터 교도소에 있는 재소자까지 다양한 사람들의 감사의 글을 읽는 것은 감동적이다. "우리 가족은 무료로 받은 자료 덕분에 큰 축복을 받았습니다." "이런 친절에 어떻게 감사를 표해야 할까요? 감사합니다, 감사합니다, 감사합니다." 이런 말은 드물지 않게 들을 수 있다.

한 사건이 Grace to You의 운영 방식을 잘 보여준다. 한 여성이 10년 가까이 말씀을 들어왔고, 말씀을 들으며 계속 축복을 받았지만, 더는 재정적으로 후원할 수 없게 되었다고 편지를 보내 왔다. 그녀의 남편이 최근 뇌졸중으로 쓰러졌기 때문이다. 존 맥아더를 대신해서 한 직원이 그녀에게 전화를 걸어 격려의 말을 전하고, 무료 책이나 테이프를 계속 전달했다. 그녀는 기부할 수 없는 사람에게 이런 일을 하는 사역이 놀랍다는 반응을 보였다. 이 사역을 후원한 사람들은 그리스도를 헛되이 섬긴 것이 아니다.

SERVANT OF THE WORD
AND FLOCK

존 맥아더를 이해하지 못한
사람들 (반대와 질문)

존 맥아더의 사역에 적대적인 사례는 부족함이 없다. 이 중 일부는 Grace to You에 도착하는 편지에 담겨 있다. 유타에 사는 한 여성은 자동차 라디오에서 그의 책 *The Gospel According to Jesus*에 대해 듣고는 그 지역의 유일한 기독교 서점을 방문했다. 서점을 운영하는 남자는 그 책을 판매하지 않았고, 우리를 위해 그 책을 주문하거나 판매하고 싶지 않다고 말했다. 그러고는 왜 맥아더를 좋아하지 않으며, 왜 그의 책을 읽으면 안 되는지 장황하게 설명했다.

또 다른 사람은 자신이 35년 동안 기독교인이었고, Grace to You를 듣는 것이 매일의 기독교인 생활에서 얼마나 '탁월한 자원'이었는지 이야기했다. 그런데 교회 장로로 지명되어 장로들과 인터뷰할 때는 고통스러운 경험이었다.

처음 30분 동안 그들은 마치 Grace to You를 듣거나 당신의 책을 읽는 것이 용서받지 못할 죄인 것처럼 당신의 사역을 깎아 내렸는데, 나는 그것에 충격받았습니다. 장로들은 구도자(seeker-sensitive) 중심의 형식으로 나아가기를 원하고 있습니다.

맥아더의 사역에 대한 이러한 반응을 설명하는 방법에는 오해와 잘못된 정보, 무지와 성경의 가르침에 대한 노골적인 반감 등 여러 가지가 있다.[127] 여기서는 일반적인 것을 다루는 것이 아니라, 앞 페이지에 언급하지 않은 몇 가지 특정 질문이나 반대에 대해 다루고자 한다.

어떤 사람들은 맥아더의 설교 내용이 아니라 그가 말하는 방식에 반대한다. 브라질의 한 목사는 "대부분의 경우 맥아더는 자신의 견해를 다소 강하게 내세우는데, 자신과 의견이 다른 사람에 대한 배려가 부족하다"고 불평했다. 이에 대한 답변으로, 맥아더의 어조가 현대 설교에서 흔히 볼 수 있는 것보다 훨씬 강하고 직접적임을 인정해야 한다. 그는 설교자가 말하는 내용에 권위가 없다면 하나님의 이름으로 설교해서는 안 된다고 믿었다. 이것은 '정치적으로 올바르지' (politically correct) 않은 시대에 솔직한 말이 더욱 필요하며, 누군가가 주저할지라도 많은 사람이 매우 필요하다고 인식하는 바로 그 일이다. 플로리다의 한 청취자는 "말씀을 전하는 당신의 담대함에 놀랐습니다. 정말 통쾌했습니다. 저는 우리 교회에서 가르치는 말씀에 확신을 가진 적이 거의 없습니다"라고 말했다. 그의 설교를 정기적으로 듣는 다른 사람들은 그가 그들의 감정에 무관심한 것이 아니라, 반대로 직접적으로 말하는 것이 그들에게 깊은 관심이 있기 때문임을 이해한다. 한 청취자는 이렇게 썼다.

> 우리의 기분이 어떻든 간에 기꺼이 진실을 말해 주셔서 감사합니다. 힘든 메시지는 당장은 상처가 될 수 있지만, 결국에는 생명과 하나님과의 진정한 관계로 이어집니다. 저 같은 사람에 대한 당신의 관심과 분명한 사랑에 감동했습니다.

또 맥아더는 진리에 반대하는 사람들에게 따뜻한 태도를 보이는 것이 적절하지 않다고 생각하지만, 그런 사람들을 절대로 비하하지 않았다. 아마도 수백만 명이 미국에서 가장 인기 있는 토크쇼 "래리 킹 라이브"에서 그를 보았을 것이다. 그는 유일한 기독교인으로 그룹 토론에 참여했다. 거기서 그의 증언 방식은 명확하면서도 겸손했다. 한 찬관지의 말에 따르면,

> 뭔가를 옹호하고 물러서지 않는 당신의 모습에서, 래리가 당신을 존경하는 모습을 보는 것은 신선한 충격이었습니다. 또 다른 사람을 크게 존중하는 모습을 보여주셨는데, 그것이 바로 놀라운 증언입니다.

존 맥아더에 대한 일부 비판은 그의 복음주의적 지도력에 감사

하면서도 차이를 표현하는 사람들에게서 나온다. 사무엘 왈드론 (Samuel Waldron) 박사처럼 교리적인 면에서 2차적인 문제로 맥아더를 반대했지만 "그는 내 현대의 영웅 중 한 명입니다. 나는 존 맥아더를 사랑하며 그의 사역에 대해 하나님께 감사드립니다"라고 말하는 사람을 말한다.[128]

때때로 존 맥아더를 모방하려는 젊은 설교자들을 양산한다는 불평이 있다. 모방이 존재할 수 있다는 것은 부정할 수 없지만, 그가 모방 설교자를 키운다는 것은 스펄전이나 로이드 존스 같은 인물과 마찬가지로 사실이 아니다.

스펄전의 메트로폴리탄 태버내클 설교를 좋아했던 수많은 사람이 교회가 아닌 태버내클을 직접 세웠고, 더 신기한 것은 로이드 존스를 추종하는 사람 중 일부는 웨스트민스터 채플 강단에서 본 것처럼 정확하게 손가락으로 옷깃을 풀 수 있었다는 사실이다. 그러나 젊은이들에게는 리더가 필요하며, 그들이 리더를 너무 가깝게 따르는 것은 시간이 지나면 그들이 고쳐나가야 할 결점일 것이다. 누구도 모방해서는 안 된다. "귀인들을 의지하지 말며"(시 146:3)라는 명령에는 충분한 이유가 있다. 맥아더의 말처럼 역사를 통틀어 하나님은 불완전한 그릇을 사용하셨는데, 이는 "심히 큰 능력은 하나님께 있고 우리에게 있지 아니함을 알게 하려 함이라"(고후 4:7)는 말씀에 근거하고 있다.

하나님께서 다른 사람을 만드실 때 이상적인 틀이나 본보기는 없다. 두 사람이 동일한 은사를 가진 경우는 없으며, 가장 뛰어난 사람에게도 결점이 있다. 젊은이들 특히 마스터스신학교 졸업생들이 그레이스커뮤니티교회를 재현하려고 했을 수도 있으나, 그 책임을 맥아더에게 돌리는 것은 부당하다. 맥아더는 자신이 가르친 원칙을 하나님의 말씀에서 발견하고 그것을 지키는 차세대 설교자를 원한 것이지, 모방하는 제자들을 원한 것이 아니다. "각각 자기의 일을 살피라"(갈 6:4)는 것이 성경의 원칙이다. 모든 사람은 어떤 상황에서든 하나님께 영광을 돌려야 한다. "지도자라 칭함을 받지 말라"(마 23:10)는 것은 그리스도의 변함없는 명령이다.

빅토르 랴구조프가 러시아에서 맥아더와 대화를 나누던 중 제기한 또 다른 불만은 "어떤 사람들은 당신이 외국의 기존 교단을 해체하고 새로운 교단을 결성하려 한다고 말합니다. 이에 대한 당신의 답변은 무엇입니까?" 맥아더는 이렇게 대답했다.

그것은 사실이 아닙니다. 제가 교단을 만드는 데 관심이 있었다면 진작에 만들었을 것입니다. 지난 40여 년 동안 많은 교단, 협회, 그리고 교제를 강화하여 교회를 위한 지도자를 준비하도록 돕는 데 힘써온 사람이 교단 설립을 시도하는 것은 바람직하지 않습니다. 이것이 제가 여전히 헌신하고 있는 사역 방식입니다.

또 해외의 기존 교단을 해체하려는 시도에는 전혀 관심이 없습니다. 사실 저는 러시아어권 지역으로 가서, 이미 그곳에서 사역하고 있는 교회들을 섬기기보다는 자신의 교회와 파라처치 사역을 시작한 미국 복음주의자들을 공개적으로 비판해 왔습니다.

이 답변에 덧붙여, 맥아더와 그의 조력자들은 그들이 참여하고 있는 사역에 중요성을 부여하지 않는다는 점도 지적할 수 있다. 그렇지 않았다면 이 전기 이전에 이미 다른 전기가 출판되었을 것이다. 또 맥아더는 자신이 다른 많은 그리스도의 종과는 다른 특별한 일을 하고 있다는 인상을 주지 않도록 조심했다. 그는 Grace to You 후원자들에게 보낸 편지에 이렇게 썼다(2008년 5월 15일).

Grace to You는 결코 혼자가 아닙니다. 우리 같은 다른 많은 사역자가 여전히 미국과 전 세계에서 매일 청중에게 하나님의 말씀을 충실히 전하고 있습니다. 기독교 라디오에서 가장 오래되고 강력한 사역을 하는 일부 사역자들이 여러 세대에 걸쳐 성경을 가르쳐 왔으며, 그 어느 때보다 많은 열매를 보고 있습니다.

때때로 제기되는 또 다른 비판적 견해는, 공적 예배에서 다양한 악기를 무비판적으로 받아들이는 것 같다는 지적이다. 물론 이러한 현대적 발전은 그레이스커뮤니티교회나 마스터스신학교 학생들에게서 기인한 것은 아니며, 혹시 잘못이 있다면 그렇게 널리 퍼졌음에도 아무런 점검이 없었다는 데 있다.

이에 대한 응답으로, 예배의 일반적인 주제와 특히 악기 사용을 구별해야 한다. 일반적인 주제에 대해 맥아더는 절대 침묵하지 않았다. 그는 이 문제를 그의 책 The Ultimate Priority: Worship(『예배』, 아가페)에서 다루었으며, 하나님의 거룩함을 소홀히 하는 것을 '예배의 중심을 갉아 먹는' 결핍으로 규정했다. 그는 예배가 부차적인 문제가 아님을 인식했다. "저는 예배, 성경, 신학의 하향 평준화가 궁극적으로 심각한 교리적 타협을 가져올 것이라고 확신합니다."[129] 하나님에 대한 장엄함을 잃어버린 의식이 예배를 회중에게 어필하는 것으로 바꾸어 놓았다고 그는 지적한다.

> 아마도 실용주의의 가장 눈에 띄는 징후는 지난 10년 동안 교회 예배에 혁명을 일으킨 급격한 변화에서 볼 수 있다. 복음주의에서 가장 크고 영향력 있는 교회 중 일부는 이제 의도적으로 경건함보다는 흥겨움을 강조하는 주일 예배를 자랑한다.[130]

그는 "마음과 생각과 목소리로"(With Hearts and Minds and Voices)라는 제목의 글에서, 더 많이 알려질 필요가 있는 과거와 현재의 기독교 찬양에 대한 완전하고 균형 잡힌 조사를 제공한다. 다음과 같은 확신이 그의 해결책의 핵심이다.

오늘날 찬양 합창 중 최고의 곡들이 지닌 단순하고 솔직한 개인 찬양에는 분명 아무런 문제가 없다. 과거의 복음성가에 담긴 복음적이고 간증적인 내용도 아무런 문제가 없다. 그러나 일부 집단에서 현대 합창곡만 부른다는 것은 심각한 비극이다. 다른 교회들은 100년 된 복음성가로 레퍼토리를 제한한다. 그 사이 대규모의 풍부한 기독교 고전 찬송가들이 단순히 방치되어 완전히 사라질 위험에 처해 있다….

좋든 싫든 오늘날의 작곡가들은 교사이기도 하다. 그들이 쓰는 많은 가사는 곧 목회자들이 강단에서 가르치는 것보다 훨씬 더 깊고 영구적으로 기독교인들의 마음속에 뿌리내릴 것이다. 과연 얼마나 많은 작곡가가 신학과 성경에 충분히 능통하여 우리 신자들의 교리에 있어서 중요한 역할을 할 자격이 있을까?

이 질문은 특히 일부 고전 찬송가와 비교할 때 가장 인기 있는 현대 찬양에서 발견되는 표현의 빈약함으로 답할 수 있다. "비추소서"(Shine, Jesus, Shine)의 가사를 "영광의 왕께 다 경배하며"(O Worship the King, All Glorious Above)와 비교해 보라. 또는 "아름답게"(Something Beautiful)와 "오 거룩하신 주님, 그 상하신 머리"(O Sacred Head, Now Wounded)를 비교해 보라. 내가 이 예를 선택한 것은 현대 찬양에서 잘못되었거나 반성경적인 것을 발견했기 때문이 아니라, 그 장르에서 최고이기 때문이다.[131]

그러나 찬양의 내용에서 특히 악기로 눈을 돌린 존은 이 분야에서 일어난 변화의 주요 원인을 지적하면서도 비판은 거의 하지 않는다. 그는 "하나님께서 비틀즈에게 주신 것과 동일한 기름부음을 기독교 음악가들에게도 주실 준비를 하고 계신다"는 제임스 라일(Truth Works의 설립자, Promise Keepers의 창립멤버, 저술가, 목사)의 예언을 인용한다. 라일은 "내게는 목적이 있었고, 그 목적은 전 세계에 음악적 부흥과 함께 은사주의 갱신을 도입하는 것이었다"는 하나님의 말씀을 전한다.[132] 이것은 종종 진리를 듣고 있는지보다 음악을 좋아하는지 아닌지에 더 관심 있는 사람들의 취향에 영합하는 것이다.[133]

그러나 교회가 오케스트라를 사용하든 밴드를 사용하든, 오락이나 감성을 자극하는 것이 목적이 아니라면, 지역 상황과 선호도에 따라 결정할 수 있는 스타일의 문제라고 맥아더는 말한다. 교회는 성경 자체가 허용하는 자유를 제한해서는 안 된다. 하나님이 성전 예배에서 많은 악기 사용을 허락하셨다면, 왜 우리가 더 제한적이어야 할까? 따라서 예배에서 단순히 오락으로 사용되는 음악은 비난받지만, 음악 사역은 교회 가족을 영적으로 강화시키거나 복음의 범위를 확장하는 수단으로 본다면 부차적인 역할을 할 수 있다.[134]

개인적으로 나는 악기 사용에 자유가 허용된다는 주장이 맥아더 박사가 더 많은 관심을 기울일 수 있는 주장이었으면 좋겠다. 나는 악기를 옹호하는 주장이, 개혁자들의 반대자들이 로마 교회에 만연한 관습, 즉 악기에서 예복에 이르는 관습의 지속을 옹호하기 위해 사용한 것과 같은 논거에 근거하고 있다고 생각한다. 구약성경에서 이런 것을 승인했다면, 왜 지금 금지해야 하는지가 방어의 요지였다.

개혁자들과 청교도들의 대답은 그리스도의 사역과 성령의 부으심으로 인한 큰 변화를 확언하는 것이었다. 모든 곳에서 "영과 진리로"(요 4:23) 예배드리고, 레위인 성가대는 물러가고 반면에 신자들이 지성소에 들어가고, 그리스도의 말씀을 가지고 성령으로 충만한(엡 5:18-19; 골 3:16) 모든 사람이 노래하는 이 시대에, 옛 예루살렘의 성전은 더 이상 모델이 될 수 없다. 신약 교회는 성전 성가대, 향, 악기에 대해 전혀 알지 못한다. 그런 것이 전혀 필요하지 않기 때문이다. 개혁자들은 이를 되살리는 것은 교회를 유아기로 되돌리는 것이라고 주장했다.[135]

개혁주의 전통에서 단순히 곡조를 맞추기 위해 한 가지 악기를 사용하는 것은, 성전에서처럼 예배의 일부로 여러 악기를 도입하는 것과는 매우 다른 일이다. 한 가지 악기는 아디아포라(*adiaphora*, 헬라어 의미는 '무관심', 성경에서 금지하지도 명하지도 않는 신학적 또는 윤리적 주장), 즉 설교자가 서 있는 강단보다 더 예배의 일부로 간주할 수 없는 무관심한 것에 속할 수 있다.

나는 맥아더의 말에 전적으로 동의한다. 나는 예배가 교회의 최우선 사항이라고 믿는다.[136] 그러나 많은 교회의 예배에서 일어나는 현대적 변화에 악기 사용이 너무 많이 연관되어 있기에 그냥 지나칠 수 없다. 또 그레이스커뮤니티교회의 성찬 예배에서 어떠한 음악적 반주도 없이 노래를 부르는 것은 전 세계에서 들어본 가운데 가장 감동적인 경험 중 하나다.

마지막으로 비판이 제기된 부분을 다룰 필요가 있다. 세대주의 주제에 대해 맥아더는 양측의 반대에 직면했다. 첫째, 이미 언급했듯이 The Gospel According to Jesus를 세대주의에 대한 공격으로 받아들인 근본주의 세대주의자들의 비판이 있었다. 그러나 개혁주의 기독교인들에게도 이 주제에 대해 비판이 있었다. 그들은 그의 사역을 전반적으로 인정하면서도 이 주제에 대해서는 그의 사상에 결함이 있다고 생각했다. 예를 들면, 브라질의 설교자들에게 그들의 사역에 대한 맥아더의 영향에 대해 질문했을 때, 세대주의에 대한 부정적인 의견이 언급되기도 했다. 한 설교자는 부정적으로 이렇게 썼다. "나는 그가 구원론적으로 개혁주의적이면서 동시에 세대주의적일 수 있는 가능성(여기서 일관성을 말하는 것이 아니다)을 보여주었다고 믿는다." 또 다른 보고가 있다.

존 맥아더의 사역은 주로 출판물과 마스터스컬리지의 학문적 성취를 통해 내 삶에 영향을 미쳤다. 나는 시골 교회에서 사역하던 첫해에 맥아더의 책을 접하게 되었다. 그 당시 내 목회 사역에 큰 도움을 준 두 권의 책이 바로 Keys to Spiritual Growth(『영적 성장의 열쇠』, 도서출판 소망)와 Charismatic Chaos(『무질서한 은사주의』, 부흥과 개혁사)였다. 나중에 The Gospel According to Jesus는 번영신학에 맞서 개인적으로 투쟁하는 데 큰 도움이 되었지만, 그 주제를 염두에 두고 쓴 책은 아니었다. 이 책들을 읽으면서 맥아더가 성경구절을 강해 방식으로 접근하는 것을 관찰할 수 있었고, 나 역시 그렇게 하고 싶다는 동기가 생겼다(물론 이 과정에서 가장 큰 영향을 받은 사람은 마틴 로이드 존스 목사님이다). 그러나 맥아더의 저작을 계속 읽으면서, 나는 그의 세대주의적 강조에 매우 실망하게 되었다."[137]

어떤 사람들은 맥아더가 전혀 세대주의자가 아니라고 비판하고, 다른 사람들은 그가 세대주의를 너무 강조한다고 말하는 이유는, 아마도 그 단어의 정의가 다르기 때문일 것이다. 만약 세대주의가 스코필드나 채퍼 같은 저자들이 가르친 모든 것을 의미한다면, 그레이스 커뮤니티교회의 설교자는 세대주의자가 아니다. 그러나 존은 그 단어에 대한 자신의 정의에 대해 이렇게 말한다. "나는 세대주의를 버리지 않았고, 그럴 생각도 없다."[138]

맥아더와 그가 '전통적 세대주의'라고 부르는 것의 차이는, 이스라엘을 '율법 아래' 두고 교회를 '은혜 아래' 둔다는 오류를 부정하는 것과 관련이 있다. 유대인들은 구원의 수단으로서 결코 '율법 아래' 있지 않았지만, 위에서 이미 고려한 바와 같이 그리스도인을 포함한 모든 사람은 변하지 않는 하나님의 율법에 대한 책임이 있다.[139]

그러나 세대주의자들이 믿는 미래 사건의 과정, 즉 교회의 휴거, 마지막 심판 전에 천 년(천년왕국) 동안 지상을 통치하기 위해 (7년의 환난 후에) 그리스도의 오심도 믿는다. 그는 유대인과 이방인을 위한 구원의 길은 오직 하나라고 확언하지만, 하나님의 목적에 있어서는 교회와 이스라엘 사이에 큰 차이가 있다고 주장한다. 이방인 신자들은 개별적으로 구원받도록 선택되었으나, 육체적 이스라엘도 선택받았다고 한다.

> 성경에는 오직 두 백성[인간 집단]만이 선택된다. 하나님의 약속을 받을 미래 국가를 구성할 종말론적 민족 이스라엘 집단, 그리고 교회다. 이 둘을 혼합할 이유는 없으며, 교회가 선택되었다고 해서 이스라엘의 선택을 취소할 이유도 없다. 이사야 45장 4절은 이스라엘을 "내가 택한 자"라고 부른다. 이스라엘은 하나님의 택함 받은 자다.[140]

이 후자의 선택은 휴거 후에 모든 사람이 볼 수 있을 것이며, 회심한 유대인 144,000명이 천년왕국 시대에 그리스도의 통치 기간 중 국가 이스라엘의 역할을 준비시키는 수단이 될 것이라 믿는다. 이 가르침에 대한 요약은 "맥아더 스터디 바이블"(Nashville: Word, 1997), 2197쪽에서 확인할 수 있다(부록 중에 신학주제 요약 편에 교회의 휴거, 환난의 시기, 재림과 천년왕국 등의 제목으로 요약되어 있다).

전통적인 세대주의는 구약성경에 약속된 '왕국'이 신약시대에는 세워지지 않았으며, 그 성취는 휴거 이후에야 이루어질 것이라고 주장하면서 이 성취되지 않은 예언에 대한 견해를 지지했다. 전통적인 세대주의는 구약의 '이스라엘에 대한 약속'에 대해 다른 견해를 취하는 것은 성경의 '문자적' 언어를 부정하는 것이라고 주장했다. 신약성경 자체가 구약을 해석하는 방식에 비추어 볼 때, 그것이 어떻게 그렇게 되었는지는 설명하기 어렵다. 왜냐하면 우리는 새로운 언약의 약속이 이미 교회에서 경험되고 있다는 것을 알게 되기 때문이다(히 8:10; 12:28 등). 하나님이 재건하겠다고 약속하신 다윗의 장막은 성령에 의해 이방인 그리스도인들을 영입하는 것으로 해석된다(행 15:16). 따라서 개혁주의 기독교인들은 일반적으로 유대인과 이방인 모두 같은 감람나무에 접붙임을 받아 같은 약속에 들어간다고 믿는다.

이에 대해 존 맥아더는 (전통적인 세대주의 방식대로) 미래 왕국에 대한 구약의 약속에서 교회를 배제하는 것이 아니라, 그 약속이 교회와 이스라엘에 모두 적용될 수 있으며, 다만 현재 그 왕국은 '예수 그리스도께 속한 사람들의 마음과 생각 속에 있는 내적인 것'인 반면, 천년왕국에는 유대인들에게도 눈에 보이는 '신성한 지상 왕국'이 될 것이라는 이중 참조를 주장함으로써 대답한다. (*New Testament Commentary; Matthew 1-7*, pp.56, 381, 같은 책, *2 Corinthians*, p.98을 보라. 그리고 *Study Bible*에서 예레미야 31장 31-34절에 대한 주석을 보라).

후자의 진술에 대해 반론을 제기하고 싶지는 않지만, 성취되지 않은 예언에 대한 올바른 해석이 성경을 영적으로 해석했는지 또는 문자적으로 해석했는지의 문제로 결정된다는 것에 대해서는 회의적이다. 문자적 해석이 반드시 바른 해석이라고 할 수 없다. 유대인들이 엘리야가 이미 왔다는 것을 이해하지 못했던 것(마 11:14), 하나님의 나라가 그들 가운데 임했다는 사실(눅 17:21)을 이해하지 못한 실수가 대표적인 사례다.

존 맥아더의 책에서 세대주의적 신념이 분명히 발견되지만, 그것이 얼마나 두드러지게 나타나는지는 의견이 분분하다. 그의 가장 중요한 몇몇 책에서는 그러한 내용이 전혀 나오지 않는다. 배교 증가의 위험은 그에게 매우 현실적인 문제지만, 그는 현대 사건을 성경의 성취로 해석하는 데 신중하며, 예언에 대한 선정적인 가르침을 거부하여 그 주제 자체를 신뢰하지 않게 만든다.[141]

이곳은 이미 많이 쓴 주제에 대해 장황하게 토론할 곳이 아니다.[142] 다니엘서의 특정 구절, 에스겔과 스가랴의 마지막 장들, 휴거를 가르친다고 주장되는 세 구절,[143] 로마서 11장의 여러 구절, 요한계시록을 해석하는 방식 등 이 모든 것이 쟁점을 결정하는 데 관련이 있다. 성경의 이러한 부분과 다른 부분에 대한 이해에 중요한 차이가 존재한다는 것은 부정할 수 없는 사실이며, 이는 우리가 어떤 사람도 '선생'이라고 부르지 말아야 한다는 것을 상기시킨다. 동시에 팔머 로버슨의 말도 중요하다.

> 언약 신학자들과 세대주의자들은 기독교 신앙의 본질을 확인하는 데 있어 나란히 서 있다는 사실을 잊지 말아야 한다. 종종 기독교계(Christendom)에서 이 두 그룹은 모더니즘, 신복음주의, 감성주의의 침입에 맞서 홀로 서 있는 경우가 있다. 언약 신학자들과 세대주의자들은 서로 학문적 복음적 생산성을 가장 높이 평가

해야 한다. 사랑과 존중을 바탕으로 지속적인 교류가 이루어지기를 기대한다.[144]

SERVANT OF THE WORD
AND FLOCK

15

미국의 변하는 영적 도덕적 지형

국가는 가만히 있지 않으며, 20세기 마지막 10년 동안 점점 더 물질주의적인 문화 속에서 도덕적 붕괴의 증거가 많이 나타났다. 전통적인 기독교 가치가 공공생활에서 많은 사람에게 외면당하는 시대가 도래했다. 1993년 맥아더는 "정부가 아기 대량 학살을 허용하고, 동성애를 찬양하며, 모든 종류의 도덕적 기준을 깎아내리는 상황에서 기독교인들은 무엇을 해야 하는가?" 하고 물었다. 이에 대한 답변은 다양했다. 어떤 이들은 대국민 홍보 캠페인이 우선이라고 생각했다. 또 다른 사람들은 더 많은 사회적 행동이 필요하며, 시위와 집회를 통해 정치적 압력을 조직해야 한다고 주장했다. 심리학이나 신비주의가 기독교 신앙의 쇠퇴를 반전시키는 데 도움이 될 수 있다고 생각하는 사람도 적지 않았다.

존 맥아더에게 그러한 제안은 혼란을 가중할 뿐이었다. 문화의 개혁이 아니라 영혼 구원이 교회의 임무다. 그러나 많은 교회가 이러한 소명을 완수하기에는 진리를 충분히 붙잡고 있지 못했다.

그들은 모든 교육자, 철학자, 정치가, 사회 문화 전문가를 합친 것보다 성경을 통해 인생의 흥망성쇠를 더 잘 이해할 수 있다는 믿음이 부족했다. 오늘날 교회를 휩쓸고 있는 흐름을 살펴보면, 우리가 얼마나 작은 신을 만들어냈는지 알 수 있다. 그렇지 않다면 어떻게 기독교 심리학, 화려한 라스베이거스식 예배, 첨단 교회성장 세미나를 설명할 수 있겠는가?

맥아더는 변화의 한가운데서 신실한 교회가 이미 하고 있는 것을 바꿀 필요가 없다고 생각했다. 전반적인 상황에 새로운 변화가 와야 한다면, 그것은 오직 하나님의 능력으로 그리스도와 그의 말씀을 증거하는 일에 와야 한다고 생각했다. 1990년대에 이르러 희망적인 새로운 발전의 조짐이 보였고, 이에 대해 이제 언급해야 한다.

앞서 언급했듯이, 복음주의 증거의 많은 부분을 차지했던 근본주의는 1960년대에 두 갈래로 나뉘었다. 하나는 어떤 변화에 대해서도 적대적인 분파였고, 다른 하나는 '신복음주의'라고도 불리며 지위와 학문적 존중을 갈망하는 분파였다. 맥아더는 후자에 속하지 않았으며, 주재권(lordship) 논쟁 시점부터 전통적인 근본주의자들과도 결별했다. 1980년대에도 여전히 그를 근본주의와 동일시하는 사람들이 있었지만, 1988년 *The Gospel According to Jesus*의 출판은 명확한 분열을 가져왔다. 이로 인해 그는 자신만의 영역에서 반고립 상태로 남을 수도 있었지만, 많은 기독교인을 새로운 방향으로 이끄는 움직임이 있었다.

1990년대에 이르러 미국 전역의 크고 작은 교회가 40년 전에는 찾기 힘들었던 설교를 듣고 있었다. 그 메시지는 종교개혁과 청교도 시대의 교리와 비슷하게 들렸지만, 성경과 그 이전 시대의 문헌에서 새롭게 나온 것이었고, 젊은 세대에게 놀라운 지지를 얻고 있었다.[145]

이 발전을 '운동'이라고 부르는 것은 적어도 그 용어의 일반적인 사용에 있어 오해의 소지가 있다. 특별한 출발점도 없었고, 계획을 세운 사람도 없었으며, 공개적인 주장도 없었다. 오히려 영향력의 흐름이 다양한 장소에서, 서로 다른 사람들 아래서, 다양한 교단에서 조용히 일어났지만, 같은 방향으로 자발적으로 흘러갔다. 지도자들은 대개 학자가 아닌 설교자로 눈에 띄었다. 왜냐하면 영향력은 교회에 항상 새로운 생명을 불어넣는 것이 하나님의 말씀을 설교하는 것이라 믿는 사람들에게서 나왔기 때문이다.

이 사람들의 강력한 동맹군은 놀랍게도 복음주의 작가들이었다. 오랫동안 찾지 않고 읽지 않았던 오래된 학파의 복음주의 작가들이 다시 인쇄되어 많은 사람의 손에 들어갔다. 1950년대에 윌버 스미스 박사는 모든 도서목록에서 조나단 에드워즈와 다른 청교도 작가들의 저서가 사라졌다고 언급했다. 1990년대에 에드워즈의 저서는 다시 널리 보급되었을 뿐 아니라 수천 명이 읽었다. 존 오웬을 필두로 같은 전통에 속한 다른 작가들도 마치 죽음에서 돌아온 것처럼 다시 등장했다. 이러한 변화에 이바지한 몇 안 되는 현대 작가들은 대부분 이미 이름이 언급되었다.

책을 읽으려는 영적 갈망이 없다면 책만으로는 변화를 가져올 수 없는데, 1990년대에는 이러한 독서 욕구가 있었다. J. I. 패커 박사가 하나님의 속성을 다룬 책이 영국 *Evangelical Magazine*(1960년경)에 처음 발표되었을 때만 해도 비교적 소수의 사람에게만 알려졌지만, 1970년대에 미국에서 『하나님을 아는 지식』(*Knowing God*, IVP)이라는 제목으로 다시 출간된 후 2005년까지 판매량이 약 300만 부 급증했다.

이와 같은 갈급함이 있었다는 것으로만, 미국 전역에서 새로운 종류의 콘퍼런스가 성장하고 번성하는 것을 설명할 수 있다. 이 집회에서 연사들은 더 이상 "어떻게 현대적이 될 것인가?" 또는 "어떻게 성공적인 교회를 세울 것인가?" 같은 주제를 다루지 않고, 교리적인 가르침과 성경강해에 집중했다. 또 역사와 전기를 새롭게 읽으면서, 교리적 신앙이 과거에 영어권 사람들의 역사를 어떻게 변화시켰는지 알게 되었다. 1980년 맥아더가 목회자들을 위한 쉐퍼드 콘퍼런스를 처음 개최했을 때, 선 밸리의 기존 예배당 건물은 참석자 수백 명을 수용할 수 있을 만큼 컸고, 이와 같은 콘퍼런스는 거의 없었다. 그러나 그 후 20년 동안 전국에 이런 콘퍼런스가 번성했다. 몇 가지 예를 들면, 필라델피아 콘퍼런스, 베들레헴 콘퍼런스(미니애폴리스), 뉴잉글랜드의 볼튼 콘퍼런스, 플로리다의 리고니어 콘퍼런스 등이 생겼다. 남침례 교단에서 칼빈주의와 복음주의는 공존할 수 없다는 것이 자명하던 딥 사우스(미국 남부 중에서 남부인 루이지애나, 미시시피, 앨라배마, 조지아, 사우스캐롤라이나, 텍사스, 플로리다)에서도 교단의 뿌리를 되찾기 위한 파운더스 콘퍼런스(Founders Conference)가 열렸다. 세기가 바뀌기 전, *Founders Journal*의 편집자인 톰 아스콜은 '은혜 교리(개혁주의 구원의 교리)의 부흥이 이 땅의 교회를 휩쓸고 있는 정도'에 대해 말할 수 있었다.

같은 교단에 속해 있지는 않았지만, 이 콘퍼런스의 지도자들은 공통의 확신에 서로 이끌렸다. 필라델피아 콘퍼런스의 조직자인 제임스 몽고메리 보이스는 개혁주의 쪽에서 온 맥아더의 초기 친구 중 한 명이었다. 그는 1979년 탈봇신학교에서 강의했고, 1999년 맥아더 목회 30주년 기념행사에서 설교했으며, 이듬해 심각한 암으로 숨을 거두었다. 맥아더는 보이스와 패커가 *The Gospel According to Jesus*(1988)에 서문을 쓰기 전까지는 "나는 개혁주의 계파에서 활동하지 않았다"고 말한 바 있다. 1992년 리고니어 콘퍼런스에서 존 맥아더가 말씀을 전할 때 R. C. 스프롤과 친밀한 우정이 시작되었는데, 이는 플로리다 주 올랜도의 첫 번째 방문이 되었다. 유사하게 맥아더는 1997년에 존 파이퍼와 함께 미니애폴리스에서 열린 베들레헴 콘퍼런스의 강사로 섰다. 차례로 스프롤과 파이퍼는 그레이스커뮤니티교회에 말씀을 전하러 왔다.

하나님의 주권에 대한 신앙을 공유하면서, 맥아더는 남침례회의 새로운 세대 칼빈주의자들과도 교류하게 되었다. 그중 한 명은 워싱턴 DC 캐피톨힐침례교회의 마크 데버 목사였고, 다른 한 명은 켄터키 주 루이빌에 있는 남침례신학교의 알버트 몰러 총장이었다. 《크리스채너티 투데이》의 편집자가 남침례신학교의 서점을 방문했을 때, 처음 눈에 들어온 책은 그 교단에서 저술한 책이 아니었다. 바로 존 맥아더의 주석이 눈에 띄게 전시되어 있었다. 이 주목받는 칼빈주의 주석가는 미국 남침례회(SBC) 소속이 아니다.[146]

맥아더의 사역이 개혁주의 신앙의 부흥에 매우 중요한 역할을 했다는 데 처음부터 모든 사람이 동의한 것은 아니다. 1997년에 열린 쉐퍼드 콘퍼런스에 참석한 3천 명 중 일부는 맥아더의 말을 듣고 약간 놀랐다. 특히 사전 통보 없이 맥아더에게 질문을 던지는 세션에서는 더욱 그랬다.

자유롭게 나온 첫 질문은 "존, 당신은 개혁주의 진영의 사람들과 많은 시간을 보내는데, 그들에게 끌리는 점이 무엇이며 차이점은 무엇입니까?"였다. 이 페이지를 읽고 있는 독자들은 이미 답의 일부를 알고 있겠지만, 이제 존의 말로 전체를 들어보겠다.

이 질문에 답하는 방법에는 여러 가지가 있습니다. 나는 신학교 학생 시절부터 항상 개혁주의 구원론에 전념해 왔습니다. 사람들은 "언제 개혁주의가 되었나요?" 하고 묻습니다. 글쎄, 저는 그것이 아주 최근의 일은 아니라고 생각합니다. 대학 시절 저는 전형적인 풋볼 선수형 학생이었으며, 책 읽는 것을 교육에 방해되는 일로 여기지 않았고 그냥 흘러가는 대로 공부했습니다. 그러나 어렸을 때부터 성경에 대한 열망은 항상 있었습니다. 열네 살 때 토머스 아 켐피스의 책과 E. M. 바운즈 등의 책을 읽으며 하나님의 심오한 것을 이해하고 싶었습니다. 그러나 그 모든 것을 어떻게 해야 할지 몰랐고, 그저 하나님의 말씀을 알고 싶다는 열망만 있었습니다. 그때도 선교사 전기 몇 권을 읽었는데, 내게 깊은 영향을 주었습니다. 그래서 성격이 특별히 진지한 편은 아니었지만, 하나님 말씀에 관한 진지한 것들에 이끌렸습니다. 나는 성경을 이해하지 못해서 항상 좌절했습니다. 사람들은 내게 매일 15분씩 성경을 읽어야 한다고 말했지만, 나는 성경을 읽어도 무슨 뜻인지 이해하지 못해 아버지나 다른 사람에게 도움을 요청해야 했습니다.

신학교에 입학하면서 추가적으로 읽을 것이 많았고, 내 신학 교수님인 밥 소시 박사는 프린스턴 인물들, 즉 B. B. 워필드, 메이첸 등의 책을 추천해 주었습니다. 나는 그 책을 읽기 시작했고, 하나님의 말씀에 대한 깊은 이해와 교리적인 문제를 다루는 깊이를 발견했습니다. 그것은 내가 과거에 믿었던 것과 일치하지 않는 것은 아니었으나 훨씬 더 세련되고 깊었습니다. 그래서 신학교에서 더 많은 책을 읽기 시작했습니다.

그러던 중 스티븐 차녹의 『하나님의 존재와 속성』이라는 책을 접하게 되었습니다. 나는 그가 하나님의 존재와 속성에 대해 그렇게 많은 것을 말할 수 있다는 사실에 매우 놀랐습니다. 평생 읽어야 할 책이지만, 내용이 너무 방대해 조금씩 나눠서 읽어야 했습니다. 이는 성경을 깊이 이해하고자 하는 내 욕구와 맞았습니다. 그러다가 토머스 왓슨의 『신학의 체계』를 읽기 시작했습니다. 아직 신학교 학생이었을 때, 이 책을 읽고 또 읽으며 많은 것을 표시하고 정리했습니다. 나는 하나님의 말씀에 대해 심도 있게 사고한 사람들에게 끌렸고, 그것이 나를 개혁주의 신학으로 이끌었습니다. 그로부터 몇 년이 지나지 않아 토머스 맨튼의 저서 전집을 구할 수 있었습니다. 내가 개혁주의 신학에 매료된 것은 신학 체계 때문이 아니라 그 사람들 때문이었습니다. 그리고 그들이 하나님의 말씀을 정확하게 다루는 방식과 그 말씀에서 그토록 명료한 교리를 끌어낼 수 있었던 방식 때문이었습니다. 나는 체계적으로 정리하는 스타일은 아니었지만, 신학이 성경적으로 해석되어야 한다고 믿었습니다. 실제로 개혁주의 신학은 그 핵심에서 성경적인 해석을 제공한다고 생각합니다. 칼빈 주석을 읽으면서 존 칼빈의 가장 위대한 업적은 『기독교 강요』(Institutes)가 아니라 그의 주석에 있다는 것을 깨닫기 시작하는데, 그가 성경의 여러 구절을 어떻게 다루었는지 알게 되기 때문입니다.

나는 실제로 변하지 않았지만 세월이 흐르면서 은혜의 교리, 즉 개혁주의 신학의 위대한 주제에 대한 이해가 많이 다듬어졌고, 28년 동안 성경을 강해하면서 그런 위대한 신학이 성경 본문의 검증을 받아 서 있다는 것을 발견했기에, 개혁주의 신학에 대한 이해가 정교하게 다듬어진 것입니다."[147]

맥아더는 이어서 개혁주의 신학 중 자신이 믿는 바와 다른 종말론 및 교회론과 관련된 요소에 대해 간략하게 언급했다. 그는 세례는 신자에게만 주어야만 한다는 자신의 신념을 단호하게 유지했다.[148]

다음 질문은 이런 것이었다. "우리 지역 신문에서는 미국에서 종교의 변하는 모습에 관해 이야기했으며, 조지 바나 보고서에서 21세기에는 교회가 점점 더 사이버 교회가 될 것이며, 지역 교제에서 모이는 신자는 점점 줄어들 것이라고 했습니다. 이에 대한 당신의 반응을 듣고 싶습니다."

이에 대해 맥아더는 문화가 우리의 사역을 지배하도록 허용할 때 저지르는 심각한 실수를 강조하며 대답했다. "사역을 위해 문화적 공식을 받아들이면 의도하지 않은 곳으로 갈 수 있습니다." 그는 데이비드 왓슨이 내놓은 아이디어의 효과를 예로 들었다. 왓슨은 교회가 말로 전하는 말씀에 집중함으로써 무의미해지고, 드라마 그룹이 더 효과적일 수 있다고 믿었다.[149] 이 문제는 맥아더를 이전 질문으로 이끌었다.

미래에는 문화 지향적이고 문화적으로 정의된 교회가, 문화가 지시하는 대로 따라가는 형태를 취하게 되어 어디로 떠내려갈지 모를 것이다. 이것이 개혁주의 신학이 지금처럼 호황을 누리고 있는 이유 중 하나다. 나는 신학생이었을 때, 30명 정도 되는 작은 칼빈주의 교회 한 곳만 알았던 것으로 기억한다. 그러나 복음주의 기독교가 건전한 교리를 버리자 이에 대한 반발이 일어났다. "우리는 이런 모호한 접근법을 받아들일 수 없다." "가장 비신학적인 종류의 복음주의자가 우리에게 기본을 알려주는 것에 지쳤다." 기본적으로 이런 일이 일어난 것이다. 은사주의자들을 비롯한 경험주의자들은 그들이 아무리 비정상적일지라도 주류에 편입되는 것이 가장 중요하다고 판단했고, 복음주의는 그들을 포용하고 받아들이고 싸우지 않고 분열을 일으키지 말아야 한다고 생각했다. 그 결과 모든 사람을 포용하는 최소한의 교리를 받아들이고, 그 외의 신학은 분열을 초래한다는 등식이 성립하게 되었다. 이러한 모호하고 비신학적 환경에서, 하나님의 말씀을 진정 사랑하는 사람들은 흔들리는 모래사장에서 자기 삶의 닻을 내릴 수 있는 실체와 내용, 성경적인 해석과 신학을 얻고 답을 얻을 수 있는 곳을 찾고 있다. 이 경험주의적[감정 중심] 운동이 커질수록 개혁주의 신학으로 되돌아가는 움직임이 더 커질 것이라 믿는다. 이 운동은 빠르게 성장하고 있으며, 남침례회에서도 개혁주의 신학의 뿌리로 돌아가려고 노력하고 있고 다른 그룹도 마찬가지다.

그리고 개혁주의 신학에 관한 책도 많이 나오고 있다. 내가 쓴 많은 책이 기본적으로 개혁주의 신학이다. 내가 쓴 책 *The Gospel According to Jesus*는 기본적으로 개혁주의 신학을 바탕으로 한 구원론의 진술이고, *Faith works*(『역사하는 믿음』, 죠이선교회출판부)

는 그보다 더 명확한 진술이었다.[150] 내가 웨스트민스터 신앙고백을 인용하지 않았기 때문에, 사람들이 그것을 읽는다고 생각하지 않는다. 나는 신앙고백을 인용하기보다는 성경에 집중하려고 노력한다. 그러나 분명히 개혁주의로 되돌아오고 있으며, 우리는 희망하고 기도할 수 있다. 여전히 하나님의 은사를 받은 사람들이 하나님의 말씀을 강해하고 교리적으로 설교하는 것이, 하나님이 구속받은 자들을 모으고 교회를 세우기 위한 계획이다.

이 답변이 끝나자 조용한 침묵이 흘렀고, 한두 사람이 박수를 참지 못하고 터뜨리며 이를 깼다. 맥아더는 "두 분 모두 감사합니다"라고 건조한 목소리로 말한 뒤 활짝 웃으며 "아마 이번 주 후반에 여러분이 모두 좋아할 만한 말을 할 것 같습니다!"라고 말했다. 그 자리에는 자신이 들은 내용에 대해 감사하는 사람들이 분명히 많이 있었다.

존 맥아더는 마틴 로이드 존스처럼 '칼빈주의자'나 '개혁주의자'라는 꼬리표를 달지 않는다. 그는 사람들이 나른 어떤 권위가 아닌 성경 자체로 확신 얻기를 원한다.

> 나는 보통 칼빈주의라는 용어를 사용하지 않으려고 한다. 칼빈주의는 종종 너무 많은 감정과 오해를 불러일으켜서, 단지 격렬한 논쟁보다는 진정한 이해가 목표일 때 유용하기 때문이다.

대신 그는 보통 '은혜의 교리'(the doctrine of grace)라는 용어를 사용한다. 그러나 때로는 더 잘 알려진 용어를 피할 수 없을 때도 있다. 예를 들면, 2008년에 Grace to You는 이러한 교리에 대한 2부작 시리즈 제목을 "칼빈주의에 관한 뜨거운 질문"이라고 붙였다. 2004년에 "칼빈주의의 5대 교리"(*The Five Points of Calvinism*)의 재출판을 승인한 후, 그는 "내가 그것을 믿는 것은 역사적 혈통 때문이 아니라 그것이 성경이 가르치는 바이기 때문"이라고 조심스럽게 덧붙였다.[151] 같은 책에서 그는 1997년에 "하나님의 영이 교회를 움직여 구원에 있는 주권적 은혜의 영광스러운 고지를 다시 세우고 있다"고 반복해서 말했다.[152] 이는 그의 친구들이 공유한 신념이었다. 2003년 10월, 마크 데버가 R. C. 스프롤에게 현재 미국 복음주의에서 가장 감사한 점을 꼽아달라고 요청했을 때, 이 장로교 설교자는 이렇게 대답했다. "청교도주의에 대한 관심의 회복, 개혁주의 신학에 대한 관심의 회복입니다."

선 밸리 사역은 교리적 기독교에 대한 폭넓은 각성에 동참했다. 맥아더의 설교와 저서는 고립된 것이 아니라, 더 큰 추진력과 재편성의 중요한 부분임이 분명했다. 현 세기의 첫 10년 동안 이러한 신념의 전환은 세속 언론의 주목을 받을 만큼 눈에 띄었다. 처음에는 『타임』지에, 그다음에는 전국적으로 읽히는 다른 저널에 실렸다. 또 클로인 한센이 쓴 첫 책 『현대 미국 개혁주의 부활』(*Young, Restless,*

Reformed, A Journalist's Journey with the New Calvinists, 부흥과개혁사)의 주제가 되었다.《크리스채너티 투데이》의 편집장이던 한센은 칼빈주의의 부흥이 복음주의를 되찾고 개혁하기 시작한 것에 대해 열광적이었다. 그는 "오늘날 칼빈주의자들은 여전히 수적으로는 열세지만, 그들의 영향력은 복음주의 운동에 활력을 불어넣고 있다. … 특히 젊은 층 사이에서 개혁된 계층의 성장은 앞으로 중대한 변화를 예고한다"고 말했다.[153] 그는 남침례교 현장에서 톰 아스콜의 말을 인용하여 "국제선교위원회(IMB, 미국 남침례회의 선교위원회, 세계에서 가장 큰 선교조직)는 칼빈주의자들로 넘쳐난다"고 전했다.

한센의 책은 또한 2006년 4월에 열린 첫 번째 '함께 복음을 위하여'(Together for the Gospel) 콘퍼런스의 중요성을 강조했는데, 이는 새로운 단결을 상징하는 것이었다.

> 친한 친구들인 마크 데버, C. J. 매허니, 리곤 던컨, 알버트 몰러는 켄터키 주 루이빌에서 약 3천 명의 목회자들이 모인 가운데 그들의 영웅인 파이퍼, 존 맥아더, R. C. 스프롤을 초청해 말씀을 전하게 했다. … '함께 복음을 위하여'의 네 명의 중년 주최자들은 60세가 넘은 그들의 영웅이 대부분 20대와 30대의 군중에게 말씀을 전하는 것을 지켜보았다.[154]

이 모든 것을 볼 때, 존 맥아더는 교리적인 기독교의 회복에서 큰 진전이 있을 것으로 보았다고 추측할 수 있다. 물론 그가 1997년에 언급한 개혁주의 신학의 호황은 계속되고 있으며, 그의 책과 라디오 사역에 대한 수요도 그 증거의 일부다. 그러나 그의 감사한 마음에는 약간의 우려가 섞여 있었다. 이는 그가 한센의 저서를 위한 인터뷰 요청을 거절한 데서도 드러났다.[155]

그런 우려에는 몇 가지 이유가 있다. 우선 진전이 계속될 거라고 확신하는 것은 시기상조다. 맥아더는 현 세기의 첫 10년을 돌아보면서 모든 것이 절대로 밝지 않다는 것을 알고 있었다. 일부 지역에서 진전이 있었지만, 다른 지역에서는 여전히 뒤처지고 있었다. 그는 더 많은 청중을 확보하기 위해, 미국의 라디오에서 성경을 가르치는 방송이 기독교 음악과 라이브 토크에 방송 시간을 빼앗기고 있다는 점에 주목했다. 비슷한 타협이 기독교 출판사들 사이에서 전염병 수준이었다. 논란의 끝은 보이지 않았다. 그는 2008년에 이렇게 말했다.

> 신학교를 졸업할 때만 해도, 지금 같은 싸움을 하게 될 줄은 정말 몰랐다. 내 인생 대부분을 더 넓은 복음주의 전선에서 복음과 건전한 교리를 수호하는 데 보내게 될 줄은 꿈에도 생각하지 못했다.

맥아더는 기자들이 칼빈주의와 청교도에 대해 새로운 관심을 보이는 것에 흥분하는 대신, 과거에 세속 언론이 복음을 홍보하는 것이 얼마나 위험한 일이었는지를 기억했다.[156] 세상의 관심을 끄는 것, 특히 숫자와 인물에 대한 흥분은 하나님나라에서는 별 의미가 없다.

"어떤 일이 성공했다면 그것은 반드시 진리여야 한다"는 격언은 복음주의자들 사이에 많은 해를 끼쳤으며, 그는 이 격언이 계속되는 것을 보고 싶지 않았다. 역사는 진리가 종종 남은 자들과 함께 있음을 분명히 보여준다.

또 한센은 "개혁주의 부흥의 중추는 평범한 교회들로 구성된다"고 정확하게 말했지만, 그의 저서는 그가 리더로 간주하는 사람들에 지나치게 집중하여 이 점이 가려졌다. 이 책은 지나치게 인간적인 차원에서만 사물을 바라보며, 대규모 집회와 유명 설교자들에 의해 촉진된 신칼빈주의자들의 운동이라는 인상을 남긴다. 그러나 이런 식의 접근은 오해의 소지가 있다.[157] '한센 타입' 조사는 새로운 것이 아니라 이미 익숙한 것으로 보이며, 복음주의가 너무 자주 인물 숭배에 빠졌음을 보여준다. 이것이 진정으로 개혁 신앙의 회복이라면, 한센의 발표는 제네바의 무덤에 자신의 이름을 새겨넣지 못하게 한 사람(칼빈)의 영향과 조화를 이루지 못한다. 진정한 개혁주의 신앙은 그리스도인에게 다음과 같이 노래하도록 가르친다,

　　영광의 주님, 처음부터 끝까지,
　　영광은 오직 주님의 것입니다.

하나님의 모든 진정한 역사는 인간의 수준에서 적절하게 설명할 수 없다. 그 안에는 신비가 있다. 진리는 다른 곳에서 일어나는 것과 무관하게 땅에서 솟아난다. 오늘날 우리가 믿고 있는 것처럼 새로운

연합이 생겨난 것은 모임이나 조직에서 비롯된 것이 아니다. 하나님 중심 기독교의 진정한 부흥에는 항상 주(또는 선생)라 불리지 말고 사람을 의지하지 말라는 성경의 경고가 함께했다. 돈 카슨은 한센의 설문조사를 추천하면서 다음과 같이 덧붙였다.

> 지금은 개혁주의가 승리에 취해 있을 때가 아니다. 지금은 하나님께 조용히 감사하고, 잘 시작된 일이 인간의 모든 기대를 뛰어넘어 번성할 수 있도록 눈물로 간절히 중보기도를 해야 할 때다.[158]

나는 19세기 독일 교회사의 교훈이 우리에게 시사하는 바가 크다고 생각한다. 다니엘 에드워드는 프로시아에서 지속적인 복음주의 부흥에 대한 희망이 실패한 점을 기술했다. '1848년 이전의 10-15년은 모든 기독교인의 기억 속에서 밝은 햇살 속에 펼쳐졌다.' 은하수처럼 펼쳐진 수많은 저명한 교사와 설교자들이 흐름을 바꾸고 있는 것처럼 보였다. 에드워드는 "그들은 보았다"고 썼다.

> 그들은 유일한 구세주이신 그리스도를 굳게 믿었지만, 그리스도로 인도하는 스승으로서의 율법을 거부했다. 그들은 무엇보다도 '회개하라'는 음성을 들어야 하는 사람들에게 복음의 특권을 유창하게 설명했다. … 이 선한 사람들은 우리 조상들이 '율법 작업'(law work)이라고 부르는 것이 빠져 있었기 때문에 실패했다. 선조들은 하나님의 거룩한 율법에 대한 더 깊은 지식과 그 율법을

범하는 죄에 대한 더 깊은 지식을 원했다.[159]

이 교훈은 오늘날에도 여전히 경고로 남아 있다. 현재 칼빈주의 사상의 회복에는 하나님의 위엄과 거룩함에 대한 더 큰 두려움이 필요하다. 이러한 특징은 하나님의 영의 강력한 사역에 항상 수반되어 왔으며, 율법 제정자로서 그분의 성품에 대한 계시와 연결되어 있다. 역사의 모든 영적 각성을 특징지었던 죄에 대한 확고한 증거는 아직 없다. 맥아더의 말을 빌리자면, 너무 오랫동안 복음주의 진영은 애도하기보다는 즐거워하는데 더 능했다. 이것은 기쁨과 찬송을 반대한다는 말이 아니라, 하나님의 임재가 느껴지는 곳에는 경건한 두려움도 있다는 말이다. 하나님의 영이 부어질 때 사람들은 "오직 여호와는 그 성전에 계시니 온 땅은 그 앞에서 잠잠할지니라"(합 2:20)는 본문을 더 잘 이해하게 된다.

SERVANT OF THE WORD
AND FLOCK

16

그레이스커뮤니티교회를 방문하다

선 밸리의 로스코 대로에서 8시가 되기 훨씬 전부터 그레이스커뮤니티교회의 주차장으로 차량이 들어서기 시작했다. 2010년 주일 아침 이른 시간이었고, 우리는 다시 그곳에 오게 되어 기뻤다. 오전 8시, 존 맥아더가 참석한 가운데 대강당 옆 방에서 약 20명의 장로들이 모여 회의가 시작되었다. 몇 분간 대화를 나눈 후, 모두 무릎 꿇고 나머지 30분간 기도에 집중했다. 이 특별한 날 아침, 한 장로가 한 교인을 간략하게 소개했다. 이 크리스천 여성은 건강이 좋지 않았고, 마음에 쓴뿌리를 참아온 것이 하나님의 징계를 가져온 것은 아닌지 의문을 품고 있었다. 그녀의 회복을 위해 특별하고도 따뜻한 기도를 드렸다.

8시 30분에 음악목사 클레이튼 어브의 인도로 아침예배가 곧바로 시작되었다. 그 시간까지 본당은 편안하게 채워졌지만, 수백 명의 교인들은 다른 곳에 있었다. 첫 예배와 동시에 넓은 교회 구내의 여러 장소에서 교제 모임 일곱 개가 열리고 있었다. 이 모임은 목사 여덟 명(교회의 장로)의 보살핌 아래 모이는데, 그렇게 부르지는 않지만 거의 교회와 다름 없었다. 그중 두 모임은 모든 연령대를 위한 것이었고, 한 모임은 젊은 부부와 가족, 또 한 모임은 중학생(7-8학년)을 위한 것이었다. 또 두 모임은 스페인어로 진행되며, 한 모임은 정신장애인을 위한 모임이었다. 이날 아침 교제 모임에서 다룬 주제는 성경인물 연구, 죄의 기원, 야고보서 1장 13-18절, 요한일서, 디모데전서 등이었다. 주일학교 두 개가 동시에 운영되는데, 그중 하나는 청각장애인을 위한 것이다.

짧은 휴식 시간 후, 참석자들은 오전 10시 30분에 오전 예배가 다시 열리는 대강당으로 이동했는데, 동시에 다른 리더들이 이끄는 또 다른 일곱 개의 교제 모임과 어린이 주일학교도 열렸다. 두 주요 예배의 참석자 수는 일반적으로 비슷하다. 교인 총수가 6천 명에 육박하기 때문에 모든 교인이 동시에 본당에 모일 수는 없다.

교제 모임은 그레이스교회의 성도들이 모두 개별적으로 어떻게 알려지고 보살핌을 받는지 이해하는 열쇠다. 장로/목회자는 단순히 그룹의 주일 모임만 책임지는 것이 아니라, 참석하는 모든 사람을 계속 돌보는 역할을 한다. 매주 출석자 명단이 작성되는데, 내가 참석했던 교제 모임에는 약 400명의 정회원이 있었고,[160] 참석자 전원에게 기도제목, 집에 머무는 사람 돌봄 서비스, 그리고 다른 장소에서 모이는 9개의 가정 성경공부에 관한 정보지가 제공되었다.

본 예배에서는 모든 사람이 문 앞에서 환영받고, 10페이지 분량의 매력적인 주보를 받았다. 그날의 예배 안내, 각종 모임 정보, 도서 공지, 선교사 소식 등을 담았다. 코노버 가족, 밥, 마지, 그리고 그들의 자녀들은 모로코와 요르단 등 무슬림 세계에서 21년간의 사역을 마치고 집에 돌아왔다. 바트 호튼은 성인 여덟 명과 그들의 자녀로 구성된 팀이 레바논에서 사역하기 위해 그레이스교회를 떠나는 이야기를 썼다. 그레이스교회는 현재 여섯 대륙에 60가정 이상의 선교사 가정을 파송하고 지원하고 있다. 그들은 모두 그레이스 장로들의 감독하에 있으며 정기적으로 방문을 받는다. 이번 주일에 한 장로는 인도에, 다른 장로는 영국에, 또 다른 장로는 러시아로 갈 예정임을 알게 되었다.

아마도 장로/목사의 절반 정도가 전임 직원이며, 교회가 어떻게 운영되는지를 보면 그 필요성을 이해할 수 있다. 그러나 주일과 평일 모두 자원봉사자들이 많은 일을 맡고 있다. 교도소와 구치소에서 사역하는 그룹이 있고, 매주 50명 이상이 Grace to You에서 봉사하는 등 개인 전도의 초기 전통이 계속되고 있다. 존은 한 해 동안 그러한 도우미들이 4,632시간의 노동을 제공한다고 기록했다. 주일에 봉사하는 사람 중에는 존과 패트리샤 맥아더의 자녀도 있다. 매튜 맥아더는 '신앙의 기초'(Fundamentals of the Faith)라는 16주 반복과정을 가르치고, 남동생 마크는 교제 모임에서 성경공부를 이끈다. 여동생 마시는 정신장애인 교제 모임에서 여러 봉사 활동을 돕고, 메린다는 어린 자녀들을 돌보는 동시에 어린이 부서에서 봉사하고 있다. 이 네 사람은 맥아더의 열다섯 손주의 부모로, 모두 교회에 출석하고 있다.

저녁 예배는 오후 6시에 열렸고, 그 전에 다시 장로들의 기도 모임이 있었는데, 참석자는 오전보다 약간 적었다. 맥아더는 오랫동안 성도들에게 주일에 두 번 예배에 참석할 것을 권장해 왔다. 성도들은 맥아더가 허리를 다쳐 회복 중이어서 평소처럼 설교하지 못한다는 사실을 알고 있었지만, 강당은 다시 편안하게 채워졌다. 그날 밤 맥아더를 대신해서 한 부목사가 야고보서 2장의 오만과 편견에 대해 강력하고 감동적인 설교를 했다. 아침 예배보다 악기 반주가 훨씬 적었기 때문에 저녁에 회중 찬양이 더 잘 들리는 것 같았다. 저녁 예배에는 종종 세례식이 열리기도 한다. 이번 주일에는 세례식이 없었지만, 존이 이 의식의 중요성에 대해 언급한 내용이 있어 여기에 삽입하겠다. 그 일은 어느 주일에 한 젊은 어머니가 세례식에서 간증할 때 생겨났다. 그녀는 남편과 막내아들이 모두 교통사고로 사망한 후 회심하고 그리스도께 나왔다.

그녀는 세례장에 들어와 자신의 회심에 대해 이야기하고, 더 이상 낯선 분이 아닌 사랑의 하나님에 대해 이야기했다. 매주 진행되는 세례 간증이 모두 극적인 것은 아니지만 한 가지 공통점이 있다. 죄인을 주님께로 인도하는 하나님의 독특하고 맞춤화 된 과정이 항상 분명히 표현되고 많은 청중에게 전달된다는 것이다. 참석한 우리는 모든 인종, 연령, 종교적 배경을 가진 성도들의 마음에서 우러나오는 구원의 감미로운 주제를 직접 듣게 된다. 우리는 죄, 반역, 고통과 불만이 지배하던 곳에서 확신과 회개, 그리고 변화에 대해 듣는다. 이전엔 눈멀고 죽었던 이들이 빛과 생명을 이야기한다. 하나님과 전쟁을 벌이고 하나님을 알고자 하는 열망조차 없었던 사람들이, 죄 용서와 새 생명과 함께 오는 자유, 기쁨, 평화를 깨닫고, 예수님을 주님으로 모시고 겸손히 무릎을 꿇는다.

내가 이야기하고 있는 그 주일, 맥아더는 오전에 마가복음 5장 21-43절을 본문으로 "그리스도의 능력과 불쌍히 여기심"에 대해 설교했다. 맥아더의 아침 설교의 방향은 1981년 시카고에서 무디출판사와 회의 후 결정되었다. 그 회의에서 무디출판사는 신약성경 주석 시리즈를 요청했다. 많은 기도와 숙고 끝에 맥아더는 동의했으며, 주석이 잘 만들어진다면 그의 사역의 다른 어떤 부분보다 더 오래 지속될 수 있을 것이라 믿었다. 그 후 10년이 걸려 무디출판사 역사상 가장 큰 규모의 프로젝트가 될 계획이 확정되었다. 그러나 예상보다 시간이 오래 걸렸고, 이 작업은 1981년에 상상했던 것보다 더 방대해졌다. 신약성경 전체를 설교하는 중에 요한일서는 예상했던 것보다 더 오래 걸렸다. 예를 들면, 마태복음은 226번의 설교가 필요했다. 그리고 녹음된 말씀을 글로 옮기는 고된 작업이 이어졌다. 이 과정은 간단해 보이지만, 실제로는 말하기와 글쓰기가 서로 다른 두 가지 매체이기에, 설교자가 저자가 되는 것을 종종 방해하는 어려움이 있다. 무디출판사의 편집자들은 한 번에 몇 장씩 존에게 보내야 했고, 한 달 안에 돌려받을 수 있을 것으로 기대했다. 그런 다음 또 다른 작업이 도착할 때까지 자유시간을 보낼 수 있다. 그는 여가 시간을 활용하기 위해 주석 원고를 가지고 다니는 습관을 들였다. 이 시리즈를 시작한 무디출판사의 제리 젠킨스가 남긴 메모에는, 이 과정에 대한 통찰과 함께 맥아더가 직접 평가한 중요한 내용이 담겨 있다. 그는 2005년 6월 9일 젠킨스에게 편지를 보냈다.

당신은 내 인생의 역사를 움직였습니다! 적어도 대부분 그렇습니다. 이 시리즈가 시작된 후 일주일에 주석 두 챕터를 작성해야 했다는 사실이 믿어지시나요? 적어도 스터디 바이블은 치열하게 3년 만에 완성되었고, 번역가들에게 추가 작업을 맡길 수 있었습니다. 결론부터 말씀드리면, 패트리샤에게 계속 이야기한 것처럼, 신약성경 주석 시리즈는 제게 가장 중요한 공헌이라고 할 수 있습니다. 감사합니다!

필 존슨은 주석 시리즈와 관련된 작업에 대해 다음과 같이 기록했다. "가끔 존은 한 장을 두 번 이상(수정이 심할 경우) 수정하는 때도 있다. 그래서 그는 실제로 일주일에 두 장 이상씩 편집하지만, 각 장 사이에 3주 정도는 휴식을 취하기도 한다.

맥아더 신약 주석은 이렇게 천천히 진행되어 첫 10년 동안 히브리서(1983), 고린도전서(1984), 에베소서(1986), 갈라디아서(1987), 마태복음 네 권(1985-1989)이 출간되었다. 2009년 12월까지 791개의 챕터가 편집되어 총 28권의 신약성경 주석이 출간되었다. 그러나 이것도 전부는 아니었다. 완성해야 할 복음서가 하나 더 남아 있었는데, 그것이 바로 내가 방문 당시 맥아더 목사가 설교하고 있던 마가복음 시리즈였다. 1981년 결정의 장기적인 결과로 맥아더는 신약성경 전체를 설교하는 일을 지속할 수 있었다.

이 주석 시리즈의 논의를 잠시 멈추고, 휴즈 올리펀트 올드 박사의 중요한 시리즈인 "기독교 교회의 예배에서 성경 읽기와 설교"(*The Reading and Preaching of the Scriptures in the Worship of the Christian Church*)의 최신판에 실린 맥아더의 마태복음 설교에 대한 평가를 소개하는 것이 적절한 시점이라고 생각한다. 올드의 평가를 간략히 소개하겠다. 독자들은 이 평가가 몇 편의 설교만을 기반으로 하고 있어 그 가치가 제한적이라는 점을 이해해야 한다. 이 설교자의 말을 더 많이 듣거나 읽었다면 몇 가지 진술이 수정되었을 것이다. 올드 박사의 신학적 관점은 아마도 선 밸리보다는 현대 프린스턴에 더 가깝지만, 만약 그렇다면 그의 평가는 추가적인 가치를 지닌다.

맥아더가 어떻게 말씀 전하는 사역을 진행하는지 알아보기 위해 마태복음 8장과 9장에 대한 그의 설교 10편을 주문했다. 설교자는 이 두 장에서 몇 가지 어려운 질문을 다루어야 한다. 맥아더처럼 탄탄한 강해설교로 명성이 높은 사람이 이 구절을 어떻게 해석할지 궁금했다. 맥아더의 설교 접근 방식에 대해 몇 가지 의구심과 망설임이 있었지만, 이 설교를 듣는 것은 보람 있는 경험이었다.

마태복음 8-9장에 나오는 이 기적은 갈릴리에서 행해졌는데, 설교자는 시간을 들여 지리적 배경을 철저하게 설정하여 그 지역의 모습을 생생하게 그려냈다. 이 아홉 가지 기적 이야기 중 많은 부분이 치유 이야기인데, 설교자는 언급된 질병뿐 아니라 고대에 질병을 어떻게 이해하고 치료했는지에 대한 인상적인 자료를 수집했다. 때때로 이 모든 자료는 다소 무거울 때도 있고, 우리가 정말로 알고 싶은 것보다 더 많은 정보를 제공하지만, 대개는 설교를 만든다.

반면, 인간의 관심사에 관한 이야기는 거의 찾아볼 수 없다. 예화 자료는 성경이야기에 집중되어 있다. 성경구절에서 도출된 원리보다는 성경구절이 조명된다. 맥아더는 성경을 성경으로 설명하는 놀라운 능력이 있다. 특히 맥아더가 마태복음과 요한복음의 유사성과 마태복음과 바울서신의 유사성을 강조하는 방식이 돋보인다. 맥아더는 교인 중 초창기부터 있던 교인들만 따라갈 수 있는 자료로 설교에 부담을 주려는 것이 아니라, 진지하게 듣는 사람에게 이러한 병행 구절로 설교를 풍부하고 유익하며 설득력 있게 이해시키려 했다.

현대 성서학계의 주요 학파가 바울의 정교한 신학이 예수의 단순한 복음에 기초하고 있다는 사실을 부인하고 있음을 깨닫고, 설교자는 이 둘의 유사성을 보여주기 위해 주의를 기울인다. 흥미로운 점은 암시된 논쟁이 표면에 드러나지 않는다는 것이다. 맥아더는 단순히 바울이 마태복음과 동일한 복음을 어떻게 설교하는지 보여준다. 맥아더는 우선 성경강해자이고, 그다음 논쟁가라는 인상을 받았다. 이것은 그가 엄청나게 훌륭하다는 것을 말해 준다.

그러나 마태복음 8-9장의 기적이야기에 대한 설교자의 해석이 매우 명확하다는 점은 인정해야 한다. 그가 보기에 이 기적은 무엇보다도 그리스도의 신성에 대한 증거다. 믿음의 힘이 무엇을 할 수 있는지를 보여주는 예가 아니다. 초기 기독교인들이 그들의 특별한 스승에 대한 헌신을 상징적으로 표현한 신화는 더욱 아니다. 이 설교자가 이 기적이 기록된 대로 정확하게 일어났다는 것에 조금의 의심도 없다는 인상을 받게 된다. 성경의 정확성을 옹호하는 것은 맥아더에게 흥미로운 주제가 아닌 듯하다. 성경 본문을 신뢰할 수 있다는 기본적인 가정은 그가 해석자로서 효과적인 이유의 일부다.

지난 몇 세대 동안, 이 두 장의 주요 주제를 기적이 예수의 신성을 증명한다는 것으로 삼아야 한다는 생각은 계몽주의 설교자라면 거의 취할 수 없는 것이었다. 그러나 맥아더는 바로 그 점을 지적하고 있다. 그는 매우 성공적으로 요점을 전달한다. 그는 본문 자체의 구조를 통해 마태복음이 말하고자 하는 바가 바로 이것임을 보여준다. 그는 공관복음서와 요한복음의 병행 본문을 통해 이를 뒷받침한다. 놀라운 것은 고등 비평가나 현대주의자들에 대한 신랄한 공격이 없다는 것이다.

맥아더가 중도적인 논쟁을 펼치는 유일한 방향은 은사주의자들과 신유사역자들을 향한 것이다. 은사주의자들은 복음서에 나오는 치유와 축귀 사건을 해석할 때 매우 다른 접근 방식을 취한다. 세대주의자들은 신약 시대의 기적이 그 시대에만 해당한다고 주장하는 반면, 은사주의자들은 기적을 교회의 규례로 간주한다. 성례와 마찬가지로 기적은 기독교 교회 사역의 지속적인 부분이어야 한다는 것이다. 맥아더가 기적의 목적이 예수가 그리스도임을 분명히 하는 것이라고 주장할 때, 이는 오늘날 교회에서 이런 종류의 치유 사역을 기대해서는 안 된다는 뜻이다. 기적은 신약 시대에 그 역할을 다했으며, 오늘날에는 그리스도의 참된 신성과 인성을 모두 입증하기에 충분한 성경의 영감된 증거가 있기 때문에, 더 이상 기적이 필요하지 않다는 것이다.

이 설교를 듣고 나서 더욱 분명해진 것은, 본문을 있는 그대로 받아들일 수 있는 사람은 항상 다른 해석을 시도하는 사람보다 훨씬 더 많은 의미를 발견한다는 것이다. 맥아더의 설교 사역의 큰 강점 중 하나는 본문에 대한 완전한 확신이다.

우리 설교자를 연설가로서 잠시 살펴보자. 그의 웅변을 평가하는 방법은 매우 다양할 수 있다. 첫인상으로는 웅변의 관점에서 볼 때 그가 제공할 수 있는 것이 거의 없다는 것이다. 테이프를 들으면 그는 로이드 오길비와 정반대임을 알 수 있다. 그러나 조금

더 생각해 보면, 그에게 청중을 집중시키는 기술이 있음을 인정해야 한다. … 그는 설교에서 리듬을 사용하는 감각이 있는 것 같다. 때로는 그의 리듬이 빠르고 때로는 매우 느리다. 우리가 희망 없이 고리타분하다고 생각하는 이 설교단의 리듬은 … 어떻게든 청중이 오랜 시간 동안 많은 내용을 흡수하고 기억할 수 있게 한다. 맥아더의 수사학은 끔찍하게 시대에 뒤떨어진 것이지만, 어쩌면 그는 우리가 모르는 것을 알고 있을지도 모른다.

왜 그렇게 많은 사람이 잘못된 학파의 산물이라고 여기는 맥아더의 말을 듣는 걸까? 교회 출석률이 심각하게 줄어든 시대에, 어떻게 주일 아침 교회를 가득 채울 수 있는가? 여기 매력적인 성격, 잘생긴 외모, 매력 그 무엇도 없는 설교자가 있다. 그가 가진 것은 진정한 권위에 대한 증언이다. 그는 성경을 하나님의 말씀으로 인식하고 있으며, 그가 설교할 때 사람들이 듣는 것은 성경이다. 존 맥아더의 말이 그렇게 흥미로운 것이 아니라, 하나님의 말씀이 뛰어나게 흥미롭기 때문이다. 그러므로 귀를 기울이는 것이다.[161]

올드가 맥아더를 만났다면 그는 마지막 단락에서 한 문장을 수정해야 했을 것이다! 그는 그레이스커뮤니티교회의 설교자가 자신의 개성을 메시지에서 의도적으로 배제하려고 한다는 점을 놓쳤다.

평일 그레이스교회 캠퍼스의 모습에 대해 한마디 덧붙이지 않고는 이곳을 떠날 수 없다. 일요일 인파가 없어도, 주차장은 비어 있지 않고 활기가 넘친다. 대강당에 붙어 있는 사무실에서는 작업이 진행 중이다. 강당에서 열린 뜰 건너편에는 1998년에 개원한 훌륭한 마스터스신학교 건물이 있다. 현재 400명이 재학 중이다. 1969년 맥아더가 부임했던 당시의 예배당 건물을 신학교 예배당으로 사용하고 있다. 캠퍼스의 다른 부분에는 톰 채핀 교장 아래 학생 260명과 교직원 14명이 있는 그레이스커뮤니티스쿨이 계속 운영되고 있다. 내게 특별한 장소 중 하나는 원래 '더북쉑'(The Book Shack)으로 불렸던 서점이다. 지금은 일주일 내내 운영되는 본격적인 서점으로, 최신 인기 도서가 아닌 교회에 도움이 될 만한 책들로 가득하다. 그레이스교회에 출석하는 사람들은 목사님에게 다음과 같은 말을 자주 듣는다.

양질의 책이 우리 삶에서 차지하는 역할은 절대적으로 중요합니다. 그렇다면 왜 그렇게 많은 크리스천이 책에 몰두하는 것을 어렵게 느낄까요? A. W. 토저는 "훌륭한 종교 서적을 즐기기 위해서는 현대 기독교인들이 갖추지 못한 하나님에 대한 헌신과 세상으로부터의 단절이 필요하다"고 말했습니다. 책을 통해 새로운 습관을 형성하고 마음을 계발하는 데는 큰 결단이 필요하지만, 사고방식과 영적 성장에서 얻을 수 있는 보상은 훨씬 더 큽니다. 여가 시간을 어떻게 보내느냐에 있어 우리는 무심코 세상의 틀에 맞춰

LIFE'S MOST IMPORTANT QUESTION

Introduction: LUKE 9:18-22

read —

"WHO DO YOU SAY THAT I AM?"

W/ THAT QUESTION JESUS CONFRONTED HIS APOSTLES W/ THE MOST CRITICAL ISSUE THEY WOULD EVER FACE — OR YOU WILL EVER FACE — THE QUESTION OF THE IDENTITY OF JESUS.

The answer to that question is not just an issue that effects belief & lifestyle — it effects one's eternal destiny.

ALL SOULS ON THIS PLANET IS ACCOUNTABLE TO GOD FOR THEIR ANSWER TO THAT QUERY.
→ THE WRONG ANSWER OR NO DAMNS FOREVER!
→ THE RIGHT ANSWER OPENS THE DOOR TO ETERNAL LIFE & JOY!

NOTE: Philosophers have answers, Liberal Theologians have answers, false religions have answers (Mormons to JW's), secularists have answers, atheists & humanists have answers — SADLY, THEY ARE WRONG OR UNCOMMITTED.

WHERE YOU SPEND YOUR ETERNITY WILL BE DETERMINED BY HOW YOU ANSWER THIS QUESTION & WHAT YOU DO W/ THAT ANSWER —

누가복음 9장 18-22절을 본문으로 "인생에서 가장 중요한 질문"이라는 제목의 설교 노트.

져 있지 않은가요? 오늘 우리는 무엇을 할 수 있을까요?

그레이스커뮤니티교회 캠퍼스를 떠나기 전 이런 방문에서 늘 떠오르는 한 가지 생각을 나누고자 한다. 1892년에 사망한 스펄전 사역과의 유사성이다. 그것은 선 밸리가 어떤 식으로든 모방하고 있기 때문이 아니다. 필 존슨이라는 스펄전의 위대한 연구가가 그와 함께하기 전인 1980년대까지, 존 맥아더는 스펄전의 삶과 사역에 대해 잘 알지 못했을 것이다. 이미 분명히 알 수 있듯이, 그레이스커뮤니티교회의 사역은 알려진 어떤 모범도 따르지 않고 발전했다. 그런데도 닮은 점이 있는 것은 두 사람 모두 그리스도의 사역에 대한 비슷한 야망을 품었기 때문이다. 스펄전은 설교자와 선교사를 양성하는 대학에 우선순위를 두었고, 목회자의 영적 성장을 최우선으로 하는 콘퍼런스를 조직했으며,[162] 청교도 학파의 기독교 문서를 저술하고 보급했다. 또 기독교 문서 보급을 위한 협회를 주재했고, 세계를 선교지로 보는 눈을 잃지 않았다. 맥아더는 자기를 스펄전과 비교하는 것을 누구보다 꺼릴 사람이지만, 이미 언급한 특징을 넘어서는 공통점이 실제로 존재한다. 두 사람 모두 젊은이를 사랑했다. 스펄전은 고아원 두 곳의 원장이었고, 맥아더는 마스터스컬리지의 총장이었다.

확실한 것은 맥아더가 스펄전의 불굴의 의지와 통찰력에서 20세기 말에 큰 용기를 얻었다는 점이다. 그는 서둘러 "나는 그의 곁에 앉는 것이 아니라 그의 발치에 서 있다"고 덧붙이며, 스펄전을 '동질의 영혼'으로 여겼다. 맥아더는 1992년 어느 여름날 런던에 있는 스펄전의 무덤에 서서, 현대 교회 상황과 '스펄전을 결국 죽음에 이르게 한 전투에 몰아넣은' 위험 사이의 유사성을 되돌아보았다고 썼다.[163] 그는 스펄전과 함께 교회에서 세속적인 것에 대한 관용이 늘어나는 것을 두려워했다. "많은 사람이 교회와 무대, 카드와 기도, 춤과 성례를 하나로 묶고 싶어한다. 이 급류를 막을 힘이 없다면, 적어도 사람들에게 그 존재를 경고하고 그 물결에 휩쓸리지 않도록 간청할 수는 있다. 오래된 믿음이 사라지고 복음에 대한 열정이 사그라들면, 사람들이 즐거움을 위해 다른 것을 찾는 것은 이상하지 않다. 빵이 없으면 재를 먹게 되는 것이다." 맥아더는 스펄전의 이 말을 인용했지만, 그 자신의 말도 매우 흡사하다.

나는 이 두 사람 사이에는 또 다른 유사점이 있다고 판단한다. 때때로 수천 명이 그의 사역의 도움을 기다리고 있고, 기독교 선교사들과 사역자들의 생계, 그리고 여러 기관의 지원도 그에게 달려 있음을 깨닫는 것은 그에게 큰 부담이었다. 가끔 그의 친구들은 스펄전이 우울해하는 모습을 보곤 했는데, 이는 대개 이러한 부담과 관련이 있었다. 존 맥아더가 이 같은 책임감을 느끼지 않았다면 인간적인 반응이 아니겠지만, 이에 대한 언급은 간단하다. "우리 사역은 혼자서는 감당할 수 없는 대가를 요구한다." 그는 기도하는 아내와 교인들에 의해 지탱되고 있으며, 궁극적으로 스펄전이 알고 있었던 것처럼, 모든 지속적인 사역은 진정으로 하나님 자신의 사역임을 알고 있기 때문에 견딜 수 있었다. 그리스도의 일은 모두 성취될 것이며, 그분이 사

그레이스커뮤니티교회의 항공사진. 루카스 반다이크가 헌정함.

용하기로 선택한 도구에 달려 있지 않다. 수잔나 스펄전이 남편의 장례식 설교를 위해 선택한 본문 "다윗은 당시에 하나님의 뜻을 따라 섬기다가 잠들어"(행 13:36)[164]는 더없이 직설했다. 한 사람의 사역이 끝나도 하나님의 역사는 반드시 계속된다.

맥아더는 최근 몇 년 동안 이런 질문을 받았다. "이 사역의 미래에 대한 두려움이 있습니까?" 그는 이렇게 대답했다.

전혀 없습니다! 이 사역이 살아남을 수 있다고 믿지 않을 때도 하나님은 이 사역을 지원해 주셨습니다. 하나님은 그분의 뜻을 이루시고, 우리는 그분의 손길을 보았습니다. 내 관심사는 영적으로 온전한 사람이 되고, 영적으로 온전한 사역을 하고, 하나님께서 자신의 말씀을 축복하신다는 약속 아래 성경을 가르치는 것입니다. 그분이 어느 정도까지 축복하시든 저는 충분히 만족합니다. 하나님께서 이 사역을 지속하기를 원하시는 한 우리는 그 사역을 기뻐할 것입니다. 그리고 그분이 더 이상 이 사역을 필요로 하지 않으실 때, 우리는 그 자리를 대신할 다른 사역이 무엇이든 기뻐할 것입니다.

SERVANT OF THE WORD
AND FLOCK

17

존 맥아더는 어떤 사람인가

앞의 글을 통해 이미 존 맥아더에 대한 인상을 형성했을 것이다. 그러나 서두에서 말했듯 이 글은 간략한 개요에 지나지 않으며, 나 역시 완전한 초상화를 보여줄 때가 아니다.

그레이스커뮤니티교회 교인들이 그들의 목사를 한 문장으로 표현하는 것을 들은 적이 있다. 40년을 함께한 한 장로의 아내는 "우리는 예배자를 목사로 두고 있다"고 말했다. 다른 사람은 "목사님의 가장 위대한 설교는 목사님의 삶"이라고 했다. "그는 매우 관대한 분"이라는 코멘트도 있었다. 맥아더를 오래 섬긴 장로 중 한 명은, 맥아더는 자기 월급 인상을 거절할 때를 제외하고는 회의에서 돈 얘기를 절대 하지 않는다고 회상했다.

그러나 결론을 내리기 전에 몇 가지 특징에 주목하고 싶다. 기질과 하나님의 은혜로, 존 맥아더는 특별한 수준의 근면함을 보여준다. 열심히 일하는 것이 그의 삶의 특징이다. 일반인이 보기에, 존 맥아더에게 주어진 크고 든든한 교회를 섬기는 것이 부러울 수 있다. 그러나 그 역할 뒤에는 누구도 감당할 수 없는 책임감의 무게가 있다. 그의 부담을 안다면 그것을 짊어질 사람은 거의 없을 것이다. 40년 동안 한 교회를 돌보며 기쁨을 잃지 않고 하나님의 말씀을 끊임없이 전파하는 것은 인간의 본성으로는 감당할 수 없는 일이다. 세월이 흘러도 그의 열정이 식지 않는 것은 은혜다. 스펄전이 젊은 시절 교회에서 들었던 "우리 목사님 점점 더 좋아지시네?"라는 말은 선 밸리에서도 들을 수 있다.

그러나 교회 외에도 존은 마스터스신학교에 입학한 모든 젊은이에 대해서도 궁극적인 책임을 진다. 수천 명의 부모들이 자녀를 마스터스신학교에 보낼 때, 그를 신뢰하는 것을 매우 진지하게 받아들인다. 이러한 기관과 Grace to You 사역은 항상 그의 머릿속에 있다. 이들의 문제는 곧 그의 문제이며, 때로는 불안과 함께한다. 그는 "너희가 주 안에 굳게 선즉 우리가 이제는 살리라"(살전 3:8)고 말한 바울의 심정을 조금은 알고 있다.

이 외에도 많은 사람에게 도움을 준 책을 준비하기 위해 혼자서 보낸 긴 시간도 있다. 일주일에 30시간은 서재에서 보내는 것이 일상이다. 부지런함이 없었다면 이 모든 것이 불가능했을 것이다. 은혜와 결합된 인내가 축복을 가져다준다. "부지런한 자의 경영은 풍부함에 이를 것이나"(잠 21:5). "적게 심는 자는 적게 거두고 많이 심는 자는 많이 거둔다"(고후 9:6).

리처드 메이휴가 그의 친구의 특징 중 첫 번째로 꼽은 것은 부지런함과 관련된 것이다. 그는 맥아더가 성경 본문에 대해 가능한 모든 것을 알아내려는 열망이나, 많은 주제에 대한 정보를 탐내는 것은 모두 호기심에서 비롯된 것이라고 말한다. 그는 모든 것의 밑바닥까지 파헤치기를 원한다. 기독교 사역에 대해 조언하는 사람들이 일반적으로 언급하는 자질은 아니지만, 일부 사람들은 이것에 주목했다. 유진 돌로프는 "호기심은 위대하고 너그러운 마음에서 처음이자 마지막 열정이다"라는 말을 인용하며 다음과 같이 말했다. "하나님은 우리 존재 자체에 내재된 인간의 이러한 자질을 높이 평가하신다."[165]

맥아더의 특징 중 그다지 눈에 띄지 않는 것은, 방금 말한 것과 어울리지 않는 것처럼 보일 수 있다. 그의 삶에는 많은 사람이 주목하는 평온함이 있다. 이는 부분적으로는 스코틀랜드에서 유래된 유전적 코드 때문일 수 있다. 스코틀랜드 사람들은 일반적으로 흥분하거나 외향적으로 감정적이지 않다. 이것이 맥아더의 기질에 얼마나 영향을 미쳤는지는 맥아더와 존 파이퍼가 함께 인터뷰하는 것을 듣고 알 수 있었다. 맥아더는 파이퍼가 자신의 환희와 우울을 모두 말할 수 있다는 사실이 거의 믿기지 않는 듯했다. 맥아더는 삶을 매우 평범하게 살고 있었다.

그러나 그가 스코틀랜드 출신임을 언급할 때는 다른 맥락에서였다. 예를 들면, 기독교 복장에 관한 질문에 답하면서, 복장 규정이 영적 시험으로 사용되어서는 안 된다고 경고할 때 나온 말이었다. 그는 논란의 여지가 있는 옷을 입을 자유가 있지만, 기독교인의 증인 된 삶을 고려해서 그렇게 하지는 않을 것이라고 말했다. "저는 치마를 입지 않지만, 스코틀랜드인으로서 그렇게 할 권리가 있음을 알아주셨으면 합니다. 우리 가족은 수년 동안 킬트(kilt, 스코틀랜드 사람이 전통적으로 착용해 온 스커트형의 남자용 하의)를 입고 있습니다." 아무도 스코틀랜드인에게 유머가 부족하다고 비난하지 않았다!

그러나 내가 말하는 온화한 성품은 천성보다는 은혜와 더 관련이 있다. 1986년부터 그의 개인 비서였던 팻 로티스키 여사는 하나님의 명예와 관련된 문제를 제외하고는 그가 화내는 것을 본 적이 없다고 한다. 긴급한 상황이 닥쳐도 그는 당황하지 않으며, 분노나 감정에 직면했을 때도 겁먹지 않는다. 교회 사무실에 침입자가 무기를 들고 들어와 혼자 있는 그를 발견했을 때도 그는 조용히 대처했다. 맥아더가 의장을 맡고 있던 교회 고등학교와 관련된 학부모 회의에서 한 남성이 장로들이 내린 결정에 대해 이성을 잃고 부적절한 발언을 한 적이 있다. 맥아더는 조용히 "우리는 이런 식으로 회의를 진행하지 않습니다. 이 회의를 끝내겠습니다"라고 응답했다. 또 한번은 한 남성이 주일 예배 중 통로를 걸어 올라와 설교단에 오르자 목사는 그를 향해 다가가며 "제가 도와드릴까요, 형제님?"이라고 말했다.

리처드 메이휴는 특히 맥아더 부부와 함께 일주일 동안 머물기 위해 로스앤젤레스에 도착했던 날을 기억한다. 그때는 1980년 3월 말이었고, 《로스앤젤레스 타임스》는 막 맥아더와 그의 교회가 케네스 낼리의 아버지에 의해 기소될 것이라는 소식을 전하고 있었다. 앞서 언급했듯, 임박한 법정 소송은 그레이스커뮤니티교회의 미래를 잠재적으로 위협했고, 이 극적인 주제는 당시의 화두였다. 그러나 메이휴가 맥아더와 함께한 일주일 동안 맥아더는 전혀 걱정하는 기색을 보이지 않았다.

맥아더의 성격에는 그의 사역에 필수적인 또 다른 특징이 있었는데, 사람들을 대하는 그의 다정함과 친절함이다. 그는 냉담하지 않다. 그렇다고 해서 수천 명의 회중이 모인 곳에서 모든 사람에게 쉽게 다가갈 수 있다는 뜻은 아니다. 만약 그랬다면 그의 사역은 결코 지속될 수 없었을 것이다. 그는 방해받지 않도록 안전장치를 갖추고 있어서, 시간이 있는 사람과 단순히 잡담하는 데 시간을 보낼 수 없다. 그러나 매주 주일 예배가 끝난 후에는 누구든지 그와 이야기할 수 있도록 앞에서 대기하고 있다. 누구도 문제가 방치된 채로 두지 않고, 그와 대화를 나누는 이들에게 한결같이 친절과 배려로 응대한다. 설교단 아래 줄이 길게 늘어섰음에도 한 명 한 명에게 온전히 집중하고 인내심을 가지고 대친다.

그의 전 동료 톰 페닝턴은 그레이스커뮤니티교회에서의 시간을 특별히 기억하고 있다.

> 목사님이 예배당 앞쪽에서, (교리상) 심한 혼돈에 빠진 사람들의 질문을 들어주시던 것을 기억합니다. 더 심한 예도 있었는데, 어떤 사람은 목사님과 다투기 위해 온 것 같았고, 심지어는 목사님을 교정시키기로 작정한 듯 도전적 질문을 던졌는데도 목사님

은 다 받아주었습니다. 어떤 사람들은 이전에 수십 번이나 같은 질문을 했고, 대답을 들었는데도 또 와서 같은 질문을 하는데도 목사님은 다 받아주었습니다. 그리고 종종 목사님의 사비를 들여 그들이 어떤 자료에 접근할 수 있게 해주신 것도 보았습니다.

맥아더 사역의 중요한 특징 중 하나는, 그가 그리스도의 더 넓은 사역에 관여하면서도 자신에게 맡겨진 회중의 목회자로서 해야 할 역할을 최우선 순위에 두었다는 점이고, 이런 태도가 그의 성품을 형성한다는 것이다. 사역 중 유머가 줄어든 것에 관한 질문에, 간단한 답변으로 많은 것을 드러냈다. "목회자는 사람들의 아픔과 함께 살고, 그들의 실망과 함께 삽니다. 거기엔 슬픔이 쌓여 있습니다."

맥아더는 군중을 피해 여유로운 시간을 보낼 때, 사람들과 더 쉽게 어울렸다. 2006년 9월 존과 함께 종교개혁 투어에서 세 대의 버스로 일행을 이끈 스티브 에스몬드는, 맥아더가 독일인 가이드와 얼마나 잘 지냈는지 언급했다. "그는 매우 호감 가는 사람이며, 참으로 은혜롭고 겸손한 하나님의 종입니다."

톰 페닝턴이 존에게 "리더가 저지르는 가장 큰 실수는 무엇인가요?"라고 질문한 적이 있다. 존은 단번에 "사람들에게 조급해하며 성장할 시간을 주지 않는 것"이라고 대답했다. 페닝턴이 보기에 존은 인내와 관용의 모범이었다. 2009년 전 직원을 위한 만찬에서 페닝턴은 이렇게 말했다.

어느 날 목회자 회의에서 목회 상담 상황에 관해 이야기를 나누던 중, 인생에서 심각한 문제에 부딪힌 한 남성에 대해 이야기하게 되었습니다. 목사님은 회의 테이블 끝에 앉아서 뭔가를 읽으며 전혀 집중하지 않는 것처럼 보였지만, 물론 우리가 알기로는 전혀 그렇지 않았습니다. 그리고 자주 그렇듯이, 목사님은 우리 토론에 끼어들어 말씀하셨습니다. "누구나 짐이 있습니다. 짐이 없다면 아무 데도 갈 수 없습니다."

패트리샤의 말에 따르면, 존의 인내심은 본성에서 온 것이 아니고 은혜에서 비롯된 대표적인 사례라고 한다.

그레이스커뮤니티교회에는 수많은 '사역하는' 그리스도인이 있다. 오래된 장로 중 한 분이 강조하듯이, "손 목사님은 성도들이 사역하기를 원하십니다"라고 말한다. 그러나 조직이 성과를 보장하지 않는다. 구세주에 대한 사랑, 주의 이름으로 말씀을 전하는 사람에 대한 사랑이 성과를 내는 것이다. 목회자에 대한 애정은 교회의 생명이다. 성도들은 담임목사가 모든 가정을 방문하는 것이 불가능하다는 것을 이해하지만, 중병이나 특별한 도움이 필요할 때 담임목사가 함께할 수 있다는 것도 알고 있다. 다른 직원들은 정기적으로 병문안을 가지만, 담임목사가 자신들보다 먼저 병문안을 갔다는 사실을 알게 되는 때도 있다.

우리 주님은 팔복 중 '심령이 가난한 자는 복이 있음'을 첫 번째로 꼽으셨다. 이 특성이 복음주의에서 항상 두드러진 것은 아니다. 앞서 언급한 기념 만찬에서 연설한 톰 페닝턴은 이렇게 말했다.

> 저는 12년 동안 기독교 라디오 방송에서 일하면서, 많은 유명한 교사 및 기독교 지도자들과 교류했습니다. 안타깝게도, 교만한 자들과 지독하게 추악할 정도로 자기를 높이는 자들을 수없이 많이 목격했습니다.

이와는 대조적으로 그는 존 옆에서 부목사로 일하던 시절을 언급하며 이렇게 말했다.

> 우리는 이 점을 잘 배우지는 못했지만, 적어도 당신에게서 겸손이 무엇인지 배웠습니다. 당신은 일상적으로 자신의 성공에 대한 공을 다른 사람에게 돌렸습니다. 당신은 관심의 중심이 되는 것을 좋아하지 않습니다. 당신은 주인공 역할을 추구하거나 용납한 적이 없습니다.

이 말을 하면서 페닝턴은 자신이 리더의 성취를 칭찬하는 것이 아님을 알고 있었다. 그는 존과 함께 그리스도의 가르침을 이해했다. 겸손은, 우리가 하나님 앞에서 어떤 존재인지 알고, 모든 것이 하나님의 은혜로 얻은 것임을 기억하는 것이다. 겸손은 우리를 가치 있게 만들기 위한 인간적인 행위가 아니라, 우리가 무가치하고 하나님 앞에서 스스로 우리의 상태를 바꿀 수 없다는 것을 깨닫게 하는 하나님의 행위다. 성숙한 삶의 표식은 죄가 없는 것이 아니라, 자신의 죄악 됨을 깨달아 가는 것이다. 죄가 없음은 천국에서나 가능한 일이다.[166] 신자는 하나님 앞에서 가난하고, 슬프고, 온유하고, 배고픈 자신을 본다.[167] 그리스도인은 바울이 자신을 '비참한 사람'이라고 말하는 것이 과거의 상태나 경험을 언급한 것이 아님을 쉽게 이해할 수 있어야 한다.

바울은 그의 사역이 절정에 있을 때 이러한 말을 썼다. 그러나 그의 삶에서는 여전히 의와 죄가 싸움을 벌이고 있었다. 그가 로마서 7장 25절에서 인정하듯 승리의 길은 '우리 주 예수 그리스도를 통한' 것이지만, 이 구절의 나머지 부분은 그 당시에는 승리가 아직 완성되지 않았음을 분명히 하고 있다. 영원한 승리는 지금 우리에게 보장되어 있지만, 지금 우리에게 주어진 것은 아니다.

겸손의 실질적 결과는 눈에 보이기 마련이다. 맥아더의 경우, 다른 사람을 존중하고 자신과 다른 의견에 기꺼이 귀를 기울이려는 태도로 나타난다. 그는 설교할 때는 담대하고 확고하지만, 개인적인 삶에서는 마치 아무 흠 없는 사람 같은 분위기를 풍기지 않으며, 또 그런 태도가 겸손한 마음과 일치할 수 없다는 걸 알고 있다. 모든 그리스도인이 그렇듯, 그는 여전히 그리스도의 학교에서 학생으로 남아 있다. 그는 이렇게 썼다.

> 그리스도를 닮은 진정한 지도자의 열매는 겸손, 온화함, 자기희생, 양에 대한 애정이다. 선한 목자는 교회의 모든 지도자가 추구해야 할 인격적이고, 인내심 있고, 온화하고, 손을 내밀고, 자기를 내어주는 지도자의 모습을 구현한다. 공감이나 친절이 전혀 없어 보이는 위압적인 독재자는 리더로 적합하지 않다. 효과적인 지도력의 핵심은 권위를 휘두르는 것과 거의 관련이 없으며, 자신을 내어주는 것과 관련이 많다.[168]

페닝턴은 존과 패트리샤와 함께 덴버에서 설교하기 위해 여행 중이던 어느 날의 일화를 다음과 같이 소개했다. 공항에 도착하자마자 두 사람은 교회로 이동하기 위해 차를 빌려야 했다. 그런데 고가의 캐딜락 외에는 차량을 구할 수 없었다. 다른 대안이 없었기에 그들은 어쩔 수 없이 그 차를 타야 했다.

> 목사님은 그것이 전달할 메시지가 너무 걱정되었고, 자신의 성격과 너무 맞지 않아서 교회에서 몇 블록 떨어진 곳에 차를 세웠습니다. 목사님과 패트리샤 그리고 저는 추위 속에서 교회까지 남은 거리를 걸어갔습니다. 그날 밤 사람들은 맥아더 부부가 왜 교회까지 걸어왔는지 궁금했을 겁니다.

맥아더의 이러한 특성은 강연 요청을 수락할 때도 나타난다. 많은 청중 앞에서 말하는 데 익숙하지만, 청중의 수가 그가 어디서 연설할지를 결정하지 않는다. 기독교 캠프의 한 주최자는 그의 방문에 감사하며 그에게 편지를 보냈다. "흄 호수에 모인 소수의 무리와 함께 말씀을 나누기 위해 기꺼이 와주신 데 대해 진심으로 감사드립니다. 반응이 아주 좋았고, 하나님께서 많은 사람의 마음에 양식을 주셨다는 것을 압니다."[169] 이런 일은 이 편지가 쓰인 1979년에만 있었던 게 아니다. 몇 년 전 영국 레스터에서 열린 비교적 작은 규모의 청년들을 위한 콘퍼런스에서, 주말 내내 맥아더 목사가 그들과 함께한 것에 대해 고마워하는 것을 보았다. 우리는 그에게 이런 태도가 여전히 남아 있음을 보았다.

맥아더에게 겸손은 그의 사역의 기본 원칙, 즉 모든 성공은 하나님의 말씀에 있다는 것을 다시금 생각하게 한다. 그는 루터와 스펄전 같은 그리스도의 종을 존경하면서도, 동시에 "중요한 것은 사람이 아니라 하나님의 진리이며, 사람 안에 있는 하나님의 능력"이라고 덧붙였다. 존 맥아더의 사역 아래 있었던 사람들은 모두 같은 교훈을 배웠다. Grace to You가 시작된 지 30년이 지난 후, 직원이었던 제이 플라워스는 이 사역에 관한 기사를 다음과 같은 간증으로 마무리했다.

1969년에는 현재 수준의 사역이 불가능해 보였습니다. 인간적인 면에서 보면 불가능했습니다. 우리가 처음 30년 동안 본 것은 존 맥아더와 우리 직원들, 우리의 기발한 재주에 대한 기념비가 아니라, 하나님의 말씀을 축복하시는 하나님의 신실하심에 대한 기념비입니다.[170]

모든 지도자가 그렇듯 존 맥아더의 삶에 타고난 은사가 작용했지만, 그것만으로는 그의 삶을 설명할 수 없다. 그가 1997년에 목회자들에게 한 말은 핵심을 찌른다.

> 내 사역의 가장 큰 특권은 사람들과 함께 보내는 시간이 아니라 그분과 함께 보내는 시간이다. 그리고 하나님의 말씀을 연구하고 기도와 묵상을 통해 그분을 아는 지식을 쌓는 것은 내 삶의 중심이자 영혼이며 사역의 가장 큰 기쁨이다. 밖에서 무슨 일이 일어나든 일어나지 않든, 변하든 변하지 않든, 실망하게 하는 일이든 격려하는 일이든, 주님은 절대 변하지 않으시며, 그분의 사랑 안에서 나는 내 삶을 위한 변함없는 태도와 사역을 위한 능력과 기쁨을 발견한다.

이 말은 존 맥아더의 삶에서 변함없는 우선순위와 그가 다른 사람에게 내세운 우선순위가 어떤 것인지 설명한다. 2009년 6월 Grace to You 편지는 "다양한 종교를 가진 수천 명의 사관생도를 위한 채플 예배에서 설교하게 된다면, 어떤 설교를 하고 싶으십니까?"라는 질문으로 시작했다. 위의 내용을 통해 그가 그런 기회가 왔을 때 어떤 대답을 할지 예상할 수 있을 것이다. 웨스트포인트에 있는 미 육군사관학교의 주일 채플 예배에서는 신입 생도들에게 개인 성경을 선물하는 전통이 100년 이상 지켜져 왔다. 웨스트포인트의 주일 예배에 설교자로 초청받은 존은 훗날 "내가 가장 좋아하는 시편 19편을 본문으로 하나님 말씀의 능력과 충분함에 대해 가르쳤다"고 회고했다. 전장에서 죽음을 맞이할지도 모르는 일부 대상을 향해, 진정으로 말씀을 경청하는 모든 사람의 삶을 하나님이 변화시킨다고 말하면서, 성경이 바로 그런 책이라고 전했다.

젊은 시절 존 맥아더는 하나님의 말씀을 공부하기로 결심했다. 당시에는 그 결심이 무엇을 의미하는지 전혀 몰랐지만, 지금 그는 그 결심을 '내가 한 일 중 가장 심오한 선택'이라고 회고한다. 그 결심은 그를 "내가 믿었으므로 말하였다"(고후 4:13)라는 선언으로 이끌었다. 그때부터 하나님의 백성을 목양하고 하나님을 신뢰하는 개인적인 삶이 시작되었다. 그는 성경의 충분성은, 그 빛이 적용되지 않는 상황이 없다는 의미라고 가르쳤다. 성경의 지시와 약속을 따르는 곳에는 어떤 필요도 충족되지 않는 경우가 없다. "모든 육체는 풀과 같고 그 모든 영광은 풀의 꽃과 같으니 풀은 마르고 꽃은 떨어지되 오직 주의 말씀은 세세토록 있도다"(벧전 1:24-25). 그레이스교회 목사님께 마지막 한 마디를 부탁드린다면 내가 믿는 바로는 다음과 같을 것이다.

하나님의 말씀은 담대하고 정직하며 직접적이어서 대중문화의 결을 가로지른다. 하나님의 말씀은 마음을 꿰뚫고, 정신을 밝히고, 삶을 변화시킨다. 우리의 환경과 선호도가 성경에 정보를 제공하거나, 생기를 불어넣거나, 성경의 의미를 규정하거나, 성경이 우리 삶에 어떻게 적용되는지를 결정하지 않는다. 성경은 살아 있고 운동력 있는 영원한 진리이며, 모든 문제의 핵심을 꿰뚫고 있다. 성경의 의미는 고정되어 있으며, 모든 사람에게 어디서나 적용된다. 성경은 절대적인 권위로 말하며, 신자들을 인도하고, 오류에 맞서며, 가장 혼란스러운 신학적 질문에도 명쾌하게 답해 준다.

성경을 대체할 수 있는 것은 없다. 하나님의 말씀만큼 신뢰할 수 있고 확고한 것은 없다. 교회 전통은 시간이 지남에 따라 변한다. 저술가와 목회자도 실수한다. 심지어 자신의 양심도 틀릴 수 있다. 모든 신자는 사도행전 17장 11절에서 바울이 묘사한 베뢰아 사람들처럼, 듣고 읽고 보는 모든 것을 완전하고 변하지 않는 성경의 표준에 비추어 측정해야 한다. 하나님 말씀의 권위와 능력은 틀림없고 잊을 수 없는 것이다.[171]

이런 진리는 모든 세대에 통한다. 윌리엄 쿠퍼가 3세기 전에 쓴 이 글은, 시간이 더 이상 존재하지 않을 때까지 모든 그리스도인의 경험담이 될 것이다.

성령은 말씀 위에 숨을 불어넣어
진리를 보게 하네.
교훈과 약속은
거룩하게 하는 빛을 가져오네.

그것을 주신 손은 여전히
은혜로운 빛과 열을 공급하네.
그의 진리가 열방 위에 떠오르네.
그의 진리는 떠오르지만 결코 지는 법이 없네.

주께 영원한 감사를 드리나이다.
이렇게 밝은 빛을 보여주셔서
어둠의 세상을
천국의 빛으로 빛나게 하네.

내 영혼은 사랑하는 분의 발걸음을
따라가기를 기뻐하네.
영광이 내 눈앞에 펼쳐질 때까지
더 밝은 천상의 세계에서.

존 맥아더 목사.

주

01   *Hard to Believe* (Nashville: Thomas Nelson, 2003), p.46. "갑판 아래에서 노 젓는 노예"라는 표현은 존 맥아더가 자주 쓰는 비유다. 한글 번역본은 『값비싼 기독교』, 부흥과개혁사. 또 다른 책 *The Master's Plan* (Chicago: Moody, 1992), p.39에도 이런 글이 있다. "헬라어로 종을 뜻하는 몇 가지 단어가 있는데, 바울은 가장 적절한 단어로 배 밑의 노예를 뜻하는 *huperetes*라는 단어를 사용했다. 3층으로 되어 있는 배의 맨 밑에서 노를 젓는 노예를 지칭하는 단어다."

02   *Twelve Ordinary Men* (Nashville: Thomas Nelson, 2002), p.44. 존 맥아더가 리더십이 무엇인지 설명하는 단락 중에서.

03   *The Jesus You Can't Ignore* (Nashville: Nelson, 2008), p.205.

04   *Ashamed of the Gospel* (Wheaton: Crossway, 1993), p.29. 『복음을 부끄러워하는 교회』, 생명의말씀사.

05   *Twelve Ordinary Men*, p.13.

01   토머스 풀러턴은 1893부터 1921년까지 샬롯타운에 있는 성야고보장로교회에서 목사로 섬겼으며, 보어전쟁 동안 캐나다 육군에 복무하면서 사역이 중단되

었다.

02 1980년 후기에 필 존슨이 존 맥아더와 인터뷰한 사본에서, "부모님이 옳게 행하신 일"이라는 제목으로 글로리아 가이서에 의해 편집됨. 같은 주제에 관해 존 맥아더는 이렇게 말했다. "충만한 가정의 가장 중요한 요소는 자녀를 향한 직접적인 사랑이 아니라, 부부가 서로 사랑하는 것이다. 이것이 자녀에게 가장 안전함을 준다."

03 *Hard to Believe*, pp. 71-72. 그녀는 그리스도를 따르는 사람이 되었고, 마침내 훌륭한 그리스도인 청년을 만나 결혼했다.

04 *Rediscovering Expository Preaching* (Dallas: Word, 1992), p.336. 존 맥아더가 독서에 관심이 없었다는 말을 그대로 받아들이기에는 문제가 있는 것 같다. 그는 퍼시픽컬리지에서 학사학위를 받았는데, 그의 전공은 성경연구였고, 신약 헬라어를 부전공으로 수학했다는 사실을 보면 알 수 있다.

05 2006년 '함께 복음을 위하여'(Together for the Gospel) 콘퍼런스에서 "나는 왜 40년간 사역한 후에도 계속 말씀을 전하는가?"라는 제목으로 말씀을 전한 것을 필 존슨이 받아 적은 내용.

06 *Worship: The Ultimate Priority* (Chicago: Moody, 1983). 『예배』, 아가페.

07 *The Master's Plan* (Chicago: Moody, 1991), pp.153-154.

08 *The Practice of Prelates*, repr., in *The Works of William Tyndale* (Edinburgh: Banner of Truth, 2010) vol. 2, p.291.

09 *The Master's Plan*, p.153.

10 그는 자기의 영적 은사를 먼저 이해하는 식으로 하나님의 인도하심을 찾는 방식을 권장하지 않았다. "내가 사역을 시작했을 때 나는 영적 은사가 무엇인지도 몰랐고, 내 은사가 무엇인지 알기도 전에 설교하고 가르치고 은사를 사용했다. 나 자신을 분석하는 것이 중요한 것이 아니라 성령님께 순종하고 그분이 내 마음에

품으신 소망을 따르는 것이 중요했다."

11 *How to Study the Bible* (Chicago: Moody, 2009), p.76.

12 이후 경계 변화로 현재 교회 주소는 선 밸리지만, 부지가 두 교외의 경계선에 위치했기 때문에 때로는 파노라마 시티와 관련되기도 한다.

13 그의 대표적인 설교 12편을 묶은 설교집 *Truth Endures: Landmark Sermons by John MacArthur* (Los Angeles: Grace to You, 2009)에 실려 있는 설교. 『최고의 설교』, 국제제자훈련원.

14 "그레이스커뮤니티교회에서 30년 가까이 사역하면서, 나는 사람들의 영적 태도가 올바르다면, 즉 신중하고 장기적인 성경적 가르침의 결과라면 교회의 조직 구조, 형식, 스타일이 훨씬 덜 중요해진다는 것을 배웠다." *Pillars of Christian Character* (Wheaton: Crossway, 1998), p.8.

15 *The Master's Plan*, pp.31-32.

16 *The Master's Plan*, pp.60, 109.

17 같은 책, p.40.

18 *Ashamed of the Gospel*, pp.184-185.

19 *The Master's Plan*, p.34.

20 같은 책, p.48. 부록 4. "교회 권징의 요소"라는 항목을 보라.

21 *The Freedom and Power of Forgiveness* (Wheaton: Crossway, 1998)을 보라. *Truth Matters* (Nashville: Nelson, 2004)의 10장도 보라. 그는 모든 경우에 잘못을 인정하지 않으면 용서를 보류해야 한다는 가르침에 반대한다.

22 *Ashamed of the Gospel*에서 9장 "내가 내 교회를 세우리라"를 보라.

23 "아내는 집 밖에서 일해야 하는가?" in *Successful Christian Parenting* (Nashville: Thomas Nelson, 1998), pp.224-226.

24 2009년에 톰 페닝턴이 한 말.

25 사실 의료인 여덟 명이 케네스 낼리를 치료한 일이 있으며, 그레이스교회의 목회자들이 여러 번 진료를 의뢰했다.

26 이 주장은 자살 후 18개월이 지나 그레이스교회 부목사의 발언을 근거로 한 것이다. 샘 에릭슨 변호사는 "기록에 따르면 존과 그의 아내, 그리고 모든 피고인이 케네스에게 오직 하나님만이 당신의 수명을 결정하며 자살은 잘못된 것임을 몇 번이고 말했다"고 답했다.

27 *The Truth War: Fighting for Christianity in an Age of Deception* (Nashville: Nelson, 2007), p.49. 『진리 전쟁』, 생명의말씀사.

28 *Truth Endures*, p.104.

29 뉴욕 콘퍼런스는 이 여행 일정에 있는 몇 안 되는 강연 중 하나였다.

30 J. Gresham Machen, *What is Christianity?* (Grand Rapids: Eerdmans, 1951), p.244.

31 Eric J. Alexander, *Biblical Preaching: Basics of the Reformed Faith* (Phillipsburg, NJ: P&R, 2008), p.7.

32 Gardiner Spring, *The Power of the Pulpit* (repr. Edinburgh: Banner of Truth, 1986), p.119.

33 이 말을 맥아더 목사가 다소 은둔적이라는 의미로 이해하면 곤란하다. 주중에 여러 가지 해야 하는 일이 있으며, 그의 설교와 강연은 주일에만 국한되지 않는다. 그의 주변의 유능한 부목회자들과 직원들이 그가 루틴으로 하는 일이 침해받지 않게 하는 데 중요한 역할을 한다.

34   *Expository Preaching*, pp.342-343. "적절할 때 나는 이야기를 사용하지만 아주 드문 일이다." *MacArthur New Testament Commentary: Matthew*, vol. 1 (Chicago: Moody, 1985), p.158. 마찬가지로 맥아더가 강단에서 모든 유머를 배제하지는 않지만, 그가 유머를 사용하는 경우는 많지 않다. 설교는 오락이 아니다. '오늘날 교회에는 웃음 대신 울음이 절실히 필요하다. 기독교의 이름으로 행해지는 경박함, 실없는 소리, 어리석음은 우리를 슬프게 해야 한다'.

35   *Expository Preaching*, p.345.

36   *Expository Preaching*, p.339. 그는 짧은 설교만 하는 사람은 이 점을 놓치고 있다고 말한다. '나는 성경강해에는 적어도 40분이 필요하다고 확신한다. … 25-30분 정도 설교하는 사람이 교리 강해를 하는 경우는 거의 없다.' 그러나 그는 길이가 좋은 설교의 주요 특징이 아니라는 주의를 덧붙였다.

37   David F. Wells, *The Courage to Be Protestant* (Grand Rapids: Eerderman, 2008), p.212. 이 책은 이 분야에서 복음주의가 어떻게 오도되어 왔는지에 대한 강력한 고발이다. 아마도 이 책은 50년 안에 출간될 가장 중요한 책 중 하나가 될 것이다.

38   *Ashamed of the Gospel*, p.132.

39   *Truth Matters*, p.108.

40   *Hard to Believe*, p.49.

41   D. M. Lloyd-Jones, *Truth Unchanged, Unchanging* (London: Clarke, 1951), pp.111-112.

42   *Princeton Theological Review*, April 1919, p.332.

43   *Ashamed of the Gospel*, p.158, pp.227-235. 이런 가르침이 근본주의 안에 편만하였으나 의문을 제기하는 사람을 찾아보기 어려웠고, 조지 W. 달라의 글에 의하면 "대부분의 근본주의자들은 칼빈주의 구원론 5대 교리를 거부하였다"고

History of Fundamentalism 276쪽에서 증언했다.

44　*The Gospel According to Jesus* (Grand Rapids: Zondervan, 1988), p.77. 『주님 없는 복음』, 생명의말씀사.

45　같은 책, p.79.

46　*Hard to Believe*, p.96.

47　*The Master's Plan*, pp.151-152.

48　존 맥아더가 20세기의 청교도라고 자주 인용한 또 다른 사람은 아더 핑크(A. W. Pink)다.

49　그레이엄 전도집회는 로스앤젤레스에서 세 차례 열렸으며, 그때마다 그와 관련된 목적으로 그레이스커뮤니티교회를 사용할 수 있도록 요청했다. 맥아더는 그레이엄의 복음 설교를 높이 평가했고, 1997년 빌리 그레이엄 목사가 로버트 슐러에게 동의를 표할 때까지 빌리 그레이엄에 대해 공개적으로 비판한 적이 없다.

50　*Reckless Faith: When the Church Loses Its Will to Discern* (Wheaton: Crossway, 1994), pp.95-96. 『무모한 신앙과 영적 분별력』, 생명의말씀사.

51　1998년에 재출간된 이 책의 서문에서 그는 다음과 같이 언급했다. "예수님의 산상수훈을 이 시대와 무관하다고 선언하는 것은 우리 주님이 그의 백성에게 주신 교훈의 핵심을 잘라버리는 것이다."

52　*The Gospel According to the Apostles* (Nashville: Word, 2000), p.125. 『구원이란 무엇인가』, 부흥과개혁사.

53　개인적인 편지는 오늘날까지 계속되고 있고, 뉴스레터는 1989년에 끝났다.

54　이 성경공부 가이드는 1982년에 이 사역을 위해 채용된 마이크 테일러(1952-

2009)가 주로 편집했다. 그는 문서사역에서 중요한 역할을 했다. 그는 주님께 불려가던 날까지 이 사역을 계속했다. 그는 미시간주립대학 졸업생으로서 영화 산업에서 일하려고 캘리포니아에 왔으나, 회심 후 자기의 삶을 새로운 방향으로 틀었다.

55 플로리다 탬파에 있던 라디오 방송국은 1979년에 Grace to You 방송이 나가는 전국의 세 개밖에 안 되는 방송국 중 하나였다.

56 이 수는 미국의 다른 지역에서 개최한 쉐퍼드 콘퍼런스를 포함한 것이다.

57 맥아더는 탈봇신학교에서 총장을 맡아 달라는 제안이 왔지만, 여학생을 훈련시키는 것을 비롯해 동의할 수 없는 입장이 있어 수락할 수 없었다.

58 *Masterpiece*, Nov-Dec 1990, pp.2-3.

59 *Luther's Works*, vol. 49, '*Letters*' (Philadelphia: Fortress Press, 1972), p.12.

60 맥아더는 일기에서 "오늘날 호주에 가장 필요한 것은 하나님이 보내시고 하나님이 기름 부으신 사람들이며, 그들은 하나님의 모든 계획을 선포하기 꺼리지 않을 것이다. 그리스도의 말씀이 풍성히 거하는 사람들, 하나님을 경외하여 사람에 대한 두려움에서 해방된 사람들"이라는 A. W. 핑크의 말에 동의했다. Iain Murray, *The Life of Arthur W. Pink* (Edinburgh: Banner of Truth, 1981), p.42. 핑크 전기의 증보판은 2004년에 Banner of Truth Trust 출판사에서 출간했다.

61 그 당시 홍콩은 아직 영국의 식민지였고, 마카오는 포르투갈의 식민지였다.

62 *The Gospel According to Apostles*, p.74.

63 *The Gospel According to Jesus*, p.79.

64 *The Gospel According to Apostles*, p.35.

65 같은 책, p.84.

66　*Successful Christian Parenting*, p. 55. 많은 복음주의자가 십계명 가르치기를 두려워하는 이유 중 하나는 네 번째 계명이 의무로 간주될까 우려하기 때문이다. 1997년 쉐퍼드 콘퍼런스의 질의응답 세션에서 맥아더는 율법에 대해 침묵할 이유가 없다고 지적했다. 그는 시내산에서 제정된 율법의 의식적인 면은 더 이상 기독교인에게 해당되지 않지만, 주일은 구주의 완성된 사역을 기념하기 위해 따로 정한 날이며, 신자들이 아침과 저녁 모두 공예배에 참석하는 것이 좋다고 믿었다.

67　Burk Parons, *Assured by God* (Phillipsburgh, NJ: P&R, 2006), pp.131-132. 여기서 '회개의 영광'에 대하여 역설했다.

68　같은 책, pp.73-75. 이런 발언 때문에 맥아더가 극단적 칼빈주의자(hyper-Calvinist)라는 혐의를 받은 것이 틀림없다. 그의 저서 *The Love of God* (Dallas: Word, 1996)에서 이런 혐의가 얼마나 잘못된 것인지 말한다. 85쪽에서 그는 칼빈을 인용해 "하나님 아버지는 인류를 사랑하신다"고 말한다.

69　*The Gospel According to Apostles*, pp.32-33.

70　*Ashamed of the Gospel*, p.158. 확장 부록 "찰스 피니와 미국의 복음주의적 실용주의"를 보라. pp.227-235. 이런 가르침이 근본주의 안에 팽배했다는 것에 대한 문제 제기는 아주 드물었다. 조지 달라는 *History of Fundamentalist*, p. 276에서 '근본주의자 대부분이 칼빈주의 구원론 5대 교리 받아들이기를 거부했다'고 기록했다.

71　*Hard to Believe*, pp.83-84.

72　Zane Hodges, *Absolutely Free!* (Grand Rapids: Zondervan, 1989), p.32. 이 같은 비난은 핫지스 같은 율법폐기론자의 견해를 밝힌 R. T. 켄달에 의해 영국 복음주의자들에게 소개되었으며, 맥아더는 다음과 같이 인용했다. "예수를 주님이라고 고백하고 하나님이 그를 죽은 자 가운데서 살리셨다는 것을 마음으로 믿는 구원받은 사람은, 그러한 믿음에 어떤 공로가 있든지(또는 공로가 없더라도) 죽을 때 천국에 갈 것이다. 다시 말해, 그러한 믿음에는 어떤 죄가 수반되더라도

(또는 그리스도인의 순종이 없더라도) 천국에 갈 수 있다." *Once Saved, Always Saved* (Chicago: Moody, 1983), pp.52-53에서 켄달은, 에베소서 5장 3-6절에서 바울의 경고는 천국에서 배제되는 것을 걱정하는 말이 아니라고 한다. 마틴 로이드 존스는 *The Fight of Faith* (Edinburgh: Banner of Truth, 1990), pp.721-726에서 이 문제에 대해 다룬다.

73 *The Gospel According to Apostles*, p.25.

74 같은 책, p.161.

75 Richard Quebedeaux, *The New Charismatics* (San Francisco: Harper & Row, 1983), p.84.

76 *Charismatic Chaos* (Grand Rapids: Zondervan, 1992), p.65. 『무질서한 은사주의』, 부흥과개혁사.

77 같은 책, pp.58, 73.

78 *New Testament Commentary, Matthew 1-7*, p.272, pp.253-259.

79 *The Gospel According to the Apostles*, p.96.

80 MacArthur, *The Vanishing Conscience* (Nashville: Nelson, 1995), p.100. 『양심 실종』, 부흥과개혁사

81 *The Truth War*, p.144.

82 특히 『무모한 신앙과 영적 분별력』(*Reckless Faith*)과 『진리 전쟁』(*Truth War*)에서 이러한 위험에 대해 다루었다.

83 J. L. Snyder, *In Pursuit of God: The Life of A. W. Tozer* (Camp Hill, PA: Christian Publications, 1991), p.128.

84   *Reckless Faith*, p.46.

85   *Reckless Faith*, p.107.

86   *Ashamed of the Gospel*, p.xx.

87   *The Gospel According to the Apostles*, p.22.

88   C. H. Spurgeon, *The Sword and the Trowel* (London: Passmore & Alabaster, 1887), p.196.

89   Grace to You 편지, 1995년 2월호.

90   John MacArthur, *Successful Christian Parenting*, p.201.

91   Grace to You 편지, 1993년 9월호.

92   존은 어머니에 대해 "내가 아버지로서, 남편으로서, 복음 사역자로서 성공을 거둘 수 있었던 것은 어머니가 매일 내게 투자해 준 덕분"이라고 말했다.

93   John MacArthur, *Twelve Extraordinary Women* (Nashville: Nelson, 2005), p.95.

94   같은 책, p.233.

95   같은 책, p.5.

96   John Watson, *The Cure of Souls, Yale Lectures on Practical Theology 1896* (London: Hodder and Stoughton, 1896), pp.235-236.

97   *Spurgeon's Practical Wisdom, or Plain Advice for Plain People [John Ploughman's Talk & Pictures]* (Edinburgh: Banner of Truth, 2009), p.95.

98   패트리샤 맥아더는 남편과 함께 다음과 같은 신념을 가지고 있었다. "한 세대는

나무를 심고, 다음 세대는 그 그늘을 누린다. 우리 세대는 조상이 심은 수많은 나무의 그늘 아래서 산다. 어머니는 사람을 만드는 이들이며, 다음 세대를 건축하는 자다."

99 2009년 1월 30일에 있었던 존 맥아더의 목회 40주년 기념 만찬에서, 남편 랜스 퀸이 대독한 베스 퀸이 패트리샤 맥아더 사모님에게 보낸 편지에 중에서.

100 40주년 만찬 연설 중 일부.

101 *Successful Christian Parenting*, p.188.

102 *Hard to Believe*, p. 107.

103 Richard Mayhue, *The Healing Promise* (Fearn, Ross-shire: Christian Focus/ Mentor, 2001), p.249. 이 책은 한 장을 패트리샤 맥아더가 당한 사고와 그 교훈에 할애했다.

104 *The Gospel According to the Apostles*, pp.18-19.

105 *The Gospel According to Jesus*, 2008년 증보개정확장판 (Gradnd Rapids: Zondervan, 2008).

106 Grace to You, 1988년 봄호, '새로운 사역을 소개하다.'

107 이 책은 Banner of Truth에서 1,2권으로 재인쇄되었다.

108 사실 이 부채는 2년 안에 청산되었다.

109 Grace to You 편지, 1992년 10월 16일자.

110 Grace to You 편지, 1993년 6월 17일자.

111 Grace to You 편지, 1993년 8월 16일자. 이 편지에서 맥아더는 《마스터피스》가

언젠가는 재개될 수 있을 거라는 희망을 표현했다. 그러나 그렇게 되지 않았다.

112　Address on 'The Glory of True Repentance' in *Assured by God*, ed. Burk Parsons (Phillipsburgh, NJ: P&R, 2006), pp.126-127.

113　Grace to You 편지, 1994년 8월 15일자.

114　노스리지 지진에 대해서는 10장에서 이미 언급했다.

115　2002년에 뉴질랜드, 2003년에 사마라, 2004-2005, 2007년에 베를린, 2008년에 취리히, 루마니아, 인디아의 푼, 2009년에 이탈리아.

116　에디토라 피엘은 리처드 덴햄이 설립한 복음주의 출판사로, 포르투갈어권 국가에서 은혜의 교리를 회복하는 데 크게 기여했다. 상파울루 인근과 포르투갈에서 연례 콘퍼런스를 개최한다.

117　이탈리아에서 일어난 다른 발전으로는 페루자에서 그의 설교를 라디오로 방송하기 시작했다는 것이다. 언어를 공부하기 위해 페루자를 찾은 많은 사람에게 영어가 유용하게 사용될 수 있었다.

118　*Catechism of the Catholic Church* (London: Chapman, 1994), p.25. *Reckless Faith*에서 맥아더는 정중하지만 단호하게 ECT 제안에 대해 언급했다. 이 책은 그의 중요한 책 중 하나로 남아 있다.

119　Grace to You에서 제작한 이 프로그램은 135분 분량으로 "화해할 수 없는 차이"(*Irreconcilable Differences*)라는 제목으로 제작되었다. 나는 이 논쟁에 대해 *Evangelicalism Divided: A Record of Crucial Change in the Years 1950-2000* (Edinburgh: Banner of Truth, 2000), chapter 8에 더 자세히 썼다.

120　Christliche Literatur-Verbreitung.

121　Slavic Gospel Association.

122　Editorial Portavoz.

123　Società Biblica di Ginevra.

124　해설이 달린 성경 출판은 1560년 제네바성경으로 거슬러 올라가는 고귀한 전통을 가지고 있다. 그러나 현재 나는 해설이 아무리 훌륭할지라도, 성경 본문의 권위가 해설의 권위와 혼동될까 우려한다.

125　이 편지와 바로 앞의 편지는 Grace to You 편지에 인용되었다.

126　1987년 영국에서 이 페이지를 준비하는 동안, 존 맥아더는 일주일에 6일 방송을 내보내고 있었다. 이때 한 젊은이가 15세 때 맥아더의 설교를 듣고 회심하게 된 이야기를 들려주었다. 101세의 한 남성은 오랜 기간 동안 복음주의 설교에 익숙하지 않았지만, 매 주일 밤에 그의 설교를 듣기 시작했다. 내가 이 글을 타이핑하던 날 그의 장례식이 있었다. 우리가 종종 방문하는 한 기독교인 미망인은 매일 저녁 7시에 모든 것을 멈추고 맥아더가 전하는 진리 듣기를 습관으로 삼고 있었다. 얼마나 많이 이런 이야기가 반복될지 누가 알겠는가?

127　맥아더의 가르침을 이해하는 이들은 일반적으로 반대파를 해석할 수 있다. 한 서신에 다음과 같이 썼다. "교회가 버스 사역 없이도 잉창할 수 있음을 당신은 증명했습니다. 제단으로 나오라고 하지 않고도 사람들이 구원받는 것을 당신은 보여주었습니다. 킹제임스 번역 성경 없이도 성경을 가르칠 수 있음을 당신은 입증했습니다. 많은 광신적 근본주의자가 당신을 좋아하지 않는 것도 놀랍지 않습니다."

128　Samuel E. Waldron, *MacArthur's Millennial Manifesto: A Friendly Response* (Owensboro, KY: RBAP, 2008), p. 145.

129　*Ashamed of the Gospel*, p.44.

130　같은 책. p.xiii.

131　John MacArthur, Joni Bareckson Tada, Robert and Bobbie Wolgemuth, *O Wor-*

ship The King (Wheaton, II., Crossway, 2000), pp.1-7, 12-13.

132 *Charismatic Chaos*, p.72.

133 *Truth War*, p.178.

134 *Ashamed of the Gospel*, p.183.

135 예를 들면, 칼빈은 다음과 같이 썼다. "기독교 교회의 공적 예배에 기악 음악을 채택하는 것은 향, 촛대, 그리고 모세 율법의 다른 그림자들을 채택하는 것만큼 부적절하다. … 기악 음악은 시대와 사람들 때문에 단지 허용되었을 뿐이다. 그들은 마치 어린아이 같았다. 그러나 복음 시대에는 이러한 것에 의지해서는 안 된다. 그렇게 하면 복음적 완전성을 파괴하고, 우리 주 그리스도 안에서 누리는 최고의 빛을 흐리게 할 수 있다(삼상 18:1-9). 이러한 주장은 16세기에 새롭게 등장한 것이 아니라, 초대 교회 교부들에게서 찾아볼 수 있으며, 예배에서 악기를 사용하는 것이 8세기 이전에는 발견되지 않았고, 13세기까지 일반적으로 사용되지 않았음을 설명해 준다. 심지어 토마스 아퀴나스(1226-1274년경)조차도 "교회는 유대화하는 것으로 보일까 봐 하나님을 찬양할 때 악기를 사용하지 않았다"고 썼다. *The Organ Question: Statements by Dr Ritchie and Dr Porteous, with Introductory Notice by Robert S. Candlish* (Edinburgh: Johnstone and unter, 1856), pp.109-123에서 인용.

136 *Ashamed of the Gospel*, p.188.

137 이 글은 위에서 이미 인용한 존 맥아더에 대한 찬사를 쓴 솔라노 포르텔라 박사의 글을 입수하여 번역한 것이다.

138 원래의 *Scofield Reference Bible*과 찰스 파인버그가 편집자 중 한 명으로 참여한 *The New Scofield Reference Bible* (New York: Oxford University Press, 1967)의 차이점은 팔머 로버슨이 쓴 *The Christ of the Covenants* (Grand Rapids: Baker, 1980), pp.201-227에서 살펴볼 수 있다. 『계약신학과 그리스도』, 기독교문서선교회.

139 p.90을 보라.

140 쉐퍼드 콘퍼런스 연설, 2007, printed in Waldron, *MacArthur's Millennial Manifesto*, p.145.

141 이 분야에서 그의 생각은 성숙해졌다. 지금이라면 그는 1980년 4월의 Grace to You 편지에서 썼던 것처럼 쓰지 않을 것이다. "시간이 제한되어 있다. 에스겔 38장을 공부하면서, 아프가니스탄을 정복한 러시아가 예수 그리스도의 재림을 위해 세워진 자리로 이동하는 것을 본다."

142 맥아더의 관점에서, 많은 추천 도서를 *The Master's Seminary Journal*, 1-20권의 색인을 통해 찾을 수 있다. 이 자료는 CD로 제공된다. 그중에는 J. G. 거스트너의 세대주의 비판에 대한 리처드 메이휴의 응답(*Journal*, Spring, 1982)이 포함되어 있다. 개혁주의 관점에서 나는 W. J. 그리어의 *The Momentous Event* (Edinburgh: Banner of Truth, 1970, 자주 재판됨)과 O. T. 앨리스의 *Prophecy and the Church* (Philadelphia: Presbyterian and Reformed, 1945)를 추천한다.

143 "휴거는 신약성경의 세 구절(요 14:1-4; 고전 15:51-54; 살전 4:13-17)의 주제다." *John MacArthur Explains the Book of Revelation* (Chicago: Moody, 2007), p.93.

144 *The Christ of the Covenants*, pp.201-202.

145 *History of Fundamentalism*, p.276. 교리적인 기독교의 부활은 1960년대에 책을 통해 조용히 시작된 것으로 보인다. 1973년 조지 달러는 다음과 같이 썼다. "지난 10년 동안 근본주의 자체에 새로운 위협이 등장했다. 이것은 일반적으로 5대 교리로 표현되는 전투적이고 엄격한 칼빈주의였다. … 침례교계 안에서 점점 더 많은 사람이 영국 청교도들을 읽고, 스펄전을 따라 주권적 은혜가 5대 교리를 모두 받아들일 것을 요구한다고 설득했다." 1960년대와 1970년대에 청교도의 책을 읽은 많은 사람이 1990년대에 이르러 영향력 있는 설교자가 되었다.

146 Collin Hansen, *Young, Restless, Reformed, A Journalist's Journey with the*

New Calvinists (Wheaton: Crossway, 2008), p.69. 『현대 미국 개혁주의 부활』, 부흥과개혁사.

147 필 존슨은 맥아더의 신학적 사고에서 1990년대에 정제된 한 가지를 꼽았다. 존슨은 "맥아더가 항상 속죄의 대속적 성격을 강조해 왔지만, 이제 칭의와의 관계가 더욱 선명해졌다고 믿으며, 그 진리를 정기적으로 강조하고 그 어느 때보다 더 철저하게 설명하기 시작했다"고 논평했다. *Truth Endures*, p.215. 『최고의 설교』, 국제제자훈련원. 그리스도께서 대신하여 죽은 모든 사람을 의롭게 하신다면, 속죄는 그 설계에서 보편적인 것이 될 수 없다. 나는 또한 맥아더가 *Assured by God*(2006)에 기고한 장에서, 자신의 죄에 대한 깊은 감각이 참된 확신과 양립되지 않는 것이 아니며, 회개는 평생 지속되어야 한다는 것을 보여주면서 확신의 본질에 대한 더 완전한 이해가 있었다고 믿는다.

148 '신자의 침례' 강연 동영상은 리고니어 미니스트리에서 찾아볼 수 있다.

149 David Watson, *I believe in the Church* (London: Hodder and Stoughton, 1982), p.221. "대부분 교회는 의사소통을 위해 말이나 글로 된 말씀에 크게 의존한다. 그러고 나서 왜 그렇게 소수의 사람이 기독교 신앙을 찾는지 궁금해한다. 진실은 거의 드라마가 지배하는 세상에 우리가 살고 있다는 것이다."

150 2008년 7월 16일자 Grace to You 서신에서 그는 다음과 같이 언급했다. *The Gospel According to Jesus*는 Grace to You 사역을 정의하는 데 도움이 되었다. … 우리가 하나님의 진리를 전하는 전 세계 대부분 지역에서 그 책은 주님이 우리를 위해 사역의 문을 여는 데 사용하신 도구였다.

151 D. T. Steele, C. T. Thomas, S. Lance Quinn, *The Five Points of Calvinism: Defined, Defended, and Documented* (Phillipsburg, NJ: P&R, 2004), p.140.

152 2007년 쉐퍼드 콘퍼런스에서 한 말.

153 *Young, Restless, Reformed, A Journalist's Journey with the New Calvinists Calvinists*, pp.113-114. 한센은 일부 대형 교회의 지도자들을 대상으로 설문조

사를 실시하지만, '개혁된 부흥의 중추는 일반 교회로 구성된다'(158쪽)는 것이 그의 믿음이다.

154 같은 책, p.107.

155 한센, 같은 책, 145쪽에서 인용. 에롤 홀스는 "미국의 칼빈주의 부흥"이라는 기사에서 다음과 같이 썼다. "다음 판에서 콜린 한센은 존 맥아더 주니어와 다시 인터뷰를 시도해야 한다. 맥아더가 이끄는 사역은 칼빈주의 부흥의 큰 부분을 대표한다." *Reformation Today*, Nov-Dec 2008, p.39.

156 1949년 신문사 소유주인 윌리엄 R. 허스트가 《타임》,《라이프》,《뉴스위크》에 빌리 그레이엄을 홍보하라는 명령을 내렸을 때, 그 결과는 결코 유익한 것만은 아니었다.

157 이는 다릴 하트가 "한센이 침례교도, 은사주의자, 이머징처치 사람들의 이상한 집합을 칼빈주의자로 묘사한 것"을 비판하는 데 일부 근거를 제시한다. "Young Calvinism without an Edge"라는 제목의 리뷰에서 그는 이렇게 말했다. *Ordained Sevant*, vol. 18, 2009 (Committee of the Orthodox Presbyterian Church), p.150. 맥아더는 지금 신칼빈주의자라고 불리는 모든 사람이 공통의 목적을 공유하는 것으로 생각하지 않는다. 그는 한센이 리더로 취급하는 마크 드리스콜을 공개적으로 비판하니, 확실히 개혁주의와 청교도 신앙이 사람들을 은사주의적인 방향으로 이끌 것이라고는 믿지 않는다.

158 한센의 책 추천글에 돈 카슨이 남긴 말.

159 "The Course of the Church in Prussia during the present Century", *British and Foreign Evangelical Review*, vol. xxiv (London: Nisbet, 1875), pp. 700-701.

160 교제 모임 중 가장 큰 모임은 800명 정도 되지만 대개 200명에 가깝다.

161 Hughes Oliphant Old, *The Reading and Preaching of the Scripture in the Worship of the Christian Church*, vol. 7, *Our Own Time* (Grand Rapids: Eerd-

mans, 2010).

162 "진정한 유용성을 위해 은혜는 은사보다 낫다. 사람이 어떠하면 그의 사역도 그렇다. 우리가 더 잘하려면 더 나은 사람이 되어야 한다." 이것이 스펄전의 신념이었으며 맥아더의 신념이기도 하다. "리더의 효율성은 항상 그의 인격과 결부되어 있다. 궁극적으로 그의 메시지에 신뢰성을 부여하는 것은 목회자의 모범이다."

163 *Ashamed of the Gosepel*, p.xi.

164 *Metropolitan Tabernacle Pulpit*, vol.38, 1892, pp.73-84.

165 Eugene D. Dolloff, *Maturing in the Ministry* (New York: Round Table, 1938), p.168.

166 *MacArthur New Testament Commentary Matthew 1-7*, pp.149, 160.

167 *The Jesus You Can't Ignore*, p.132. 이 말씀은 대표적인 팔복(마 5:3-6)에 관한 말씀이다. "예수님이 그분의 문화와 더 상반되는 미덕의 목록을 고안하신다는 것은 있을 수 없는 일이다."

168 'The Pastor as Leader' in *For the Fame of God' Name, Essays in Honor of John Piper* (Wheaton: Crossway, 2010), pp.465, 469.

169 Ken Poure, July 27, 1979.

170 《그레이스 투데이》기사 안에 "미션 임파서블"이라는 제목으로, 1999년 2월 28일에 쓴 글.

171 Grace to You 서신 2010년 8월호.

존 맥아더의 설교와 목양

초판 1쇄 발행 2024년 8월 26일

지은이	이안 머레이
옮긴이	이서용

펴낸이	곽성종
기획편집	방재경
디자인	투에스북디자인

펴낸곳	(주)아가페출판사
등록	제21-754호(1995. 4. 12)
주소	(08806) 서울시 관악구 남부순환로 2082-33
전화	584-4835(본사) 522-5148(편집부)
팩스	586-3078(본사) 586-3088(편집부)
홈페이지	www.agape25.com
판권	ⓒ (주)아가페출판사 2024
ISBN	978-89-537-9681-2 (03230)

저작권법에 의하여 한국 내에서 보호받는 저작물이므로
무단전재와 복제를 금합니다.

아가페 출판사

1960년대 태평양 바다를 즐기는 존 맥아더.

1956년 로스코 대로변에 처음 건축한
그레이스커뮤니티교회 예배당.
재단장한 예배당을 그린 이 그림은
2006년 교회설립 50주년을 기념하여
이 교회 교인이자 예술가인 딕 포슬린이 그렸다.

Grace to You 착공식(2000년 1월 21일).

Grace to You 신사옥(2001년 4월 24일).

존 맥아더와 마스터스컬리지의 직원과 학생들.

마스터스신학교 후원에서 학생과 인사하는 존 맥아더.

A. 사무실과 서점
B. 워십센터(1977)
C. 다락방
D. 안뜰
E. 채플실(1956)
F, G, J 교실
H. 교제를 위한 공간
I. 체육관(워십센터, 1972)
L. 마스터스신학교

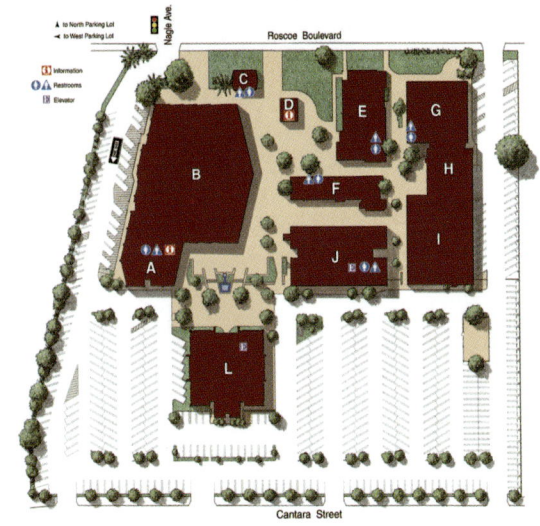

2010년 그레이스커뮤니티교회 배치도.

1977년 회보에 실린 그레이스커뮤니티교회 캠퍼스 조감도.

Grace to You의 주중 자원봉사자들.

왼쪽에서 오른쪽으로 돈 그린, 필 존슨, 마이크 타일러. 필 존슨이
Grace to You에서 사역한 지 25주년 된 2008년 3월 19일.

존 맥아더의 4대. 아버지 잭 맥아더와 장남 매튜, 존 맥아더와 매튜의 장남 조니.

존 맥아더의 가족을 거의 다 담아 루카스 반다이크가 헌정한 사진(2009년 2월 1일).

뒷 줄 (왼쪽부터 오른쪽으로)

올리비아 그윈, 캐서린 그윈, 티 맥아더, 조니 맥아더, 존 맥아더, 카일리 맥아더, 앤드류 맥아더, 브룩 맥아더

중간 줄

그라시 그윈, 수산나 그윈, 제시 맥아더, 패트리샤 맥아더

앞 줄

토미 그윈, 마크 그윈, 마시 그윈, 캘리 맥아더, 매튜 맥아더, 엘리자베스 맥아더, 마크 맥아더, 에리카 맥아더, 메린다 웰치, 올리버 웰치, 코리 웰치, 오드리 웰치

가족별 명단

매튜와 캘리 맥아더: 조니, 티, 제시
마크와 마시 그윈: 캐서린, 올리비아, 수산나, 그라시, 토미
마크와 에리카 맥아더: 카일리, 앤드류, 브룩, 엘리자베스
코리와 메린다 웰치: 오드리, 올리버, 엘로이스(2010년 생)

그레이스커뮤니티교회 설교단에 선 존 맥아더.

패트리샤와 존 맥아더(2009년).